Volume 78 Number 3
September 2012

International Review of Administrative Sciences

国际行政科学评论

国际行政科学学会
中国人事科学研究院
编

中国人事出版社

图书在版编目(CIP)数据

国际行政科学评论. 2012年. 第78卷：第3辑/国际行政科学学会，中国人事科学研究院编. —北京：中国人事出版社，2013
ISBN 978-7-5129-0580-1

Ⅰ.①国… Ⅱ.①国…②中… Ⅲ.①行政学-文集 Ⅳ.①D035-53

中国版本图书馆CIP数据核字(2013)第141947号

中国人事出版社出版发行

（北京市惠新东街1号　邮政编码：100029）

出 版 人：张梦欣

*

保定市中画美凯印刷有限公司印刷装订　　新华书店经销

787毫米×1092毫米　16开本　13印张　223千字

2013年6月第1版　　2013年6月第1次印刷

定价：45.00元

读者服务部电话：(010)64929211/64921644/84643933

发行部电话：(010)64961894

出版社网址：http://www.class.com.cn

《国际行政科学评论(中文版)》学术委员会

International Review of Administrative Sciences (IRAS) is published in three different language editions – English, French and Chinese.

IRAS first appeared in 1927. It is the oldest public administration journal specifically focused on comparative and international topics. It is the official journal of the International Institute of Administrative Sciences (IIAS), the European Group of Public Administration (EGPA), the International Association of Schools and Institutes of Administration (IASIA) and the Commonwealth Association of Public Administration and Management (CAPAM).

Editorial Address: Books for review, should be submitted to the Managing Editor, Catherine Humblet, IIAS, rue Defacqz 1, Box 11, B-1000 Brussels, Belgium. (email:catherine.humblet@gmail.com). The opinions expressed in the Review are those of the individual author or authors, and not necessarily those of the International Institute of Administrative Sciences. French edition (same contents as the English edition) published by the IIAS, rue Defacqz 1, Box 11, B-1000 Brussels, Belgium. All queries about subscriptions to the French edition should be addressed to the IIAS. For manuscript submission information see htttp://iras.sagepub.com

---

The English edition of *International Review of Administrative Sciences* (ISSN 0020 8523; 1461 7226 [online]) is published by SAGE Publications, Los Angeles, London, New Delhi and Singapore, quarterly in March, June, September and December. Annual subscription (2012): Individual Rate (print only) £70/US$130; Combined Institutional Rate (print and electronic) £649/US$1201; Electronic only and print only subscriptions are available for institutions at a discounted rate. Note VAT is applicable at the appropriate local rate. Visit http://iras.sagepub.com for more details. To access your electronic subscription (institutional only) simply visit http://online.sagepub.com and activate your subscription. Abstracts, table of contents and contents alerts are available on this site free of charge for all. SAGE Publications is a member of CrossRef. Student discounts, single issue rates are available from SAGE Publications, 1 Oliver's Yard, 55 City Road, London EC1Y 1SP, UK. Tel: +44(0)20 7324 8500; Fax: +44(0)20 7324 8600 [email: subscription@sagepub.co.uk]; and in North America from SAGE Publications, 2455 Teller Road, Thousand Oaks, CA 91359, USA. Advertising rates may be obtained from advertising@sagepub.co.uk. Periodicals postage is paid at Rahway, NJ. POSTMASTER, send address corrections to *International Review of Administrative Sciences*, c/o Mercury Airfreight International Ltd, 365 Blair Road, Avenel, New Jersey 07001, USA.

Printed by Page Bros (Norwich) Ltd.

Abstracting and Indexing: Please visit HYPERLINK "http://iras.sagepub.com and click on the Abstracting/ Indexing link to view a full list of databases in which this journal is indexed.

目　录

IRAS

Volume 78, Number 3 (September 2012)

IRAS

Volume 78, Number 3
(September 2012)

国际行政科学评论

编者按:欧盟委员会的行政管理改革与转型

爱德华多·翁加罗①
Edoardo Ongaro
翻译:崔彦民　　审校:马永堂　崔　玲

欧盟委员会(以下简称委员会)一直在进行改革。20世纪90年代的首次改革尝试没有奏效,而之后的改革努力取得了成功[正如卡西姆(Kissim)2008年所言,"金诺克(Kinnock)改革"修成了正果]。这种改革使欧盟的行政管理发生了实质性变化。[1]

为试图说明委员会行政管理方式的转型,本辑文章重点围绕以下两个方面开展讨论,即在21世纪头10年进行的管理改革以后,委员会中经选举产生的官员和终身制官员的政治化与去政治化现象;以及委员会各部门中盛行的行事规则。

这些文章为我们描述了如下情景。首先,正如在安吉里德·威尔(Anchrit Wille)的文章中广泛讨论的那样,现代的欧盟委员会委员不同于他们的前辈,现在的委员是政治专家,把政治生涯视为终生的唯一职业,从而使欧盟执行机构具有了政治职业化的特点——尽管应当指出的是,这种转型似乎是欧盟政治变革的结果,和委员会在20世纪末进行的管理变革毫无关系。其次,正如米歇尔·鲍尔和耶恩·艾格(Michael Bauer and Jörn Ege,2012)在他们的文章中阐述的那样,尽管欧盟委员会的终身制官员对

① 爱德华多·翁加罗,国际公务员管理教授,诺森比亚大学(Northumbria University)社会科学系国际公共政策与管理研究中心,英国纽卡斯尔市(Newcastle)。e-mail:edoardo.ongaro@northumbria.ac.uk

其工作的政治层面高度敏感，但是他们在“金诺克改革”以后，政治化倾向反而不如以前了。读者把这两种发现联系起来看是有益的：尽管欧盟委员的全委会（the College of the Commissioners——指由主席主持和全体 27 名委员出席的会议，每周召开一次，讨论决定重大事项，如提交议会批准的财政预算草案、法规草案、各项政策等——译者注）对其超国家的同僚及其成员国政府的回应似乎具有越来越多的政治意味，但欧盟委员会的官僚机构却没有以前那么政治化了。这种现象的第一种情况同传统的韦伯官僚模式（Weberian bureaucratic model）及波利特和包克特（Pollitt and Bouckaert）在公共管理辩论中提出的新韦伯官僚模式（2004，2011；Pollitt et al.，2008；就南欧各国行政管理改革主张而提出的观点，参见 Ongaro，2009）的主张是相吻合的。

然而，欧盟委员会由一个实施监管政策以建立内部市场的“技术专家”组成的权力机构，转变成了一个羽翼丰满的韦伯式官僚机构——既是具有高度政治敏感和“中立”的官僚机构，又具有相对独立自主的特征。该委员会的这种相当线性的改革构想似乎还很不完整。实现管理主义化的过程，尤其是将一种“目标管理（Management by Objectives）”的逻辑引入到行政管理机构的职能中去，可能会有助于形成这个官僚机构的工具性（而不是中立或者自治的）概念——这是一种更接近管理主义的而不是韦伯主义[2]和（我们将要论述的）新韦伯主义的特征（这种模式更倾向于设想官僚机构是自治和中立的，然而又是灵活的和倾向于在可行的情况下采用管理工具的）。基奥哥卡基斯（Georgakakis，2010a，2010b）在对另一个层面的分析中指出，委员会行政部门（特别是和另一个由管理改革引进的因素，也就是新的招募程序）的管理主义化已经产生了另一个重要影响：它已经对委员会公务员作为一个社会群体的集体身份提出了挑战，而 20 世纪末改革之前的公共选拔程序（同样）维持着这一社会群体的再产生过程。从这个角度看，管理改革导致了一场委员会再产生的危机，此危机同其他因素一起是委员会行政部门去神圣化过程中形成的一个重要象征性事件。如果这种解释成立的话，去神圣化过程的一个隐含意思就是，这样的过程是在挖（韦伯主义的？）委员会老行政部门的墙脚。

本辑的第三个重要部分是约尔·特伦多（Jarle Trondal，2012）对委员会实行的行为规则（按等级和按职责）的分析。特别有趣的是，这一发现表明，当涉及改变委员会官员的核心行为规则时，管理改革产生的影响就很小了，用作者的原话来说，“委员会官员仍旧主要由顽固守旧的委员会官僚体系来引导”。这个结论强调了不高估行政管理改革对连续性的损害的重要性，以及将管理改革置于欧洲治理和欧洲行政管理秩序的更广泛的变革中的重要性。

另外，本辑[3]收录的文章还提供了另一个视角，即思考“21 世纪的欧盟委员会”在行政管理上的变与不变，这将有助于丰富从公共管理的角度去研究欧盟的文献（Ban，待发表；Kassim et al.，待发表；以及对委员会行政部门以往改革的回顾和其他国际机构中公共管理改革的比较研究；Bauer and Knill，2007）。

注释

[1]有一系列理由表明，对欧盟委员会的行政管理开展研究是非常值得的。首先，因为政策的制定过程需要有一个组织基础，而且同委员会相关并由委员会创新特权支持的有政策制定专权的企业家角色，使得有关委员会行政管理的研究对我们理解欧洲公共政策的制定有了潜在的重大帮助；为了说明这个问题的重要性，我们可以分析，在行政改革导致各部门负责人成了“被剥夺了政策制定权的企业家”的情况下，使“有政策制定权的企业家角色”发挥作用的组织管理是否依然存在？这一点值得怀疑，因为据认为在行政改革导致各部门负责人成了“被剥夺了政策制定权的企业家”（Bauer，2008，2009）。其次，因为如果不理解发生在欧盟委员会的组织变革，那么任何认为欧盟是一个治理体系（Peters and Pierre，2008）的看法就难以站得住脚。欧盟常常被看作是处于众多高度专业化的政策网络中心的独特地位（Peterson，2008），同时，它还被认为是在欧盟治理过程中“在创造新的网络时依旧保持实际不干预”的行动者（Marks et al.，1996：359）。如果我们支持这样一个基本的假设，认为有效的治理可以带来更好的整合，同时更高水平的整合可以提升治理能力，而且一个螺旋式下跌至治理失败和瓦解边缘（Peters and Pierre，2008）的案例也可以衬托出这样一个良性循环的话，那么在欧盟治理体系中发挥关键作用的组织能力就不应该被低估——因此，理解欧盟委员会发展的模式是对欧盟治理研究方面的重要贡献。

[2]参见 20 世纪 80 年代初期伯格诺维（Borgonovi，1984：43—50）的说明。

[3]本辑的编撰工作得益于 2010 年 6 月 28 日在意大利帕维亚大学（University of Pavia）由该校政治科学院主办的一次会议。我非常感谢法比奥卢戈（Fabio Rugge）教授对本次知识界联手合作工作的支持和付出。

参考文献

Ban C (forthcoming) *Unity in Diversity: Management and Culture in an Enlarged European Commission*. Basingstoke: Palgrave.

Bauer MW (2008) Diffuse anxieties, deprived entrepreneurs: Commission reform and middle management. *Journal of European Public Policy* 15(5): 691–707.

Bauer MW (2009) Impact of administrative reform of the European Commission: Results from a survey of heads of unit in policy-making directorates. *International Review of Administrative Sciences* 75(3): 459–472.

Bauer MW and Ege J (2012) Politicisation within the European Commission's bureaucracy. *International Review of Administrative Sciences* 78(3).

Bauer MW and Knill C (eds) (2007) *Management Reforms in International Organizations. Reihe Verwaltungsressourcen und Verwaltungsstrukturen*. Baden-Baden: Nomos.

Borgonovi E (1984) La pubblica amministrazione come sistema di aziende composte pubbliche. In: Borgonovi E (ed.) *Introduzione all'economia delle amministrazioni pubbliche*. Milano: Giuffré.

Georgakakis D (2010a) Do skills kill? Les enjeux de la requalification de la compétence des eurofonctionnaires. *Revue Française d'Administration Publique* 10(1): 61–80.

Georgakakis D (2010b) The deconsecrated administration: EU civil servants from mission to management. Paper presented at the meeting of the Permanent Study Group on EU Administration and Multi-level Governance, EGPA Conference, Toulouse, September.

Kassim H (2008) 'Mission impossible', but mission accomplished: The Kinnock reforms and the European Commission. *Journal of European Public Policy* 15(5): 648–668.

Kassim H, Peterson J, Bauer MW, Connolly S, Dehousse R, Hooghe L and Thompson A (forthcoming) *The European Commission of the Twenty-first Century*. Oxford: Oxford University Press.

Marks G, Hoohghe L and Blank K (1996) European integration from the 1980s: State-centric v multi-level governance. *Journal of Common Market Studies* 34(3): 341–378.

Ongaro E (2009) *Public Management Reform and Modernization: Trajectories of Administrative Change in Italy, France, Greece, Portugal and Spain*. Cheltenham, UK and Northampton, MA: Edward Elgar.

Peters BG and Pierre J (2008) Analysing European governance. In: Wiener A and Diez T (eds) *European Integration Theory*. Oxford: Oxford University Press, 91–104.

Peterson J (2008) Policy networks. In: Wiener A and Diez T (eds) *European Integration Theory*, 2nd edn. Oxford: Oxford University Press, 105–124.

Pollitt C and Bouckaert G (2004) *Public Management Reform: A Comparative Analysis*, 2nd edn. Oxford: Oxford University Press, 3rd edn 2011.

Pollitt C, Bouckaert G, Randma-Liiv T and Drechsler W (eds) (2008) A distinctive European model? The neo-Weberian state. A distinctive European model? The neo-Weberian state. *Special Issue of The NISPAcee Journal of Public Administration and Policy* 1(2).

Trondal J (2012) On bureaucratic centre formation in government institutions: Lessons from the European Commission. *International Review of Administrative Sciences* 78(3).

Wille A (2012) The politicization of the EU Commission: New challenges, new professionals? *International Review of Administrative Sciences* 78(3).

Editorial introduction: managerial reforms and the transformation of the administration of the European Commission

Edoardo Ongaro
Northumbria University, Newcastle, UK

审校辅助人员：马 啸 卯晓梅

国际行政科学评论

欧盟委员会的政治化:行政官员选拔的民主管控与变化

安丘里特·维勒①
Anchrit Wille
翻译:孙彩红　　审校:马永堂

【摘　要】 自从20世纪90年代初开始的关于“民主赤字(democratic deficit)”讨论的兴起以来,人们就认为欧盟的治理应该是民主的,而其行政官员也应该是民主合法的。自从这个问题被提上欧洲议程以来,欧盟就进入了一个持续的政体建设过程,其中每隔几年就要由其成员国对已签条约进行修订,以促使该机构各组织掌握政治权力的人能够在其他事务上更加负责。本文把关于欧盟委员会任命及职责的法律和政治框架的变革与行政官员招聘中的变化联系到了一起。这说明强化对欧盟这部分行政官员(EU executive)的民主管控与责任的措施,已使欧盟委员会委员的选拔实现了政治化。这一点不仅在欧盟这部分行政官员的进入和退出程序上,而且在欧盟委员招聘过程中的供求因素变化上,都体现了出来。这一变化的显著特征就是对日益严苛的政治环境进行了回应与适应,在这种政治环境中欧盟委员会感到其自身的痼疾是根深蒂固的——这是欧盟委员会最高级别的政治官员需要解决的有关民主政体的诸多现代问题之一。

① 安丘里特·维勒,荷兰莱顿大学公共行政管理学院(Leiden University Institute of Public Administration)。通信地址:Po Box 9555,2300 RB, The Netherlands。e-mail: wille@fsw. leidenuniv. nl

对实践工作者的启示

欧盟民主责任制安排的延伸，使得欧盟委员会委员的任命在三个方面，即在欧盟委员的任命程序上、在欧盟委员会全委会的构成上和欧盟委员职业生涯的实现途径上，实现了政治化。民主化意味着代表性与政治专业化已成为欧盟委员选拔中的重要特征。

【关键词】 责任；民主化；欧盟委员会；行政官员选拔；政治化；政治精英招聘

一、欧盟委员会委员选拔的变化力度[1]

2010年2月，就在若泽·曼努埃尔·巴罗佐(Jose Manuel Barroso)开始欧盟委员会的第二个任期的数周之后，巴罗佐所提议的新团队人选在欧洲议会(European Parliament)的质询会上受到了责难。欧洲议会议员(MEPs)要求提供即将在新一届欧盟委员会任职的、非议缠身的保加利亚候选人鲁米纳·叶列娃(Rumiana Jeleva)的财务信息。在这方面，巴罗佐已有过一次令他不快的先例。回溯到5年之前，也就是2004年，欧洲议会明确表示，上一届委员不能在新一届委员会中任职。后来，巴罗佐在议会抗议风暴结束之后，同意撤销两名候选人选，并更换了另外两名人选，以求获得欧洲议会的正式批准。

巴罗佐开始第二个任期时，欧洲议会再一次在新一届欧盟委员的选择上发挥了其影响力。欧洲议会议员在一次争论激烈的听证会上严厉质询了这位保加利亚候选人，对她财产申报的透明度以及作为人道主义援助委员候选人的能力提出了质疑。叶列娃最后让位给她的政治竞争对手，放弃了她的候选人资格。在她退出之后，保加利亚新的欧盟委员候选人揭晓。巴罗佐的新团队终于重新当选，并将一直领导欧盟委员会到2014年11月届满为止。

2004年和2010年的事件都说明，欧洲议会对欧盟委员会选拔候选人的控制程度已经变得何等稳固。关于欧盟委员会的任命与职能的基本框架，在建立欧盟时签署的一些条约中已经确定下来。欧盟一直处于一个持续的政体建构过程中，而且每隔几年这些已缔结的条约就被其成员国进行修订。自20世纪90年代初开始的欧盟出现“民主赤字”的说法以来，要求不断强化欧洲政策制定者的民主责任的呼声就成了修订这些条约的原因之一。人们期待欧盟的治理是民主的，也同样期待其行政官员是民主合法的。在对欧盟委员的监督方面,《马斯特里赫特条约》(Maastricht,1993)、《阿姆斯特丹条约》(Amsterdam,1999)、《尼斯条约》(Nice,2003)和《里斯本条约》(Lisbon,2009)都先后赋予了欧洲议会更多的权力。

对这些条约修订和制度改革的分析,极大地推进了我们对变革中的欧盟委员会(Ban,2010;Bauer,2007;Cini,2007;Georgakakis,2009;Kassim,2004;Wille,2010a,2010b)的理解。然而,这些分析在很大程度上忽视了对委员选拔程序的分析,而这个问题与变革中的制度环境和民主制度功能是紧密地联系在一起的。欧盟民主政体的建构过程对委员的选择会产生多大的影响呢?如果这些条约的修订改变了委员会的法律和政治架构,那对欧盟委员会全委会的招聘和构成将会产生什么后果呢?

关于这些变革对欧盟这一行政部门中的这部分政治官员的选拔,到底产生了何种影响,目前还知之甚少。基于对书面文献的分析和现有材料的分析,本文阐释了欧盟委员的选拔已逐步实现了政治化的变化进程。这是呼吁欧盟更加民主的一个成果。

二、对行政官员选拔的民主控制

(一)政治市场的招聘:过程、需求与供给

20世纪民主秩序的出现,已限制和"束缚"了成员国委员的权力。民主化导致了民主体制的建立与扩展(Dahl,2006;Huntington,1991)。选举扩展了公民选择由谁来掌握(行政)权力的能力或间接影响力;而议会的成立也提高了立法机关对行政机关的控制(Judge and Earnshaw,2008:203;Lijphart,1984)。

议会议员被视为合法性的主要维护者,行政权力必须来源于立法机关并向其负责(Dehousse,1998:609)。因此,在议会制政体中,行政机关的显著特点之一就是,"在议会制中,行政首脑……依赖于立法机关的信任,否则他们可能由于立法机关的不信任投票或谴责而被解散"(Lijphart,1984:68)。在议会有效控制行政机关方面,现已形成了一系列(事前和事后的)控制机制(Strøm et al.,2010)。

选拔权是立法机关控制行政机关的一个强有力工具。掌握任命的权力是控制行政部门的最好方式之一。因此,民主化暗含着精英招聘的"政治化"。这种政治化是指,在行政官员的"选择、留任、晋升、奖惩过程中,用政治标准代替价值标准"(Peters and Pierre,2004:2),并对任命过程做某些改变。在成员国层面,这种代议制民主的发展,不仅在行政人员招聘和辞

退过程与程序中产生了一种长期政治化的模式，而且其本身也体现了对适合于政治职位的合格候选人的需求与供给状况(Best，2007；Cotta and Best，2007；Norris，1997)。民主治理与政治专业化的进一步发展意味着，政治资格(代表性、党派性、政治技巧)在政治官员的选拔中已经成为压倒一切的因素。

民主化对政治家的职责也产生了重大影响，政治工作的地位提高了，而且很难再与其他职业混为一谈。结果，欧洲的部长和议员们越来越成为拿薪水的政治家，他们拿到了相当于高级公务员的薪酬(Cotta and Best，2007)。他们成为韦伯(Weber，1947)所说的"政治官僚"，即"以政治为生，但又游离于政治"的专业人士。大量集聚的愿意和期望获得并担任政治职务的政治专业候选人的出现，对政治官员招聘的需求与供给产生了影响。这个政治专业人士群体，超出了韦伯关于"通过政治谋生"的经典定义，而是通过一种从事政治活动的职业，一种联系广泛的政治生涯，以及从担任政治职位中获得的稀有资源和政治素质：良好形象、言辞技巧和谈判能力来炫耀自己(Dogan，1999：171—172；Panebianco，1988)。这些是他们实现职业生涯和提高当选可能性所必须具备的素质。

因此，对政治执行官的选拔，可以理解为是一种由以下因素决定的政治市场来进行的。这些因素包括控制招聘过程的规则和程序，对"选拔人"或"把关人"的需求，以及符合行政职位候选人的供给(Norris，1997)。日益增强的民主化和政治专业化已对各成员国政治官员的选拔机会结构产生了影响(Best，2007；Best and Cotta，2000；Cotta and Best，2007)。这也导致了那些合法的、政治职位所要求的政治人力资源的性质改变，并促使潮流由一种类型的政治家(高尚的或技术型的官僚)向另一种类型的政治家(政治专家)的演变。

代议制民主性质的变化，已成为国家层面政治精英选拔转型的一种幕后推动力量(Best and Cotta，2000；Cotta and Best，2007)。然而，这种推动力量在国际层面又是如何发挥作用的呢？在不断演变的欧盟政体中，要求在欧盟委员的招聘中更加民主的呼声，又会产生什么样的影响呢？

(二)围绕欧盟委员会实行的民主与责任制

对许多人来说，欧盟委员会一直是一个技术专家组成的公平机构的同义词，而不是一个政治性的行政机构。为了理解欧盟的这一形象，我们不得不回溯到该项欧洲计划的起源和让·莫内(Jean Monnet)的遗产。它们提出了一个特定的概念，认为政治化的欧盟将包括赢家和输家，而这将会削弱而不是强化欧盟的合法性。欧盟委员会的整合与协调职能应该通过技术精英的判断，而不是基于政治判断来指导。原因是，政治家必定短视和寻求自我利益,因为他们受制于选举机制。如果采纳技术专家公正、全面和富有远见的观点,那将会实现更好的治理。成功的一体化需要在政治目标上达成共识,并放弃强权政治、避免艰难的政治选择与冲突。作为欧洲利益的保护者,欧盟委员会的作用应取决于其作为不同政治观点、不同国家利益和不同利益集团压力之间的公正调解人所拥有的专业知识和信誉。从欧盟委员会的最初设计来看,政治被“抛到了一边”。

由于担心欧盟委员会变得过于“官僚化”,在 20 世纪 90 年代初启动了一场关于欧盟合法性与民主性的讨论。在 1992 年《马斯特里赫特条约》(Tsakatika,2005:200—204)出台前开始的这场讨论中,有关欧盟一体化进程的合法性、欧盟的治理与制度问题,都被严肃地提了出来。欧洲受到了“民主赤字”的指责,这对其合法治理带来了沉重的压力。在一直被允许发挥如此重要作用的欧盟委员会中,有一位独立的不负责任的技术精英受到了严厉批评。对此提出的修正措施是,赋予欧洲议会更大的监管、预算和立法权力。

自从 20 世纪 90 年代初出现“民主赤字”概念以来,欧洲议会尤其在欧盟的政策制定过程中获得了相当大的权力与影响力。伴随着条约的修订,一系列事前激励和事后约束的机制都被引入了进来,这在欧盟日常政策制定中起到了更大的作用,也使欧盟委员会与欧洲议会的关系更加密切了。欧洲议会成为更有发言权和更苛刻的对话者。这有助于设计一个在政治上负有更大责任的欧盟委员会(Westlake,2006:277)。

使欧盟政体朝着更加民主化方向发展的一个重要步骤是,欧洲议会对欧盟委员会的人员构成产生了直接影响。因此,欧洲议会在欧盟委员任命程序上获得了更多权力。而且,在 1999 年决议案中,欧洲议会主张在欧洲议会选举与委员候选人提名时,把欧盟公民表达的意见偏好和议会任期计划之间建立起强有力的联系。结果,全体欧盟委员的任期延长至四到五年,使得其任期与欧洲议会选举的期限紧密地衔接起来。

(三)新民主架构:实行政治化的行政官员选拔?

欧盟委员会正朝着更具有议会主导性的体制演变。这在欧盟委员会发挥的作用上已有所体现(Judge and Earnshaw,2008)。近年来,随着条约的每次修订,欧洲议会都成功地扩大了权力,并增强了欧盟委员会对欧洲议会的责任(Wille,2010a,2010b)。那么,这种民主架构的强化对欧盟委员会的政治领导人的选拔到底产生了什么影响?它是否加强了欧盟这一行政机构人员招聘时的政治化?

随着时间的推移,有些研究报告集中研究了欧盟委员会全委会的构成(Macmullen,2002),或者集中研究了全委会出现的政治化倾向(Magnette,

2005),方法是以进入欧盟委员会之前占有(重要)政治职位(而不是行政管理职位)的委员人数的增加来说明这一点(Döring,2007;Wonka,2007)。本文超越这些前期研究,从不同层面审视已经显而易见的行政官员选拔中出现的政治化,方法是把这一转变与欧盟民主治理结构的出现联系起来进行分析。

在下面的探讨中,我简要地阐述了欧盟民主转型对选拔欧盟委员会委员的影响,主要集中在能使政治化得以实现的三个因素(Norris,1997)上:

1. 委员的选拔(或取消选拔的)程序:进入或退出这部分欧盟委员选拔的程序发生了多少变化?

2. 对候选委员的需求:这种招聘程序对领导欧盟委员会所需的能力产生了多少非常明显的不同于以前的影响?它又是如何改变这些欧盟委员的构成和整体形象的?

3. 符合委员职位的合格候选人的供给:一个更加民主的欧盟,对于在欧盟委员会中打通掌握行政权力的职业生涯意味着什么?

需求和供给因素在这个分析框架中被看作是不同寻常的因素,但正如在其他就业市场上一样,它们在选拔过程中是相互影响的(Norris,1997:14)。欧盟的政治体系设定了一般框架,选拔过程从提名到实际任命设定了几个步骤,而对"选拔工作负责人(Selectors)"的需求和候选人的供给决定了欧盟委员会的构成。对招聘过程及结果的分析表明了哪种类型的人才是既符合行政职位要求,又同时是该职位所造就的人(Gerth and Wright Mills,1953)。正如帕特南(Putnam,1975:166)所认为的那样,因为精英的构成,"比起社会权力的根本模式来,更容易观察得到,所以它可以作为一种地震仪,来监测政体与政治基础的变化"。因此,这种解释的最终目的是,人们增强了对欧盟委员会应对由一个较为民主的欧盟带来的挑战的理解。

三、选拔过程:对进入和退出欧盟委员会的控制

像其他政治精英一样,候任委员也要经历正式(或非正式)的选拔程序。条约的修订改变了欧盟委员会的选拔程序,同时也意味着增强了欧洲议会对委员进出欧盟委员会的控制。然而,在这一选拔过程中,欧洲议会并不是唯一的选拔机构。在欧盟委员的招聘程序中,有三个主角——成员国、欧盟委员会主席和欧洲议会——他们在政治权力运行的两个阶段发挥着重要作用:第一阶段,即提名阶段,是封闭进行的;第二阶段,即任命阶段,是较为公开地进行的。让我们看一下每个主角的作用是如何发挥的,而且如果其作用变得更具有政治性的话,那它又是如何变化的。

（一）获得提名

在第一阶段，成员国和欧盟委员会主席在对候选委员的提名程序上发挥着关键作用。在欧盟委员会的早些年里，存在着一种政府间的方式，而提名决定则是由单个的成员国决定的，这对决定委员会的构成非常关键。实际上，每位委员都是在成员国政府提名的基础上被单独任命的。对于成员国来说，委员的提名是一种有益的政治恩惠。它可以被用来酬劳那些提供了诚实服务，又没有更好选择的政治家；或者用来把某些"政治问题"从国内视线上转移开来（Macmullen，2002：33）。

自从《马斯特里赫特条约》生效以来，欧盟委员会主席对委员会的构成已无法进行控制。候任主席没有正式参与提名程序；而委员会的政治和社会平衡则是成员国选择候选人要考虑的基本要素，其结果，团队的凝聚力有时就成了问题。作为条约（《马斯特里赫特条约》和《阿姆斯特丹条约》）修订的结果，委员会主席在候选人的选择上拥有了更为独立的决策权（Nugent，2001：82—83）。委员会主席一职，要先提出候选人，而后再通过欧洲议会进行表决予以确认（Judge and Earnshaw，2008：204—206；Nugent，2001：82，104—105；Spence，2006：36）。所有委员的提名，都是在获得成员国和委员会主席"一致同意"的情况下确定的。而后委员会主席对职位进行分配——这种分配完全由其本人决定的，并将新团队提交部长理事会（Council of Ministers）和欧洲议会批准。

这表明，主席候选人参与了其他委员的提名，而并非仅像以前那样只是提供咨询。现在他有权表示不同意（即对个人投否决票），并独自处理委员会职位的分配（Spence，2006：36）。通过这种方式，主席能够提高该机构的凝聚力和有效性，而且也能够拉拢成员国提名优秀的服务于委员会内外需求的候选人。欧盟委员会主席普罗迪（Prodi）和巴罗佐都已利用了这一强有力的手腕，通过与各成员国政府商讨，说明他们所期望的全委会类型以及希望被提名到全委会的人选。[2]

各成员国都为获得委员会中更多职位而竞争，然而，它们对欧盟委员会构成的影响却被削弱了。不可避免地，每个成员国在进行单独谈判时都把重点放在了对职位的争夺上。成员国中的大国期望得到更多的职位。几个国家往往一起争夺举足轻重的委员会经济职位中的某一个职位——负责竞争、贸易和国内市场的职位，在这些领域，委员会有特别大的权力。被一些国家看重的第二梯队的职位——由于他们在特定部门的影响——是环境，信息社会（其中包括电信），工业和交通部门。各国政府都将尽最大努力去获取高级职位。竞争委员会职位的候选人能力越强，委员会主席就越有可能将他们分配到拥有重要权力的职位上。一些国家认为，获得重量级职位的最好办法是推出重量级的委员，或者是提出能够连任第二任期的候选人。

（二）得到批准：筛选和表决

在把新团队一干人马提交给欧洲议会之后，运行强权政治的第二阶段就开始了。欧洲议会在新的委员会中拥有信任投票权，这已成为规则。[3]尽管这个招聘过程中的第一阶段，即决定对委员的提名，部分是通过幕后暗箱操作的，但在第二阶段，即议会批准阶段，大部分活动对社会的监督和媒体的关注，都是开放的。候任委员必须出席欧洲议会的听证会，接受议员的质询，而后，议员根据他们的整体状况对其是否适合某一职位进行投票表决。[4]

欧盟委员会同欧洲议会的同步任期（Judge and Earnshaw，2008：267）具有非常高的关联性。这使得欧洲议会在行政职位的获取方面拥有了更多的影响力，同时在对行政候选人的筛选和审查方面，也拥有了更大的影响力。在筛选阶段——在听证会上——候选人和候任者以往的行为将受到审查。被某些人描绘为"求职面试会"的听证会给予欧盟某种体验，使其从新"雇员"身上获得它所期望得到的某种东西。这也是获得未来行政官员看法和优先工作安排信息的一种方式，同时也可以作为衡量他随后工作业绩的一个基准（Judge and Earnshaw，2008：205）。欧洲议会已具有能够对欧盟委员选拔过程施加正式或非正式限制的能力。

由于有一项条款规定，禁止欧洲议会挑选任何单个委员，欧洲议会议员只能对欧盟委员会整体，而不能对单个委员进行投票表决。如果发现欧盟委员会的候任委员特别不合适，欧盟委员会主席必须重组团队，或者要求成员国推举新的候选人，或者承担整个委员会被否决的风险。欧洲议会也可以表达其对委员会职责分配的看法。最后，通常是与欧盟委员会主席达成妥协，抛弃最糟糕的候选人，并搁置少数反对意见，以便使委员会能够就职。新团队一旦得到议会批准，也会得到欧洲理事会（the European Council）允许其正式就职的批准。

（三）被免职：受到指责

欧洲议会的政治权力决定了欧盟委员会任期的长短。欧盟委员会最长五年的任职期限限定了其在不失去立法机关信任前提下的任职期限。如果欧洲议会以三分之二的多数通过一项谴责动议，欧盟委员会的成员必须辞职。重要的是，为减少他们受到不必要压力的可能性——也为保护他们的独立性，他们的任期受到了充分的保护。同样重要的是，他们的任期还取决于他们任职的连续性和持续性。有效地履行责任，不仅需要拥有控制欧盟委员选拔的能力，而且还需要制定免除他们职务的适当机制（Wood and Waterman,1991)。

然而,欧盟委员会的集体负责制意味着,欧洲议会只能要求委员会整体辞职。为赋予这一潜在制裁更大的威胁力量,欧盟委员会和欧洲议会在2005年一致同意实行一项重要的创新措施,即增加个体委员的政治责任(Judge and Earnshaw,2008:211,287)。这使得欧盟委员会主席有可能要求欧洲议会表示不信任的委员辞职。这样就间接地增强了议会的解雇权力。欧洲议会在任命程序中选择实施筛选和谴责两项措施,使得欧盟委员会委员的选拔(辞退)过程具有了更大的政治含义。

四、行政官员选拔的需求方:能力和组成

没有哪项规则具体规定,哪种类型的人、具有哪种背景和经历的人才能成为欧盟委员会的委员。这完全是由多个"把关人(gatekeeper)"(成员国、欧盟委员会主席、欧洲议会)来决定的。不过,有一个"恒定不变(constant)"的主张,那就是应根据综合能力素质来挑选委员。现在对欧盟委员会委员的选择已比过去更为严格。随着民主与责任结构的建立,人们对这些委员有了新的期许。这不仅体现在对委员选择的过程上,也反映在欧盟委员会的组成上。团队结构表明,欧盟委员会已演变成一个核心行政执行机构,政治才能和代表性已成为其相互关联的明显特征。

(一)政治专业人才

以往的政治经历似乎已经成为一名委员走马上任的职业要求之一。看看现在巴罗佐第二任期的新一届欧盟委员会,我们会发现,在27名委员中有18名曾经担任过成员国的高级部长。委员的这种部长经历已成为一种明显的趋势,这一点自从第一届委员会以来就表现了出来(Döring,2007;Macmullen,2002:46;Wonka,2007);同时这也表明,它正在从一个较为狭隘的以发挥技术官僚作用为特征的技术机构,向一个更加广泛和政治化的机构的方向发展。旺卡(Wonka,2007)认为,对委员以前在政治舞台上的工作经历进行分析可以发现,成员国广泛地依赖那些具有高度政治预见性的候选人。随着时间的推移,以前在成员国担任过部长的和在大型行政机构中担任过政治领导人的委员比例已经增加了。欧盟委员会委员中曾经担任过高级部长职务(总理、外交部长、财政部长、内政部长)的,或者领导过国家主流政治团体的委员也增加了。

基于霍尔格·德林(Holger Döring,2007:220)的资料绘制的图1中的柱形图表明,随着时间的推移,委员以前担任政治职位的重要性已日益增强。职位得分的中位数和委员担任的最高职位都上升了。处于最低四分位数

的委员频率则下降了。早些年,有一大批委员过去都没有从政经历。但趋势表明,越来越多的强有力的政治人物被任命为欧盟委员。特别是规模较小的成员国,已把身居高位的政治家提名为欧盟委员(Döring,2007:224)。[5]

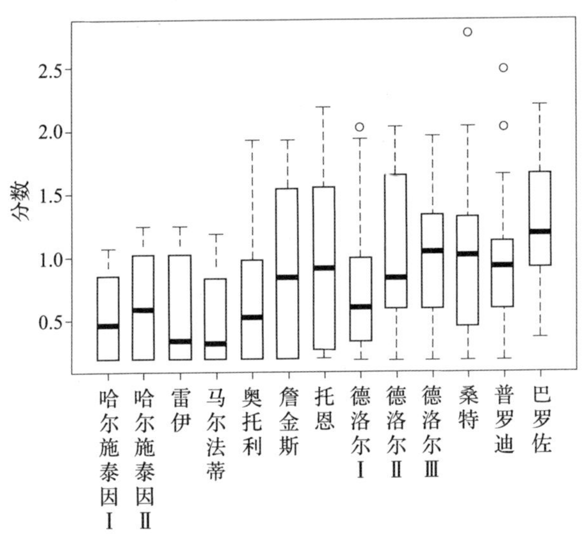

图 1　欧盟委员会委员上任前担任职务的得分

注:基于对以往职务重要性的连续测评,职位得分可对欧盟委员会委员以前担任职务的相对重要性作出评估(见 Döring,2007;Druckman and Warwick,2005)。

资料来源:Döring,2007:220.

不仅委员的身份发生了变化,而且委员会主席的身份也发生了变化。政治责任制度安排的变化对委员会主席的职责产生了新的期望(Wille,2010a)。《阿姆斯特丹条约》提高了委员会主席驾驭其他委员的权力,允许他在 5 年任期内决定委员的职务并允许他更换委员;他甚至还可要求个别委员辞职。委员会主席的这些新权力加强了他对其他单个委员的管控,使他原则上能以更大的权威来管理委员会。今天,大家似乎已经认可了这样一个事实,即委员会全委会的工作应该接受委员会主席的政治领导。

在主席指导下通过推动对任命、组织和罢免机制的建设,欧盟委员会主席的权力(以及其他人对其所负的责任)已得到加强,而主席在其他方面的权力也更加接近这个位置(Wille,2010a)。这一职位确实也需要由一位“政治重量级”人物来担任。欧盟委员会主席任职以前担任政治职位的重要性已大幅提高(见表 1)。虽然早期的委员会主席曾担任过低级部长,但后来的主席则都担任过部长,而且通常是重要的部长职位。最近的几任委员会主席都曾是欧盟成员国的前总理。

(二)党派代表性

政党代表性和政治平衡在欧盟委员会的构成上发挥着日益重要的作

用。为回应欧洲人民党—欧洲民主党(EPP-ED)在2004年欧洲选举中获得的胜利,作为欧洲人民党(European People's Party)党员的巴罗佐被欧洲理事会任命为主席。这是欧盟委员会主席第一次根据欧洲选举的最新结果来任命的。由巴罗佐主政的委员会,政治重心发生了改变。它比前两届委员会更加偏向右翼;而普罗迪和桑特任主席时的委员会则由中间偏左的多数派构成。

表1　欧盟委员会主席任职前的职务

届期	主席	任主席前担任的最高职务	得分
1958—1961	沃尔特·哈尔施泰因(Walter Hallstein)(德国)	低级部长(外交事务)	0.84
1962—1967	哈尔施泰因第二任期		0.84
1967—1970	让·雷伊(Jean Rey)(比利时)	经济事务部部长	1.02
1970—1972	佛朗哥·玛丽亚·马尔法蒂(Franco Maria Malfatti)(意大利)	国家参与部部长	1.18
1973—1976	弗朗索瓦·格扎维埃·奥托利(Francis Xavier Ortoli)(法国)	经济与金融部长	1.92
1977—1980	罗伊·詹金斯(Roy Jenkins)(英国)	财政大臣	1.64
1981—1984	加斯东·托恩(Gaston Thorn)(卢森堡)	总理	2.17
1985—1988	雅克·德洛尔第一任期(Jacques Delors)(法国)	经济和国防大臣	1.92
1989—1992	德洛尔第二任期		1.92
1993—1994	德洛尔第三任期		1.92
1995—1999	雅克·桑特(Jacques Santer)(卢森堡)	总理	2.75
1999—2004	罗马诺·普罗迪(Romano Prodi)(意大利)	总理	2.48
2005—2009	若泽·曼努埃尔·巴罗佐第一任期(葡萄牙)	总理	2.2
2010—2014	巴罗佐第二任期		2.2

注:欧盟委员会主席曾任最高职位的评分是以霍尔格·德林对职位重要性的测评为基础进行计算得出的(见 Döring,2007;and Druckman and Warwick,2005,评分的综合说明)。

资料来源:Döring,2007:219.

这种政治平衡的转变，不仅有欧洲理事会成员国政府颜色革命发挥的作用，而且是条约修订的结果——这些条约已把欧盟委员会变成了一个更加主张“由多数人执政”的机构（Hix，2008：38—39）。《尼斯条约》引入了资格多数表决制（qualified-majority voting，QMV），这就暗示着，在欧洲理事会和欧洲议会现在需要拥有多数席位，才能选出欧盟委员会，而且欧盟看上去也越来越像是一个“准议会制政府”——由特定多数选择把欧盟委员会塑造成一个具有特定政治纲领的“联合”政府。

欧盟委员会成为一个更具党派团队色彩机构的另一原因是，巴罗佐的第一届委员会是第一次按照每个成员国只推荐一名委员的方式组成的（Hix，2008）。随着委员会规模的日益扩大，较大的成员国在 2004 年欧盟扩大之后就失去了推荐两位委员的资格，因为巴罗佐的新一届委员会是按照《尼斯条约》任命的。以前，成员国中的大国可以把两名委员代表分给国内最大的执政党和在野党。现在，实行一个国家一名委员的规则，大多数欧盟国家的政府都只能从自己所在的多数党中选择一名政治家进入新一届欧盟委员会。

当欧盟委员会中的这种代表结构发生变化，并采取资格多数表决制选举委员会主席及全体委员会委员的时候，结果就会呈现出一个带有更多党派色彩的委员会：委员会主席可以由一个较小国家的多数党选举产生，而后他便能领导一个由其政治联盟（很有可能成为多数派）组成的委员会。至于政治平衡，欧盟委员会已经成为一个广泛的联盟。在巴罗佐第一和第二任期的委员会中，由于有来自最大议会党团的持久支持，强大的自由派得以安然存在。

（三）代表性：委员的性别选择

在现代的欧盟委员会中，对“代表”的选择也要根据其总体上要传达给公众一个什么样的形象来进行。因此，性别平衡对于一个现代的欧盟委员会主席来说，也就成了一个问题。然而，欧洲议会十分关注新任命委员中的性别平衡问题。巴罗佐面临的挑战之一，就是在他第二任期内要确保至少要有与第一任期内同样多的女性委员。在前 37 年的时间里，欧盟委员会的团队是一个清一色的男性俱乐部，一直到 1989 年德洛尔的第二任期才任命了第一批两名女委员——克里斯蒂娜·斯克里夫纳（Christiane Scrivener）和瓦索·帕潘德里欧（Vasso Papandreou）。女性代表在德洛尔第三任期委员会的 17 名委员中减少到 1 名，而到桑特和普罗迪委员会的 20 名委员中，回增到 5 名（占 1/4），到巴罗佐第一届和第二届委员会的 27 名委员中，又增加到 9 名（占到 1/3）。

(四)国籍的代表性

人们希望委员们能代表“共同利益”,履行其所担负的具体职责,而不是作为特定国家的代言人行事(Egeberg,2006:35)。在任期开始时,他们在欧洲法院(Court of Justice)前进行的正式宣誓中承诺,他们将独立于国家政府行事。与此同时,每个成员国都在欧盟委员会中拥有同等人数的代表。随着10+2新成员国自2004年加入欧盟以来,其规模不断扩大,欧盟委员会的组成也扩大了规模,增加到了难以控制的27名委员,每个成员国拥有1名委员。然而,在以前大国则拥有2名委员,小国拥有1名委员,而现在是每个成员国都只有“自己的”1名委员。

根据新的“一国一名委员”的规则,来自每个成员国的委员增强了委员会全委会的代表性,也间接地提高了其合法性。虽然委员和成员国之间没有正式联系,但是,由于欧盟委员会和成员国政府的国家政治网络之间存在着便利和高效的联系,委员们也总是能发挥某些作用。与此同时,不应把欧盟委员会变成一个代表国家利益的机构。委员应主要忠诚于社会利益,然而,“政治现实告诉人们,这样的社会利益很容易出卖给成员国及其公民,‘如果他们有人在欧盟委员会的话’”(Broin and Kaczyński,2010:50)。

欧盟委员会一点一点地逐渐演变成为一个政治机构。处理其内部的平衡——政治色彩、地理、新老成员国、新老委员及男女委员——传递出这样一个信息,即欧盟委员会全委会在内部组成与代表性方面的“政治因素”正在日益增强。

五、行政官员选择的供给方:政治资本与职业生涯

欧盟委员会全委会的人选,不仅取决于据认为适合担任行政职务的资质,而且还依赖于潜在的公职人员,即成员国中可以选拔出来担任这一职务的合格候选人的“供给”。观察一下欧盟委员的职业生涯之路就可以看出,他们在进入欧盟委员会时就已经具备了政治资本(经验、能力和资源)。他们所走过的职业生涯道路告诉了我们有关这批谋求担任行政职务候选人的一些情况;还告诉了我们相关工作经历在欧盟委员会中是如何促使职业生涯进一步提升的。

(一)以前的职业生涯:通往权力的途径

欧盟委员会的社会构成并非纯粹来自于社会某一特别典型的群体。绝大多数委员都受过高等教育并享受大学教育的益处——通常是外国大学的教育。他们带入欧盟委员会工作岗位的“资源”和“资本”因其职业生

涯的不同而各异。在今天的欧盟委员会普遍存在的主要是三种职业类型的委员：有着“技术专家职业生涯”的委员，有着“政治职业生涯”的委员和马托齐和默洛(Mattozzi and Merlo，2008)所描述的“职业政治家”类的委员。

在巴罗佐第二任期的欧盟委员会27名委员中，仅有两名委员具有“技术专家”背景——这意味着他们以前没有担任过政治职务的经历。这两位委员都来自中东欧成员国。大多数委员都具有“政治职业生涯”的经历，这意味着他们拥有复杂的职业背景。他们通常担任过多种政治职务，而且也有在其他部门工作的经历。这种职业生涯道路的职业经验是以公共部门或所谓的“代理业务”部门中的工作为基础的(Cotta and Best，2007：14－15；Ranney，1965)。像国家级的政治精英那样，他们往往是大学教授、咨询师、记者或律师。这些工作的种种条件是有助于献身政治生涯的(如有可支配的充裕时间，有长期的带薪年休假，拥有职业独立性，建立了财务审查制度，拥有有利于公共生活的社会网络、社会地位和技术能力，拥有良好的语言表达能力，拥有法律知识等)。用熊彼特(Schumpeter，1984：362)的话说，这是一种“自然地把自己与政治联系在一起”的工作。

然而，通往欧盟委员会最高职位的道路，好像是专为那些“职业政治家”铺就的。像巴尼耶(Barnier)、达利(Dalli)、德·古赫特(De Gucht)、阿穆尼亚(Almunia)和雷恩(Rehn)等委员，他们把绝大部分工作时间都花在了政治工作岗位上，很少从事政治职业以外的工作。走这条职业生涯道路的委员获得了较早进入成员国政治岗位的入场券，他们作为议员或部长担任了地方、地区或国家级别的政治职务。担任国家级的政治职务为他们参与正式的政治组织提供了很多机会。然而，许多体制(特别是单一体制国家)都具有通过相对封闭的政治职业生涯道路进入更高权力层的特点。必须逐级攀登明确划分和“精心设计的阶梯”(从党务工作到地方工作、从地区政府到议会、从后座议员到低级部长)，才能到达权力的顶峰(Norris and Lovenduski，1997)。这样一个职业生涯路径提供了专业资源、人事资源和政治经验，并可作为一个冲击国际政治生涯的跳板。

以往的从政经验已成为一种重要资源。同意接受和从事委员的政治职业，需要不断地积累特殊技能与知识，这主要通过在其他政治岗位和政治机构任职的“工作经验”中获取。要获得其所从事的政治专业而不是其他任何职业的技能和知识，用博彻特和斯托尔茨(Borchert and Stolz，2002：24)的话说，那就是：“整个职业生涯就是一种在职职业培训，而政治家在踏上这种职业生涯道路时需要获得必要的技能与资质”。在政治体系不同层级职务上的立体积累产生了多个政治职位的工作经验，并支持了持久的专业化。正是这种经验将作为“竞争优势”，去战胜那些政治经验较少的竞争对手(Borchert and Stolz,2002:23)。

而且,有相当一批委员都有着曾积极参与国际组织工作的经历。日益增强的全球化带动了一批雄心勃勃的、准备在国际管理岗位上履行职责的职业政治家的涌现。欧洲机构的增加为那些具有相对较高技能和乐于流动的人才创造了成倍的就职机会,这些人现已利用了这些新的就职机会。因此,这批人通过在国外生活、学习或工作,已经拥有了在国际环境中工作的经验。

最后,欧盟强化民主责任制的做法也给欧盟委员会委员的工作带来了一定程度的不确定性——一种在政治职业舞台上普遍存在的不安全感(在政治上被击败或遭受谴责的可能性)(Borchert and Stolz,2002)。这就要求那些具有上进心的委员要具有更大的主观意愿去接受因担任行政权力机构中的职务而带来的不稳定生活、风险和成本;而且还要求他们要具有进入和留在政治职位上所需的具体策略。从一定程度上说,这也为委员追求进一步实现政治专业化带来了刺激:造就了一个"职业政治家"群体;表明了在欧盟委员会中日益增长的"政治资本"的关联性;指明了技能在政治和其他职业之间业已缩小的可转移性;还表明了欧盟委员会的政治化倾向。

(二)以后的职业生涯:把欧盟委员会作为一个跳板

欧盟委员会不断增强的政治化在委员职业生涯道路上的另外两个节点,即以"提早退出"的形式和在他们离开委员会后的职业生涯中体现出来。欧盟委员会成员凭借经验判断,认为自己是卸任的最优秀的政治家。20 年前,欧盟委员会委员一职,对于三分之二的委员来说,那是梦寐以求的最后的重要政治职位(Page and Wouters,1994:455)。结果是,正如佩奇和沃特斯(Page and Wouters,1994:457)所描写的那样,"几乎没有什么政治动力能促使委员确定为之奋斗的目标——一个通过正常的政治程序无法实现,也无法追求和维持的目标,因为只有少数人才能真正期望,利用在布鲁塞尔的成功作为其日后在国内继续从政的附加条件"。然而,对许多委员来说,现在这一职位已不再是他们最后的主要公职。在布鲁塞尔出任欧盟委员会委员的身份,已越来越多地成为其政治生涯中的另一块垫脚石。

按正式规定,欧盟委员会的法定任期是五年。但是,现在也已出现一种委员任期届满之前提前离任的趋势。提前离任(见表 2),不管是因健康原因,比如由于某位委员去世,还是因在其他地方任职,通常都由新的委员予以接替。在 20 世纪 80 年代中期德洛尔任期的欧盟委员会之前,这种替补提前离任空缺的做法还是很少见的。但在最近几届欧盟委员会中,委员提前离任已明显成为一种趋势。在普罗迪任期内的委员会,在 20 名委员中有 6 名委员在任期届满前离任返回国内政坛。在巴罗佐任期内,有 7 名成员离任，回国担任高级政治职务，或竞争欧洲议会的某个职位（见表2）。[6]

表 2 提前离任委员（1958—2010）

任职期限	主席	委员规模	实际任职人数	逝世人数	提前离任人数
1958—1961	沃尔特·哈尔施泰因（德国）	9	12	1	2
1962—1967	哈尔施泰因第二任期（德国）	9	10		1
1967—1970	让·雷伊（比利时）	14	14		0
1970—1972	佛朗哥·玛丽亚·马尔法蒂（意大利）	9	10		1
1973—1976	弗朗索瓦·格扎维埃·奥托利（法国）	13	15		2
1977—1980	罗伊·詹金斯（英国）	13	13		0
1981—1984	加斯东·托恩（卢森堡）	14	17	1	2
1985—1988	雅克·德洛尔（法国）	14＋3	18	1	0
1989—1992	德洛尔第二任期（法国）	17	17		0
1993—1994	德洛尔第三任期（法国）	17	18		1
1995—1999	雅克·桑特（卢森堡）	20	20		0
1999—2004	罗马诺·普罗迪（意大利）	20	26		6
2005—2009	若泽·曼努埃尔·巴罗佐（葡萄牙）	25＋2	34		7
2010—2014	巴罗佐第二任期	27			

欧盟委员会全委会的这种重组，是现今委员们政治姿态的表现。为了保持独立性，委员在欧盟委员会履行职责时，按要求应超越国家政治。然而，当欧盟委员会这个机构变得日益政治化时，这种要求已慢慢地遭到了侵蚀。当委员们赴布鲁塞尔任职时，已不再切断他们自己同本国政界的联系。对政治职业者来说，不论在国内还是在国际从政，都是重要的，因为这可为他们在离开欧盟委员会之后另谋其他职位积累资源。普罗迪和蒙蒂（Monti）都已成为意大利总理，格里包斯凯特（Grybauskité）已成为立陶宛总统，帕斯卡尔·拉米（Pascal Lamy）已成为世界贸易组织总干事。

对于大多数委员来说，欧盟委员会的任职已不再是他们职业生涯中的最后职位。如果不谋求新的政治职位，那么前委员们就会转向谋求利润丰厚的工商业职位。他们会成为游说者，加入压力集团，或者在游说公司和智库担任高级职务。他们在欧洲政界的声望和经验，在国内和国际的网络联系,以及相关的政治影响力和拥有进出欧盟委员会许可的便利,使得他们在欧盟委员会卸任之后变得炙手可热。作为回报,他们也获得了在政府任职期间得不到的大把赚钱的机会。

在政治和经济领域之间进行流动,已成为成员国政治家的一种正常的职业生涯途径(Kavenagh and Richards,2003:192)——而且这一趋势对欧盟委员会委员来说,也正在日益增强。在巴罗佐第一任期的欧盟委员会中,在离任的15名委员中就有11位委员在卸去布鲁塞尔的职务6个月后担任了公司经理或积极参与了私营部门的其他活动。[7]现代欧盟委员会委员离任后从事的职业生涯表明,他们在欧盟委员会的任职经历已经成为他们下一步在更加全球化的机构中获得新职位和机会的跳板。欧盟委员会前委员的这些关系和政治经验已成为国际企业和组织感兴趣的"资源"。在私营部门的工作经历也许无助于谋求到政治领域内的职位,但是作为欧盟委员会委员的工作经历却有利于谋求到政治领域以外的职业。

六、欧盟行政官员选拔的政治化

欧盟民主责任制安排的扩展与深化,以及欧洲议会权力的不断增强,都在欧盟委员选拔政治化的进程中留下了印记。这不仅在欧盟委员会这部分官员选拔的进入和退出程序中已显现出来,而且在欧盟委员招聘过程中供求因素的转变上也体现了出来。

第一,欧洲议会日益增强的权力创造了一种复杂的新机制。该机制强调了欧盟委员会的政治性,同时还强化了欧盟委员会对欧洲议会的责任。欧洲议会的这一授权程序赋予欧洲议会议员在欧盟委员会委员的选拔上拥有了更多的发言权,而欧盟委员会委员的任职也就因此有了更多的合法性。听证会和批准投票制度的建立,促进了欧盟委员会委员选拔程序的政治化。欧洲议会议员严厉质询,对欧盟委员进行批评,就一些候选人和候选人暴露出来的问题再次举行听证会等措施,都表明了权力在欧盟机构之间的运行。

第二,欧盟委员会已经转变成为一个真正的政治机构,而不再是一个技术官僚机构。这种转变反映在新的期望中,这种期望不仅逐步塑造了欧盟委员会的行政管理作用,而且也改变了它的构成。同行政管理机构填补职位空缺的做法不同,欧盟委员会没有明确界定空岗的职位描述。对行政官员的选拔是一个筛选过程,而委员会的成员构成就表明了在这一过程中运用的标准类型。党派平衡、性别平衡和国籍平衡作为欧盟委员会构成的代表性元素,已变得极为重要。在这一点上,该欧盟执行机构的转型可以理解为对国内需求因素的回应,目的在于“反映”欧盟委员会构成的具体成分。

第三,政治化本身在行政官员选拔的供给方面也得到了反映。对欧盟委员会委员职业生涯的分析表明了“谁”适合担任这种行政职务。向政治专业化的转变意味着,通过政治机构获得宽泛的职业生涯模式已成为进入欧盟委员会最普遍的途径。政治能力而并非技术背景,已成为担任这一职务的相关因素。

注释

[1]这篇文章是在维勒(Wille)即将出版(2013 年)的《欧盟委员会委员》中的一个章节的基础上撰写而成的。我要感谢马克・博文斯(Mark Bovens)、卡罗琳・班(Carolyn Ban)、莫滕・埃格伯格(Morten Egeberg)、丹尼尔・加克谢(Daniel Gaxie)、迪迪埃・耶奥加卡基斯(Didier Georgakakis)、侯赛因・卡西姆(Hussein Kassim)、爱德华多・翁加罗(Edoardo Ongaro)、三位匿名审稿人和多位编辑,对这份手稿的前几稿提出的宝贵评论。我感谢霍尔格・德林(Holger Döring)为我提供了欧盟委员会委员的有关背景资料。荷兰科学研究组织(The Netherlands Organization for Scientific Research,NWO)为该项目提供了资助。

[2]巴罗佐在组织其第二任期团队时,强烈敦促成员国提名女性候选人。

[3]是根据《马斯特里赫特条约》正式成立的,但却以不断变化的实践为基础进行了完善:1981 年 2 月,在新的托恩(Thorn)委员会就职后,欧洲议会根据自己的倡议对欧盟委员会的授权项目和计划进行了投票表决(Nugent,2001:83)。

[4]欧洲议会把举行候任委员听证会的做法列入了法律汇编。举行候任委员听证会的做法没有在条约中出现,但是自从 1995 年 1 月以来,它已经成为欧盟委员会和欧洲议会之间的政治实践活动(Judge and Earnshaw,2008:205)。

[5]德林(Döring,2007)对“政治化”的解释同本文中的解释不同:德林解释说,从成员国中选择更加强势的政治人物作为成员国加强对欧盟委员会派出“代表团”的一种控制形式,以此影响委员会的决策。我在文章中的解释认为,欧盟委员会政治主角的重要性之所以日益增强,是因为欧盟建立了民主制度造成的结果;欧洲议会和欧盟委员会主席的权力不断增强,可以理解为成员国失去了对欧盟委员会委员任命的控制权。

[6]在普罗迪任期的委员会,下列委员提前离职:罗马诺・普罗迪(Romano Prodi)、佩德罗・索尔韦斯(Pedro Solbes)、米歇尔・巴尼耶(Michel Barnier)、安娜・季亚曼托普洛(Anna Diamantopoulou)、菲利普・比斯坎(Philippe Busquin)和埃尔基・利卡宁(Erkki Liikanen)。

[7]从巴罗佐第一届任期开始,下列委员在任期届满之前提前离任:马科斯(Markos)、基普里亚努(Kyprianou)、佛朗哥・弗拉蒂尼(Franco Frattini)、彼得・曼德尔森(Peter Mandelson)、达莉娅・格里包斯凯特(Dalia Gryabaukyte)、达努塔・胡布纳(Danuta Hubner)、路易・米歇尔(Louis Michel)和扬・菲格尔(Jan Figel)。

参考文献

Ban C (2010) Reforming the staffing process in the European institutions: Moving the sacred cow out of the road. *International Review of Administrative Sciences* 76(1): 5–24.

Bauer MW (2007) Introduction: Management reforms in international organizations. In: Bauer MW and Knill C (eds) *Management Reforms in International Organizations*. Baden-Baden: Nomos, 11–23.

Best H (2007) New challenges, new elites? Changes in the recruitment and career patterns of European representative elites. *Comparative Sociology* 6(1–2): 85–113.

Best H and Cotta M (eds) (2000) *Parliamentary Representatives in Europe, 1848–2000: Legislative Recruitment and Careers in Eleven European Countries*. Oxford: Oxford University Press.

Borchert J and Stolz K (2002) Fighting insecurity: Political careers in the Federal Republic of Germany. paper presented at the APSA Annual meeting Boston, MA, 29 August–1 September.

Broin PO and Kaczyński PM (2010) *Treaty of Lisbon: A Second Look at the Institutional Innovations*. Brussels: CEPS Paperbacks.

Cini M (2007) *From Integration to Integrity: Administrative Ethics and Reform in the European Commission*. Manchester: Manchester University Press.

Cotta M and Best H (2007) Parliamentary representatives from the early democratization of Europe: Political representations and the great change of European societies. In: Cotta M and Best H (eds) *Democratic Representation in Europe: Diversity, Change and Convergence*. Oxford: Oxford University Press, 1–26.

Dahl RA (2006) *On Political Equality*. New Haven, CT: Yale University Press.

Dehousse R (1998) European institutional architecture after Amsterdam: Parliamentary system or regulatory structure? *Common Market Law Review* 35: 595–627.

Dogan M (1999) Les professions propices à la carrière politique. Osmoses, filières et viviers. In: Offerle M (ed.) *La profession politique: XIXe–XXe siècles*. Paris: Belin.

Döring H (2007) The composition of the College of Commissioners: Patterns of delegation. *European Union Politics* 8(2): 207–227.

Druckman JN and Warwick PV (2005) The missing piece: Measuring portfolio salience in Western European parliamentary democracies. *European Journal of Political Research* 44: 17–42.

Egeberg M (2006) The College of Commissioners: Executive politics as usual? Role behaviour and conflict dimensions in the College of European Commissioners. *Journal of European Public Policy* 13(1): 1–15.

Georgakakis D (2009) Tensions within Eurocracy. *French Politics* 8(2): 116–144.

Gerth H and Wright Mills C (1953) *Character and Social Structure: The Psychology of Social Institutions*. New York: Harcourt Brace.

Hix S (2008) *What is Wrong with the European Union and How to Fix it*. Cambridge: Polity.

Huntington SP (1991) *The Third Wave: Democratization in the Late Twentieth Century*. Norman, OK: University of Oklahoma Press.

Judge D and Earnshaw D (2008) *The European Parliament*, 2nd edn. London: Palgrave Macmillan.

Kassim H (2004) A historic accomplishment? The Prodi Commission and administrative reform. In: Dimitrakopoulos DG (ed.) *The Changing European Commission*. Manchester: Manchester University Press, 33–62.

Kavenagh D and Richards D (2003) Prime Ministers and civil servants in Britain. *Comparative Sociology* 2(1): 175–195.

Lijphart A (1984) *Democracies: Patterns of Majoritarian and Consensus Government in Twenty-one Countries*. New Haven, CT: Yale University Press.

Macmullen A (2002) European Commission: National routes to a European elite. In: Nugent N (ed.) *At the Heart of the Union: Studies of the European Commission*, 2nd edn. London: Macmillan, 28–50.

Magnette P (2005) *What is the European Union? Nature and Prospects*. London: Palgrave Macmillan.

Mattozzi A and Merlo A (2008) Political careers or career politicians? *Journal of Public Economics* 92: 597–608.

Norris P (1997) *Passages to Power: Legislative Recruitment in Advanced Democracies*. Cambridge: Cambridge University Press.

Norris P and Lovenduski J (1997) United Kingdom. In: Norris P (ed.) Passages to Power: Legislative Recruitment in Advanced Democracies. Cambridge: Cambridge University Press, 309–330.

Nugent N (2001) *The European Commission*. Basingstoke: Palgrave.

Page EC and Wouters L (1994) Bureaucratic politics and political leadership in Brussels. *Public Administration* 72: 445–459.

Panebianco A (1988) *Political Parties: Organization and Power*. Cambridge: Cambridge University Press.

Peters BG and Pierre J (2004) *Politicization of the Civil Service in Comparative Perspective: The Quest for Control*. London: Routledge.

Putnam RD (1975) *The Beliefs of Politicians*. New Haven, CT: Yale University Press.

Ranney A (1965) *Pathways to Parliament: Candidate Selection in Britain*. Madison: University of Wisconsin.

Schumpeter JA (1984) *Capitalism, Socialism and Democracy*. New York: HarperCollins/Harper Torchbooks.

Spence D (2006) The President, the College and the cabinets. In: Spence D (ed.) *The European Commission*. London: John Harper Publishing, 25–74.

Strøm K, Müller WC and Smith DM (2010) Parliamentary control of coalition governments. *Annual Review Political Science* 13: 517–535.

Tsakatika M (2005) Claims to legitimacy: The European Commission between continuity and change. *Journal of Common Market Studies* 43(1): 193–220.

Weber M (1947 [1919]) Politics as a vocation. In: Gerth H and Wright Mills C (eds) *From Max Weber: Essays in Sociology*. London: Routledge and Kegan Paul, 77–128.

Westlake M (2006) The European Commission and the European Parliament. In: Spence D (ed.) *The European Commission*. London: John Harper Publishing, 263–278.

Wille A (2010a) Modernizing the executive: The emergence of political-bureaucratic accountability in the EU Commission. *West European Politics* 33(5): 1093–1116.

Wille A (2010b) The European Commission's accountability paradox. In: Bovens M, Curtin D and 't Hart P (eds) *The Real World of EU Accountability*. Oxford: Oxford University Press, 63–86.

Wille A (2013) *Politics and Bureaucracy in the European Commission*. Oxford: Oxford University Press.

Wonka A (2007) Technocratic and independent? The appointment of European Commissioners and its policy implications. *Journal of European Public Policy* 14(2): 169–189.

Wood BD and Waterman RW (1991) The dynamics of political control of the bureaucracy. *American Political Science Review* 85(3): 801–828.

The politicization of the EU Commission: democratic control and the dynamics of executive selection

Anchrit Wille
Institute of Public Administration, Leiden University

Abstract

Since the rise of the narrative on the 'democratic deficit', at the beginning of the 1990s, EU governance is expected to be democratic and its executive is expected to be democratically legitimated. Since this issue was forced onto the European agenda, the EU has been in a process of continuous polity building in which the Treaties have been revised every few years by the member states to make – among other things – the holders of political power in the institutions more accountable. This article links the changes in the legal and political framework governing the appointment and tasks of the EU Commission to changes in executive recruitment. It explains how strengthened democratic control and accountability over this part of the EU executive has politicized the selection of EU commissioners. This has become visible in the access and exit procedures of this part of the EU executive, but also in shifts in the demand and supply factors in the process of EU executive recruitment. This change is best characterized as a response and adaptation to the increasingly demanding political environment within which the EU Commission finds itself entrenched – one where the highest political personnel of the EU executive need to address the modern problems of a democratic polity.

Points for practitioners

The expansion of democratic accountability arrangements in the EU has politicized the appointment of EU commissioners in three respects: in the procedures of appointing commissioners; in the composition of the College; and in the career pathways of commissioners. Democratization has meant that representation and political professionalization have become very significant in the selection of the EU executive.

Keywords

accountability, democratization, EU Commission, executive selection, politicization, recruitment of political elites

审校辅助人员：李 娜 孙 旭

国际行政科学评论

欧盟委员会官僚机构中的政治化

米夏埃尔 W. 鲍尔①
Michael W. Bauer
约恩·埃格
Jörn Ege
翻译:崔 玲 审校:马永堂 孙彩红

【摘 要】 我们是在制度变迁和组织改革背景下来分析欧盟委员会官僚机构的政治化问题的。一般来说,政治化指的是,将政治考量引入人力资源管理和公务员行为之中,以此去除官僚机构的中立性。直接的、专业政治化概念是我们分析的重点。我们的经验数据来自文献分析以及最近对欧盟委员会官员进行的网上半结构性调查。我们的研究表明,与从前相比,自金诺克(Kinnock)改革以来,欧盟委员会官僚们虽然对他们所从事工作的政治层面高度敏感,但是其政治化程度还是比较小的。尽管欧盟委员会全委会(the College of the Commissioners——指由主席主持和全体27名委员出席的会议,每周召开一次,讨论决定重大事项,如提交议会批准的财政预算草案、法规草案、各项政策等——译者注)在应对其超国家的同行和各成员国政府时,似乎的确更具有政治性,但是委员会的官僚机构却具有弱政治化的特征,换言之,按当下所讨论的话题,从新韦伯主义的角度来看,是颇具工具性意义的。

① 米夏埃尔 W. 鲍尔,德国柏林洪堡大学(Humboldt-Universität zu Berlin, Germany)社会科学学院公共政策与公共管理学主任(chair)。e-mail:mw. bauer@sowi. hu-berlin. de

对实践工作者的启示

- 区分“领导层的”和“专业层的”政治化。
- 我们看到欧盟委员会全委会在服务层面去政治化，却发挥了更强的政治作用。
- 为欧盟委员会高质量、高度专业化的服务提供证据。

【关键词】 行政改革；官僚自主权；欧洲治理；欧洲联盟

一、引言

本文研究的是欧盟委员会官僚机构政治化的程度问题。[1]如何给官僚机构政治化下一个最佳定义以及它是好（对于有效管控来说）还是坏（对于合法性和民主治理而言），这个问题在我们学科一直存在着广泛的争论（Peters，2012；Peters and Pierre，2004）。基于这样的文献背景，我们将官僚政治化定义为，将政治考量纳入人力资源管理（HRM）和公务员直接行为之中，以此去除官僚机构的中立性。我们认为，要运用好这个定义，则需要把“领导层的”和“专业层的”政治化概念（下面章节有更详细的阐释）视为我们研究欧盟委员会官僚机构的两个有益方面。

本文安排如下：继上述初始解释之后，我们要介绍欧盟委员会的政治环境，还要介绍其行政组织的主要特征（第一和第二部分）。然后是探讨我们选择政治化视角的理论意义和概念意义，并描述我们的资料来源和所使用的方法（第三和第四部分）。实证分析放在第五和第六部分，在此，我们将从结构和概念两个视角，去评估委员会官僚机构中领导层和专业层的政治化程度。最后通过探讨我们的研究结果可能产生的作用来结束本文（第八部分）。

简言之，我们认为，委员会的官僚机构（虽然官僚们对其工作的政治层面高度敏感）的政治化程度如今——即自金诺克改革之后——弱于以往（Bauer，2008，2009）。尽管委员会的最高政治层看似在政治上的确更加依赖欧洲议会和各成员国，但是委员会的官僚机构依然是高度自主的。在这方面，最近的行政改革（金诺克改革）看来已经使委员会的官僚机构走上了新韦伯主义轨道（Ongaro，this issue；Pollitt and Bouckaert，2011）。尽管不可否认的是，绩效评估措施得到了改进，更高的责任已转移到低级管理层（See Bauer，2008），但是韦伯主义行政管理的核心特征依然清晰可辨，且大致保存完整。在这个意义上，从委员会最高层官员的角度来看，委员会的官僚机构近些年变得不那么具有工具性了。

二、委员会制度环境变迁的三大趋势

尽管是在一个经常变化的政治体制中运行，但是欧盟委员会却是个永远必须先适应其内部结构（新职责、职位重组等）的组织。可能有人会说，“随内部变化而变化”的原则，在某种程度上适用于所有的国家中央政府和政治体制。然而，委员会所遭遇的体制变化的强度和质量，看起来却是在国家环境的“正常时期”所无法比拟的。这里至少有三大主要趋势与委员会官僚机构的政治和制度角色格外不相容：欧盟的议会化，欧洲理事会结构的政府化，以及欧盟委员会自身的总统化。这三大趋势中的每一趋势就其自身的情况而言，都值得进行单独的详细考察。然而，就本文写作目的而言，对欧盟委员会官僚机构的工作环境的影响进行简要描述，也就足够了。

（一）议会化

过去在欧盟体制内（同理事会和成员国）争夺荣誉和权限时，欧盟委员会是欧洲议会的天然“盟友”。现在，欧盟议会已成为与欧盟理事会地位平等的合伙立法者，委员会看来已经被日益边缘化。而且，欧洲议会对于欧盟委员会的政治影响力也日益增大。这一点在新一届委员会的就职过程中表现最为明显，委员会主席职位的候选人必须获得欧洲议会议员们的绝对多数票才能当选。[2]假如说欧洲议会并不满足于它在立法过程中的决策权，那么或许最明显的表现是，它对属于欧盟委员会的政治议程制定权和行政执行权越来越感兴趣。因此，欧洲议会正在越来越多地利用其已强化的预算权去干预微观管理政策的制定。

（二）政府化

虽然欧洲议会是最近宪法改革中的“超国家”获胜者，但是欧盟复杂的组织结构中的政府间因素也得到了加强。这一点在由各国政府首脑组成的欧洲理事会的角色变化中表现得最为明显。欧洲理事会近来已经变成了欧盟的一个正式机构，因此，它远非仅仅提供“宏观指导方针”，如今还制定详细的、随后须由其他机构来“执行”的政策措施。如此一来，欧盟委员会就有实际上丧失独揽立法提案权的危险。例如，这一点在如下事实中即可略见一斑：为了制定新的增长与稳定公约而成立了欧洲财政稳定机构（the European Financial Stability Facility，EFSF），虽然该机构工作小组由欧洲理事会主席范·龙佩（Van Rompuy）牵头，但是欧盟委员会仅是该机构的观察员。在以前，这类与政策相关的预备工作理所当然地归欧盟委员会负责。(如今)即便是日常决策,欧盟委员会似乎也日益受到来自各国元首和政府首脑的更大压力。

(三)总统化

议会化和政府间作用的强化的确改变了欧盟委员会运转的外部政治环境,但是委员会自身也发生了变化。随着个体委员日趋成为政治职业者甚至是职业政客(Wille,this issue),委员会主席相对于委员会其他成员的权力也在相当程度上增强了。然而在"总统化"题目下需要讨论的内容,还包括强化秘书处(通过最近的管理改革)自上而下的操控能力(尤其是在政策目标制定和持续的政策执行反馈所需的多年度管理周期方面)。

除上述主流意见外,也有为数不多的意见强调了这样一个事实,即欧盟委员会的作用是变动的;这种变化来自于成员国政府(通过欧洲理事会)和欧洲议会的强大压力。如今,即便是雅克·德洛尔(Jacques Delors)任主席,欧盟委员会也将很难重塑它那著名的"政策创新"能力了。同时,欧盟委员会的政治领导层与其官僚机构之间的关系也处在变化之中。至少,欧盟委员会最近已提升了其自上而下的程序化行政管理方面的新型组织能力。由于政治化的概念在本质上是相互关联的,如果我们随后还想对在欧盟委员会官僚机构中发现的经验性政治化的影响进行评估的话,我们必须把这些趋势牢记在心。

三、欧盟委员会的组织特征和内部变化

欧盟委员会的官僚机构有一个类似于国家部委的组织(Egeberg,2010:133)。虽然欧盟委员会政治领导层(the College of Commissioners and their Cabinets——全委会及其办公室)须接受议会的监督,而且全委会须集体商定政策提案,但 27 位委员中的每一位委员又都要对其分管的总司(Directorate-General,DG)的工作承担监管和制定政策的责任。这类总司及其他服务部门共有 30 多个,分别负责农业、融合政策、环境、翻译等。在布鲁塞尔(以及在卢森堡和欧盟委员会其他地点的限定领域)工作的官员和非永久性雇员共有 4 万多名,这些人构成了我们所说的欧盟委员会官僚机构。

欧盟委员会最近经历了一次重大的组织变革。所谓的金诺克改革(以前主管副主席的名字命名)包括四大核心议题:人事、战略规划和方案,财政管理,以及透明度和道德。这次改革将欧盟委员会从一个传统的欧盟大陆官僚机构,转变为一个实行多年度规划、强化纵向和横向协调、重视产出

的行政管理机构(Balint et al.,2008)。这次改革把重点放在了有效提高纵向管理能力、制定绩效指标和实施审计上。

欧盟委员会既是一个起草政策草案的技术精英机构,同时又是一个促成各方达成可靠妥协的政治掮客。对于它的这种混合性复杂特征,许多研究报告都作了陈述(Peterson,2006:80—82)。然而,应该强调的是,金诺克改革改变了欧盟委员会的政治领导层(全委会)与其公务员队伍(在总司长领导下的)之间的关系,尤其是在两者之间划出了明确的“界限”,并将横向纵向协调和控制机制引入到委员会文化中。在这方面,一项最新的研究报告认为,“或许‘新’[巴罗佐第一届任期(Barroso I)]委员会的最特别之处,就在于如何把这个复杂混合体的两部分分割开来”(Peterson,2008:767)。我们对政治化关注的重点,是要搞清楚欧盟委员会的行政管理机构和政治领导层之间的重要关系。

四、官僚机构的政治化

官僚机构政治化是影响着所有公共行政机构的一种现象,尽管影响的程度不同,但也涉及作为现代政府基础的独立公共服务机构的主要功能。政治化所产生的张力在于,一方面,它可以被视为当今领导者用以控制官僚机构的有效工具;另一方面,它也可被视为减少工具性行政机关发挥关键职能所依赖的根本原则的一种手段——这一点具有潜在的破坏性副作用。受政治化危害的现代公共服务部门的这些核心原则指的是,人们期望公共行政部门的成员能够依靠客观的工作表现(功绩制)谋求进取,相信公共服务机构提出的政策措施是确保公共利益的最切实可行的方案(Peters,2012)。因此,毫无疑问,从理论上理解官僚政治化现象,尤其是决策后果可以预料时,无论对于公共行政管理学者,还是政策分析人员和实际工作者,同样都是十分重要的。不幸的是,官僚机构政治化既无一致认定的理论定义,也无清晰的分析概念或者便于我们分析具体案例的实证测量传统。

在概念层次上,不乏各种描述官僚机构政治化不同(次级)维度的文献。例如,吕克·鲁班(Luc Rouban,2003)在其被收录于《公共行政手册》的论文中,就对此概念最易引发歧义的三个宽泛维度进行了区分。他认为,政治化有三层含义:(1)指参与政治决策;(2)指党派对官僚机构的控制;(3)指公务员作为公民和选民参与政治活动。彼得斯(Peters,2012)提出的分类法从理论上区分了此概念的六个方面,但在可操作性方面,他的划分似乎在经验上并不总是清晰可辨的。[3]施万克(Schwanke)和埃宾杰(Ebinger)(在近期的一项基于德国学术传统对德国联邦政府部门的政治化所做的研究中)区分了形式的和功能性的政治化两个方面,他们的划分类似于本文对政治化的理解,另外,也明确了政党政治活动和职权中的政治化(2006:234)。

至于如何衡量政治化问题,此前对政治化研究的努力已经触及这样一个概念,即要么探究任命的政治化,要么研究决策本身的政治化(Eichbaum and Shaw,2008:342;Mulgan,2007)。前者作为更为传统的研究领域,“任命路径”较为间接,因为人们或许只会假设人力资源管理对公共决策的潜在(与事实相对)影响(Mulgan,2007:571),但是其优点是适宜做比较研究(Peters and Pierre,2004)。相反,后者“决策路径”却是将行政行为与政策产出直接连接起来,因此它与上述提及现象所产生的不明确的实际结果联系更为密切。

简言之,对于官僚机构政治化,我们缺乏一个清晰的、高屋建瓴的、能够穷尽此概念外延的通用定义。由于我们不想对政治化做理论研究或者讨论其在可操作性和可测量性方面的价值,我们援用彼得斯和皮埃尔(Peters and Pierre,2004)的研究成果时,视其为在该研究领域已被广泛接受。我们稍稍拓宽了他们的定义,并接受此前的一些批评意见,研究此课题时重点不放在以任命为中心的路径上(Eichbaum and Shaw,2008)。因此,我们认为,官僚机构政治化是指,把政治考量(即非功绩制的、非客观的——在政策走向利害攸关之际)纳入决策制定过程中,去除中立性。最值得关注的滋生此类官僚机构政治化的领域是人力资源管理(以及关于全体职员的组织内部决策)和自我审查,即公务员使其职业行为符合他们上司的价值偏好预期。我们分析官僚机构政治化这一概念的两个方面时,将其分别称为“领导层的政治化”(direct politicization)和“专业层的政治化”(professional politicization)。

领导层的政治化,或称为形式的政治化(formal politicization)(Rouban,2003:313—317),可被认为是政治长官不依据功绩特点而录用和晋升官员(尤其是行政部门的较高级职位)的垂直控制能力。一方面,这种领导层的政治化显然对于长官的操控能力具有重要意义,因为它有助于确保下属的顺从。另一方面,领导层的政治化破坏了基于功绩制的行政部门的原则,从一般意义上更多地回避了理想的官僚机构的中立原则。

专业层的政治化或称为功能的政治化(functional politicization)(Mayntz and Derlien,1989)应该被理解为官僚对于其工作中的政治要求自下而上的响应程度。我们假定,主要是出于提升其个人职业前景的目的,官员们企图预测他们所服务的上级的政策立场。[4]

五、数据和方法

官僚机构政治化是直接观察不到的。人力资源管理的规则可以通过政治化的方式加以运用,但是这种运用仅靠翻阅文件是看不到的。非正式的党派政治影响或各国家政府的影响也难以捕捉得到。因此,对政治化的研究(包括本文)所要做的,就是在官员们对有关议题的反应中寻找政治化的轨迹。对于政治化,这一常用的“基于感知的研究路径”(perception-based approach)存在于两个重要问题。第一,当要评估一段时期内的变化情况时,众所周知,受访者是不可靠的;在我们的研究中,这意味着,要对金诺克改革前后的发展做一番准确的比较,或许是不可能的。第二,由于利益效应(desirability effects),存在对于政治化系统低估的风险;换言之,受访者觉察到政治化不好,因而会(有意或无意地)淡化其存在或影响。这样的问题在这类研究中很常见且原因不难理解。我们的研究结果受益于三种方法:(1)通过做各种访谈(在线调查、半结构化的访谈以及深度访谈);(2)就同一个概念变换不同的提问(刺激)的方式,以此来确认观察到的和没有观察到的效果;(3)此外还使用源自文件分析的结构性指标,文件分析能够洞悉人力资源管理实践,并可以进行更好的纵向比较。更准确地说,除了分析可得到的欧盟委员会文件(尤其是人力资源管理方面的),本研究还有以下三个数据来源:第一,本研究对工作性质与政策有关的欧盟委员会雇员进行了一次大型在线抽样调查,为的是分析这些人对于其所从事工作的政治层面、党派政治的影响以及在欧盟委员会内国家的影响等问题的看法。[5]第二,本研究使用了119份半结构化的、对欧盟委员会的中高级管理人员的面对面访谈材料(该数据也来自欧盟委员会的问卷)。第三,为了验证我们的发现和获得一些解释性意见,我们对随机选取的欧盟委员会官员进行了13次深度访谈。以下两部分是我们得自结构视角和认知视角的实证研究结果。

六、欧盟委员会中的领导层政治化

领导层的政治化被定义为,在录用和晋升公共行政部门的人员时,以政治标准替代功绩标准(Peters,2012)。在我们看来,在欧盟委员会的官僚机构中,“政治的”(标准)有以下三层含义:第一,“政治的”(标准)意味着意识形态偏见或者党派政治。第二,“政治的”(标准)也可以解释为对(特定的)国家立场的非正当合理的敏感性。第三,“政治的”(标准)意味着居高位者过度奖励下属的效忠行为。对这三种情况,我们有证据吗?

(一)欧盟委员会中党派政治型政治化的证据微乎其微

当被问到在欧盟委员会中,党派归属或同情某个党派有多重要时,74%的受访高级管理人员回答"党派归属不重要",或者甚至说"它根本不起作用"。只有4%的受访者相信"它重要",而21%的管理人员说它或许"有时重要有时不重要"(见图1)。党员身份对于欧盟委员会的公务员而言也是非同寻常的。在我们的抽样调查中,只有9%的人说他们是某国政党的积极或消极成员。[6]例如,较之于德国最高层政府部门的官僚机构,这是一个很低的比例(Schwanke and Ebinger,2006:239)。因此,相比较而言,我们可以说在党员和党派归属方面,欧盟委员会的领导层"政治化"程度低于欧盟成员国的中央政府。

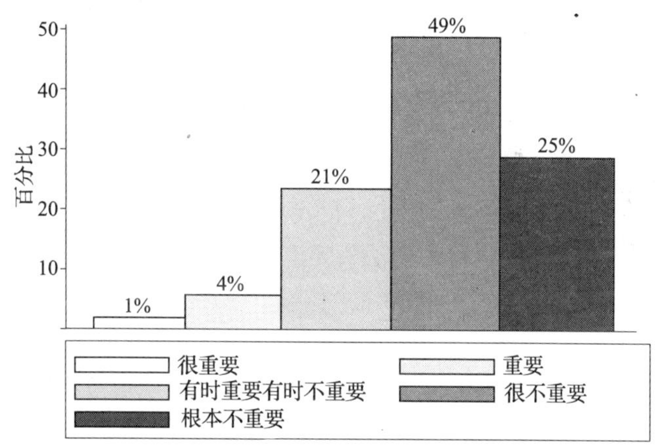

图1 欧盟委员会行政部门的党派政治化认知:
"对委员会中的官员来说党派归属或党派同情有多重要?"

注:处室负责人,司长,副总司长,总司长(n=108)。

资料来源:欧盟委员会的问卷(见附录问题1)。

由于存在社会利益效应(desirability effect),我们冒低估党派引发的政治化的风险了吗?在线调查中有一个"可控"的问题。欧盟委员会的公务员们被问到其职业网络的基础(Suvarierol,2008)。党派政治联系排名靠后。仅19%的受访者说意识形态或党派归属会在其人际网中起作用。[7]因此,同样由于这个缘故,党派政治看来与欧盟委员会官员的日常生活关联性不大。

(二)"国籍"在欧盟委员会中并没有替代缺失的党派政治

在上述提到的同一问题"你的职业网络的基础"中,"国籍"被证实其重要性是意识形态和党派归属的两倍(52%)。在欧盟委员会中"国籍政治化"(nationality politicization)有可能比肩于国家官僚机构中的"党派政治化"(party politicization)吗?

在组织内部处理好职员的国籍问题,的确是欧盟委员会人力资源管理中的一个存在争议的问题,并在几个正式规章和指导方针中反映出来(诸如"要在尽可能广泛的地理基础上从各成员国国民中"录用人员;见欧盟委员会,2004:I-14,第27条)。那么关键问题在于:有迹象表明国籍配额和高层行政管理职位的公平分配,被用来作为系统的工具,以替代欧盟委员会官员录用和晋升的功绩标准(并因此最终影响决策使之倾向于特定国家的利益)了吗?在欧盟委员会的有关法律文本中有一些这方面的蛛丝马迹。例如,来自南部各国的官员在融合政策总司(DG for Cohesion Policy)占优势(负责结构资金的分配,南部各国因此受益最多)或者带有传统"国旗"烙印的总司——农业总司(DG Agriculture)的总司长必须是法国人,而竞争总司(DG Competition)的总司长则必须是德国人。总司长(Directors-General)任职五年后必须轮换到新的岗位的新规范似乎解决了"国旗"之类的问题。然而,我们还是难以获得系统的经验数据,以便了解晋升或录用特定国籍的人从事特定工作的日常斗争情况。不过,如果国籍成了公务员遴选和晋升的非正当政治标准,它就会在我们的调研中留下"可观察到的"痕迹——因为职业公务员对这种做法肯定会感到不快。

毫无疑问,在欧盟委员会的雇员中,对于地理平衡原则的接受程度要相对弱一些。1 658名回答者(各级别平等分布)中仅有35%的人在网上调查中表示,他们实际上赞同欧盟委员会的职位应该根据地理平衡原则分布。总共有48%的受访者反对这种分配,而有17%的人持无所谓的态度。[8]因此,可以说这个问题对于欧盟委员会的雇员们来说关系重大。然而,面对面的访谈却表现出了对于地理平衡原则的全盘接受——前提是功绩原则优先;换言之,地理平衡原则不应该成为公务员遴选和晋升的唯一标准。

通过"平衡",所有成员国的国民都有代表是一回事,然而,政治立场迹象的存在,以及随后各国利用这些雇员影响欧盟委员会的决策则完全是另一回事。受访者们承认,各国政府的确在"游说"它们国家的候选人进入欧盟委员会高层;然而,在这种"群英荟萃"格局下,各国政府所能做的也仅限于此(即当只有一个国家推荐的候选人合格时,是有当选希望的,但是围绕着空缺位置所形成的群英荟萃格局,就已经容纳不了太多"自己的"国民了)。换言之,一个国家的政府很难为了得到可利用的重大决策参与权,而按照自己的偏好操控欧盟委员会的晋升程序(即为了让他们的"人"进入委员会内部的关键职位)。为了获得"成功",各国政府不得不支持出类拔萃的候选人加入群英荟萃的竞争行列,它们除了顺从候选人依其当下的政治兴趣和个人偏好行事之外,别的也帮不了什么忙。总之,"布鲁塞尔的鞭长莫及"(remoteness of Brussels),以及各国政府直接影响重要职务晋升的手段有限，这两点设下了天然的限制，人们很难用政治标准系统地替代功绩标准以图利用。

我们可以通过对另一个问题的调查来交叉检验“国籍政治化的低显著性”这一解释的可信度。公务员们曾被问及他们是否认为欧盟委员会的官员应该管理涉及他们“自己”国家特殊利益的卷宗是有问题的。超过一半的回答者(51％，各级别公务员之间没有重大差异)实际上相信这不会有问题。只有 34％的人有些担心可能会有利益冲突。[9]较之于 1996 年和 2002 年所做访谈的发现，那些认为欧盟委员会官员处理来自其祖国的档案会有利益冲突问题的人明显减少了。我们的跟踪访谈证实了这一结果。112 名中高级管理人员中约一半认为，欧盟委员会的确发生了思想转变，在处理祖国的卷宗问题上变得更宽容了。而且，他们的同事几乎看不到由国籍引发利益冲突的危险，这一点并不令他们感到惊讶。[10]

总之，在布鲁塞尔，国籍似乎缺少党派政治意识形态在国家行政环境中所产生的那种内聚力(这对当权者有利)。即便在有些情况下存在着地理平衡原则取代功绩制原则的担心，欧盟委员会的反应却是，较之金诺克改革之前的情形，如今国籍问题的战略重要性要小许多，系统地操控欧盟委员会公务员的企图，也与之关联相当微弱。[11]

(三)效忠个人替代功绩制

以上分析表明，党派归属和国籍因素看来对于操控欧盟委员会的公务员几乎没有什么作用；然而，有一点也许依然是对的，即以政治标准替代功绩标准(除了直接的党派政治和国籍联系)对于欧盟委员会的顶层执行其政治纲领是有用的。在这个意义上，领导层的政治化将允许组织机构的领导选择和晋升他们信任的人员进入欧盟委员会统治阶层的关键岗位。人们通常只是这样解释雅克·德洛尔等人主席任期的成功故事：他的决心使他能够将“他”的人放在正确的职位上(Grant，1994)。与在下面将要详述的专业层的政治化概念相对照，这里的效忠被假设为是自上而下起作用的。如果下属表现出忠诚且能付诸相应行动，这不是什么问题，但是，如果组织机构的领导通过对人力资源管理施加影响，并能正式地根据非功绩制原则奖励被感觉到的个人效忠，那么对于公务员的中立性就构成了较为严重的问题。

有一个例子可以足以说明这一点。在 20 世纪 80 年代，司长和总司长的招聘和遴选，其特点是制度化程度低，欧盟委员会委员个人及其办公室手中具有很大的自由裁量权。自 2004 年金诺克改革以及新的员工管理规章出台以来，委员个人仍然有权任命他所辖总司内的高级管理人员，但是他们的自由裁量权已经相当小了，因为“任命咨询委员会”(Consultative

Committees of Appointments)在合格候选人的(前期)遴选过程中掌握了重要的发言权。

使用现存的正式组织规章并依靠一个附加的指数,我们就可以量化出欧盟委员会中形式的政治化在近期的变化情况(Balint et al.,2008)。根据一个基于施纳普(Schnapp,2004)早期研究工作而设计的框架,欧盟委员会遴选和晋升程序中的政治化程度可以同国家公共行政机构中的类似情况作比较(见图 2)。[12]

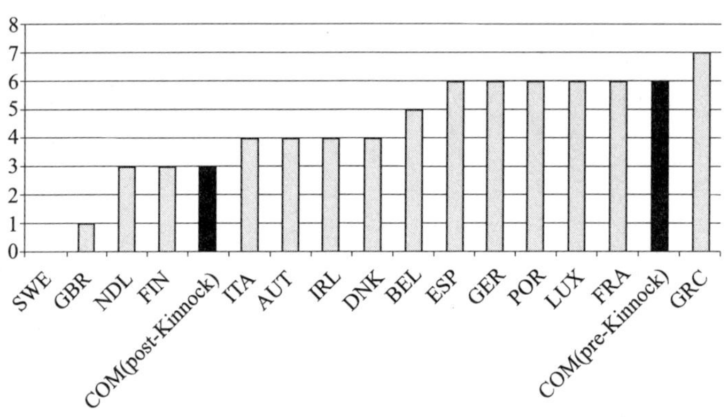

图 2 高级文官的政治化:欧盟 15 国和欧盟委员会的变化

注:所有国家数据的参考年份都是 2002 年;欧盟委员会数据的参考年份是 2006 年;SWE=瑞典,GBR=英国,NDL=荷兰,FIN=芬兰;COM(post-Kinnock)=金诺克改革后的欧盟委员会(至 2006 年),ITA=意大利,AUT=奥地利,IRL=爱尔兰,DNK=丹麦,BEL=比利时,ESP=西班牙,GER=德国,POR=葡萄牙,LUX=卢森堡,FRA=法国,COM(pre-Kinnock)=20 世纪 80 年代的欧盟委员会,GRC=希腊。

资料来源:Own modification to Balint et al.,2008:685;Italy was re-coded according to Ongaro,2009.

个别指标的选择或者某些价值的归因可能会招致批评,但是可观察到的趋势是稳定的:欧盟委员会在后金诺克时期的录用和晋升规则,较之此前的时期,对以上级的政治偏好替代功绩制的做法留下的空间更少。即便有人认为,正式的晋升程序是一回事,“真正的”非正式操控又是另一回事,他也不可否认新规则使上级想把他们的追随者放到关键职位上变得更难了。

总之,关于欧盟委员会中领导层的政治化,我们得出的结论是,党派政治(或许不出所料)几乎不起作用,而国籍政治仅起微弱的作用。正如我们的结构性测评所表明的那样,自上而下的政治化在过去是强烈的(即使与大多数成员国中的公务员制度相比)。然而,自金诺克改革以来,它已经大大减弱了。就领导层的政治化而言,如果说有什么区别的话,欧盟委员会的行政机构看来是一个高度政治化的官僚机构的反面。

七、欧盟委员会官员的职业政治化

领导层的政治化假定党派、国籍或者内部工作网络的因素具有自上而下的,即自官僚机构层级的领导层到基层的影响力。然而,政治化还以其他方式存在于别的方面。在行政部门工作的人通常会对其工作的政治要求作出回应——他们会认真地对待那些正式指导他们的人的偏好。公务员出于工作热情、信念或机会主义而响应他们的领导,但是实际上他们中的大多数人在日常工作中遵循来自上级的指导。这些指导越清晰,他们就越能更好地遵循。如果他们没有清晰的指导或没有得到指导,他们会努力猜测当前的领导可能要他们做什么。这种职业的政治化在别处——在功能的政治化这一标题下——被描述为:

……公务员对政治可行性的考虑更加敏感,并通过预期(国内的)内阁和议会对他们的政策提案与立法草案的反应来建立高层官员的一种政治上的自控体制(Mayntz and Derlien,1989:402)。

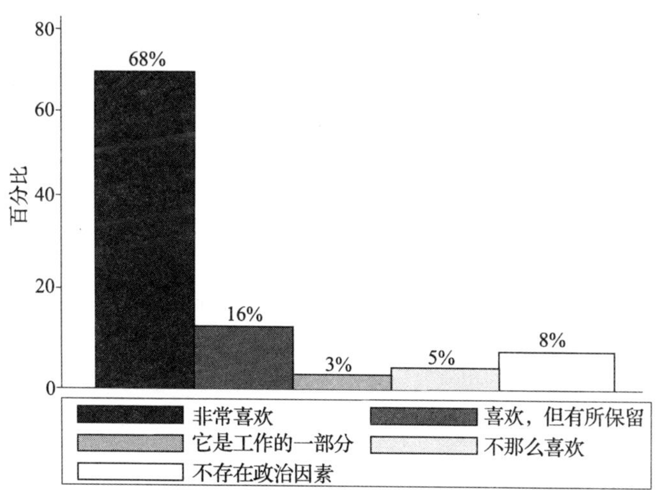

图 3 欧盟委员会官员的政治卷入程度:你在多大程度上喜欢你工作中的政治因素?

注:仅针对司长和总司长的问题;$n=37$。

资料来源:欧盟委员会的问卷(见附录问题 6)。

对于这种功能的、职业的或者说预期的政治化,我们在欧盟委员会这里找到了什么证据呢?初步的观察结果是这样的:由于委员会在欧盟的决策体制下负有提出政策草案的责任,委员会各级官员都依其职务介入了欧盟的决策过程。毕竟,委员会并不向公民提供车牌号、护照或某种服务,但是它产出诸如政策纲领、欧盟财政管理、对联合执行公务的监管等复杂的政治产品。它的职责也许听起来是琐碎的,但应重申,委员会——在这种一般意义上——是一个政治组织。在欧盟委员会工作就意味着你要面对政治问题,虽然面对政治问题的程度不同。图 3 表明,高级官员知道其工作的政治因素,且绝大多数的人也视之为其工作的格外令人享受的方面。

简言之,就他们工作面临具有政治争议性问题的程度而言,欧盟委员会的官员可被视为“政治”官僚,显然他们喜欢这个角色。[13]因此,尤其是,委员会的高级官员与国内的高级文官相类似,他们与政治领导人具有紧密的工作联系,并且,由于他们实质性地卷入政界,自然偏离了一个纯粹工具性官僚的理想类型(Aberbach et al.,1981:4—6)。正如霍格赫(Hooghe,2012)所指出的那样,欧盟委员会的官员也逐渐形成了其鲜明的可能会有助于指导他们日常工作的欧洲形象(常常支持超国家主义的理念)。然而,这里令人感兴趣的问题是,欧盟委员会的官员们到底以何种方式、在何种程度上成了“混血儿”[借用乔 D. 阿伯巴奇(Joel D. Aberbach)和他的同事在其经典分析中的术语]?我们实质上是在提出两个需要探讨的问题:第一个问题涉及委员会的官员们对政治共识以及政治领导这两者的忠诚。第二,委员会的官员们如何看待他们自己在欧盟的这种政治—行政体制内所起的作用?

当被问及是否认为支持全委会一致达成的政治立场是行政部门的责任时,委员会的公务员表现出了很高的赞同率,通常这种赞同率在基层、中层到高层管理人员中一级比一级高。[14]公务员们对于全委会决策的这种自我承诺具有典型性,平均则达到 87%;这对于委员会公务员内部普遍存在的自下而上的总体忠诚度而言,当然是一个很高的评价。

喜欢其工作中的政治内容并高度忠诚于上级的政治决策,使得委员会官员完全符合官僚行为模式 II(image II)的概念类型,这类官僚表现出这样一种突出的能力,即能够准确分辨政治工作的权力含义和政策含义(Aberbach et al.,1981:4—23;Mayntz,1984:201)。这种情形与如下情况相符合:当被问到他们对于部门的忠诚是否超越他们对组织的忠诚时,只有三分之一的委员会官员们将总司的利益置于他们工作所在的组织利益之上(见附件问题 8)。因此,这些数据不支持明显的“职位行为逻辑”或“次级单位自主权”强烈的现象(Trondal,this issue),也就是说,委员会内并不存在一种地方主义的文化,也不缺乏部门间的协调。

为了搞清楚委员会的官员们对其角色的理解,我们采用了阿伯巴奇(Aberbach)和他的同事们对国家公务员的经典研究中所阐述的分类(1981)。这些角色的概况如表 1 所示。

表 1　　角色列表(非排他的),中高级官员对其工作职责的看法[15]

角色		角色描述
1	技术员	解决技术政策问题,应用专业知识
2	律师	代表或为某一社会群体、阶层的利益或事业而进行斗争,或抗议不公平
3	法学家	聚焦于法律程序或者某人职责的合法性解释
4	代理人	调停或者解决利益冲突和政治冲突
5	欧盟代表	代表欧洲联盟
6	协调人	保护某些特定客户群体或选民的利益
7	党务工作者	将重点放在工作的政治层面或党派层面

资料来源:EUCIQ compilation based on Aberbach et al. ,1981.

我们的研究结果(见表 2)表明,解决问题的技术人员(角色 1)、欧盟的代表(角色 5)以及在不同利益间调停的掮客(角色 4)——这些人员的自我认知,被视为是对高层欧洲公务员工作的最准确的描绘。对比之下,欧盟委员会的官员们仅把他们自己看作奋力争取他们工作的某一方面或党派利益的行动者(角色 2 和 7)。相比于国内公务员的一般性角色认知——阿伯巴奇团队在七个国家调查所得出的结论(Aberbach,et al. ,1981:89),与我们的调查结果十分相似。然而,掮客角色(超过 25 个百分点)和代表角色(超过 22 个百分点)两者在欧洲都是相当显而易见的。这种差异突出了这样的事实,即委

表 2　　欧盟委员会官员的角色认知

角色		百分比	排序	ECS 相对于 DCS 的角色认知
1	技术人员	77%	2	+8(角色是指对于 ECS 的重要性增加 8 个百分点)
2	律师	8%	7	−12(角色是指对于 ECS 的重要性减少 12 个百分点)
3	法学家	34%	4	−2
4	代理人	63%	3	+25
5	代表	78%	1	+22
6	协调人	12%	5	−17
7	党务工作者	8%	8	+1

注:不同的角色类别是非排他性的。三个最精确/最重要的角色获得了每位受访者的回答;ECS=欧盟公务员;DCS=国内公务员。

资料来源:欧盟委员会的问卷(n=73,见附录问题 9);有关国内公务员的数据来源于阿伯巴奇等(Aberbach et al. ,1981:89).

员会的官员们的确依然自视既是不同国家利益和机构间利益的掮客，又是欧洲事业更大利益的代表和仆人。

总之，一般的欧盟委员会官员对其工作中的政治因素都很敏感；然而，他/她对于解决问题比追求某种意识形态的政策解决方案更感兴趣；他/她非常善于就其所遇到的问题找到实际的解决办法；他/她效忠于行政领导，对其指示言听计从，因为他/她很清楚政治性与政治之间的区别。当我们就此访问委员会的官员时，在多数情况下得到的回答，也许可以用一位司长的话来恰当地概括：

为欧洲工作是我的第一要义。我们的确会采取主动行为，但是取得具体的结果才是我的目标。我必须考虑周全，也就是说，你要设法达到什么目标以及得到什么结果，而不是考虑将来可能会产生的影响。欧盟委员会真正的工作是倾听，倾听理事会、议会、人民的声音，然后进行综合，设法提出最佳方案，然后是花费精力去协商。

八、结论

单独分析行政改革对公共行政所产生的影响绝非易事。改革的目标通常是模糊的，干预作用很难控制，随着时间的流逝，对改革的评价难有定论，新的挑战层出不穷。评估近年来欧盟委员会的行政改革面临的挑战更多，因为该委员会的官僚机构所服务的对象，不是在政治上对议会负责的一位部长或一国的政府；相反，它服务于由一群技术官僚所组成的团体（其中的大多数人在他们任职前可能从未见过面）。而且，委员会从属于欧盟这样一个经常发生变化的政治系统；因此，一直不清楚（委员会内的）组织变迁是如何与同样变动不居的外部结构相互作用的。

怀着这样的警告，我们的第一个研究结果是，委员会作为一个超国家的机构，变得比过去更依赖其超国家的和政府的同行；尤其是，谋求权力最大化的欧洲议会要求对这个欧盟的“行政工具”施加更多的监督与控制权。虽然欧洲议会（像世界上所有的议会一样）没有能力、（或许也）没有动力去理会行政上的细枝末节，但是欧洲理事会从传统上一直在指导欧盟委员会（在规划方面），而且《里斯本条约》巩固了理事会在这方面的中枢地位。至少，近期的制度改革（欧盟外长和欧洲理事会的永久主席）增加了欧盟行政与立法机关作用相融合的突出特色，并且似乎还进一步加强了欧盟这一条约中的政府间因素。在这种情况下我们要简单说明的是，欧盟委员会对欧洲议会和欧洲理事会的依赖增强了；因此，如今欧盟委员会全委会作为一个政治实体，其自主权比过去减少了。

第二个研究结果是，欧盟委员会作为一个组织，其内部也发生了重要变化。欧盟委员会全委会已变得庞大而笨拙，所以要成为一个众人平等的“雅典最高法院”的想法显然已经是不切实际的幻想。全委会权威（the college logic）已被统治集团首领权威（hierarchal logic）所取代，这体现在欧盟委员会主席日渐增大的权力上。而且，委员会主席在政治上以及委员会秘书处在组织上运用他们新增的自上而下的管理权力的确都已达到了超乎想象的地步。

第三个研究成果旨在重申，在专业精神方面，欧盟委员会的公务员在政治上似乎是敏感的，但并不热衷于政治意识形态。他们在政治上好像能够自我控制，而且会受到政治风向判断的引导，因为他们具有良好的预料重要人物一举一动的能力。用阿伯巴奇等人的话来说，他们是“第 II 类面孔”的官僚，懂政治而又不过分政治化。而且，尽管欧盟的决策具有多国背景，但几乎没有证据表明，委员会行政部门中正日益消失的党派政治化已被诸如国籍政治化之类的现象所取代。

现在的关键是，随着欧盟委员会（作为一个超国家机构）在政治上变得越来越依赖欧洲议会和欧洲理事会，委员个人也变得日益从属于委员会主席了。这种制度变革在某种程度上与近年来金诺克改革所引起的组织内部变革交织在一起。然而，这些组织上的改革，却削弱了委员会官僚机构高层利用人力资源管理（尤其是职员晋升）作为操控手段的能力；换言之，领导层的政治化——或许是委员会内部政治操控的最后堡垒——在近些年来已经失去了吸引力。因此，我们的第四个研究结果是，委员会的行政部门在这个重要方面，变得更加独立和更加具有自主性了。

因此，我们所观察到的是一个自相矛盾的现象：作为一个超国家机构，欧盟委员会在政治上正变得更加依赖其同行，显而易见它的类似企业家的影响力正在消失；然而，委员会公共行政部门的最高层却变得更具自主性了。

在这方面，后金诺克时期的欧盟委员会步入了一条新韦伯主义轨道（Pollitt and Bouckaert，2011）：在增强绩效测评和政策责任下放到较低行政层级的背景下，韦伯主义的核心特征依然清晰可见，甚至可以说得到了加强（Ongaro，this issue）。

从一个更宽广的视角，我们在一个更加政治化的组织环境中，看到了一个更少政治化的行政部门。乍一看，这可能会被视为好消息，因为去政治化的公务员队伍被认为更有可能去执行和提供技术上合适的解决方案，遵循其总体使命（Ellinas and Suleiman，2011）。然而，再一看，问题或许就来了，因为那些掌控着官僚机构的人（也就是全委会和主席）面临着更大的政治压力，同时，他们用以自上而下地指挥其官僚机构的手段却较以前少了。尽管秘书处采取了重要的组织措施，但是全委会和委员会行政部门之间的分离由此看来还是加大了。随着行政部门自主权的进一步强化，适当的政策规划和解决方案的出台，将在很大程度上有赖于“自下而上”的政治敏感性和官僚机构的敏锐性。然而，问题是：“自下而上”的敏感性足以使委员会成功吗？如果外部政治诉求是分散的，这个体制也许会管用；然而，一旦政治诉求变得更趋一致，挫败看来是不可避免的。一个进一步去政治化的官僚机构，却在一个日益政治化的制度框架下运行，这样的官僚机构会产生什么结果？这将是个有趣的问题。

注释

[1]本文作者要感谢论文集的编辑爱德华多·翁加罗(Edoardo Ongaro)，他在本文写作过程中做了协调工作并提出了富有启发性的思想，还要感谢《国际行政科学评论》的编辑和三位匿名评审者对本文初稿所做的有价值的评论。同时也要感谢斯蒂芬·贝克尔(Stefan Becker)在编辑和数据收集过程中所给予的支持。

[2]在此值得注意的是，对于欧洲议会和欧盟委员会内阁日益政治化的观察报告，可以被视为关于政党政治是不是“拯救欧盟的良药?”这一问题的更广泛争论的一部分(Notre Europe，2006)。

[3]它们是直接的、专业的、冗余的、预想的、双重的以及社会的政治化。

[4]进一步区分对自上而下的政治化与自下而上的政治化的理解，参见：克利福德和赖特(Clifford and Wright，1997)以及彼得斯和皮埃尔(Peters and Pierre，2004)。

[5]该数据来自“欧盟委员会的问卷”(the European Commission in Question，EUCIQ)项目，该项目得到了英国经济与社会研究理事会(United Kingdom Economic and Social Research Council)资助，由米夏埃尔·鲍尔(Michael Bauer)、雷诺·德乌斯(Renaud Dehousse)、利斯贝特·霍格赫(Liesbet Hooghe)、侯赛因·卡西姆(Hussein Kassim)(PI)、约翰·彼得森(John Peterson)和安德鲁·汤普森(Andrew Thompson)主持(Kassim et al.，2012)。要想查询更为详细的信息，可登录 http://www.uea.ac.uk/psi/research/EUCIQ。在线调查是由 YouGov 于 2008 年 9 月和 10 月进行的，从 14 000 多人中抽取了 4 621 个政策管理人员的样本。为了确保性别、年龄以及国籍的比例，我们对该样本进行了分层；对来自欧盟十个新成员国的官员抽样比率高于其他人。样本人员中问卷回答人员的比率是 41%(1 901 份)。

[6]更详细的内容见附录问题 2。

[7]为了确保问题 1 和问题 2 之中的问题具有可比性，我们限制了对于中高层管理人员中回答问题人数的百分比。详见附录问题 3。

[8]见附录问题 4。然而，如果所有回答者都以同样方式理解这个问题，那这个结果并不十分确切。半结构化的跟踪访谈的结果表明，一些受访者可能是从形式意义上(即应该有固定的配额和某些国籍的人担任的职务)来理解“分布”一词的。因此，我们

的结果可能高估了对地理平衡原则的负面认知。

[9]在线调查;$n=1\ 656$。详见附录问题5。

[10]例如,许多回答者都强调公务员处理来自其祖国的卷宗的好处——尤其是如果该国使用的是罕见语言并且在欧盟委员会中几乎尚不存在有关该国制度结构的组织记录。而且,许多答问者认为,支持各总司(DGs)多国籍的规章,即对一份卷宗共同负责,以及监控和报告的惯例,就会使得潜在的国家偏向问题可以忽略不计。

[11]恰如一位受访者所指出的,“农业总司总司长要是有‘自然’的法国国籍,那么非法国国籍的任何人都休想拥有这个职位的时代,已经一去不复返了”。

[12]政治化的指数通过增加七对两分的条目而得出。如果括号里的条件被满足,则每一条目被编码为1(即被政治化了的)。1. 高级管理人员通常从行政机构内部招募(否)。2. 高级管理人员在任命之前要通过正式程序招募(否)。3. 高级管理人员可以被部长无缘由地解雇(是)。4. 政府变动时高级官员可以被更换(是)。5. 在职的部长可以任命高级官员(是)。6. 存在法定的内阁制(是)。7. 内阁官员的任命是正式的(否)。至于欧盟委员会,趋于弱政治化的变迁取决于指数1、2和7,自金诺克改革以来,这些指数的编码都是零。

[13]我们的深度访谈显著印证了对这些封闭性问题的回答。而且,我们的结果与2005年在德国针对130名高级公务员所作访谈的结果十分相似,在那次访谈中,61%的受访者说,他们非常喜欢(其工作中的)政治因素(Schwanke and Ebinger,2006:244)。

[14]见附录问题7。行政层级越高,就会表达出越多的对于政治目标的使命感,由此,欧盟委员会的官员们表现出了同国家的公务员相似的特征(Putnam,1976:213;Steinkemper,1974:95—97)。

[15]对于第5个角色,我们使用“代表欧盟”一词,而不用受托人角色(“国家的代表”)这一措辞(Aberbach et al.,1981:87)。因为它不再具有适用性,我们在调查中省略了监察专员角色,也不询问有关决策制定方面的问题。

附录

调查中所提出的问题(按照在文章中出现的顺序)

方法		主题	提问的确切措辞	回答者的官职	人数
问题1	面对面访谈	党派归属	“过去对国家行政部门——尤其是欧洲——的研究发现,高官的党派归属或党派同情往往是重要的。在欧盟委员会,官员的党派归属或党派同情有多重要?”	司长 副总司长 总司长 处室负责人	108

续表

方法		主题	提问的确切措辞	回答者的官职	人数
问题2	面对面访谈	党员身份	“如果你不介意，你属于某个政党吗？”	副总司长 总司长 主任 处室负责人	110
问题3	在线调查	非正式关系网来源	“委员会内的相互关系有多正式或多么非正式，我们想知道你对此的看法。以你的经验，什么是非正式关系网最重要的基础？”（只报告就国籍和意识形态/党派归属问题的调查结果）	总司长 副司长 司长 处室负责人 （行政管理人员除外）	497
问题4	在线调查	国籍平衡认知	“我们想知道你对委员会公务员的录用以及谁应该做特殊工作的看法。有人认为委员会中的职位应该基于地理平衡原则分配。你的看法如何？”	总司长 副司长 司长 处室负责人 行政管理人员	1 658
问题5	在线调查	利益冲突	“有人认为委员会官员管理对自己国家有特殊利益的卷宗是有问题的。你怎么看？”	总司长 副司长 司长 处室负责人 行政管理人员	1 656
问题6	面对面访谈	对工作政治层面的认知	“根据规定委员会的高级管理者参与决策，这不免会与政界产生联系并卷入政治。我们可否问问你有多么喜欢你工作中的政治因素吗？”	总司长 司长	37
问题7	在线调查	对委员会的忠诚	“我们对委员会的不同部分和委员会官员的类别感兴趣（请通盘思考，不仅你自己的——或你的委员的——总司）。支持全委会赞同的政治立场是行政部门的责任。”	总司长 副司长 司长 处室负责人 行政管理人员	1 441

续表

方法		主题	提问的确切措辞	回答者的官职	人数
问题8	在线调查	对总司的忠诚度与对委员会整体的忠诚度	“委员会的官员们首先为其总司工作，然后才是为委员会工作。”	总司长 副司长 司长 处室负责人 行政管理人员	1 501
问题9	面对面访谈	角色认知	“这里有一份角色清单，中高级官员或许会认为其中包括他们工作的部分内容。在描述国内和国际公务员如何看待其角色的比较研究中，这份清单被证明是有用的。其中有你决不认同的内容吗？根据你的优先次序，你能排列出前三名吗？”	总司长 副司长 司长 处室负责人	73

参考文献

Aberbach JD, Putnam RD and Rockman BA (1981) *Bureaucrats and Politicians in Western Democracies*. Cambridge, MA: Harvard University Press.

Balint T, Bauer MW and Knill C (2008) Bureaucratic change in the European administrative space: The case of the European Commission. *West European Politics* 31(4): 677–700.

Bauer MW (2008) Diffuse anxieties, deprived entrepreneurs: Commission reform and middle management. *Journal of European Public Policy* 15(5): 691–707.

Bauer MW (2009) Impact of administrative reform of the European Commission: Results from a survey of heads of unit in policy-making directorates. *International Review of Administrative Sciences* 75(3): 459–472.

Clifford C and Wright V (1997) The politicisation of the British civil service: Ambitions, limits and conceptual problems. Unpublished paper, Nuffield College, Oxford, UK.

Egeberg M (2010) The European Commission. In: Cini M and Borragán N (eds) *European Union Politics*. Oxford: Oxford University Press, 125–140.

Eichbaum C and Shaw R (2008) Revisiting politicization: Political advisers and public servants in Westminster systems. *Governance* 21(3): 337–363.

Ellinas AA and Suleiman EN (2011) Supranationalism in a transnational bureaucracy: The case of the European Commission. *Journal of Common Market Studies* 49(5): 923–947.

European Commission (2004) *Staff Regulations of Officials of the European Communities*. Available at: http://ec.europa.eu/civil_service/docs/toc100_en.pdf (accessed on 16 December 2011).

Grant C (1994) *Delors: Inside the House that Jacques Built*. London: Nicholas Brealey Publishing.

Hooghe L (2005) Several roads lead to international norms, but few via international socialization: A case study of the European Commission. *International Organization*

59(4): 861–898.

Hooghe L (2012) Images of Europe: How Commission officials conceive their institution's role in the EU. *Journal of Common Market Studies* 50(1): 87–111.

Kassim H, Peterson J, Bauer MW, Connolly S, Dehousse R, Hooghe L and Thompson A (2012) The European Commission in Question, Oxford: Oxford University Press (forthcoming).

Mayntz R (1984) German federal bureaucrats: A functional elite between politics and administration. In: Suleiman EN (ed.) *Bureaucrats and Policy Making: A Comparative Overview*. New York: Holmes & Meier, 174–205.

Mayntz R and Derlien HU (1989) Party patronage and politicisation of the West German administrative elite 1970–1987 – Toward hybridization? *Governance* 2(4): 384–404.

Mulgan R (2007) Truth in government and the politicization of public service advice. *Public Administration* 85(3): 569–586.

Notre Europe (2006) *Politics: The Right or the Wrong Sort of Medicine for the EU? Two Papers by Simon Hix and Stefano Bartolini*. Policy Paper No. 19. Available at: http://www.notre-europe.eu/en/ (accessed on 16 December 2011).

Ongaro E (2009) *Public Management Reform and Modernization: Trajectories of Administrative Change in Italy, France, Greece, Portugal, Spain*. Cheltenham: Edward Elgar.

Ongaro E (2012) Editorial introduction: Managerial reforms and the transformation of the administration of the European Commission. *International Review of Administrative Sciences* 78(3).

Peters BG (2012) Politicisation: What is it and why should we care? In: Vanhoonacker S, Verhey L and Neuhold C (eds) Civil Servants and Politics. Basingstoke: Palgrave Macmillan (forthcoming).

Peters BG and Pierre J (2004) Politicisation of the civil service: Concepts, causes, consequences. In: Peters BG and Pierre J (eds) *Politicisation of the Civil Service in Comparative Perspective: A Quest for Control*. London: Routledge, 1–13.

Peterson J (2006) The College of Commissioners. In: Peterson J and Shackleton M (eds) *The Institutions of the European Union*, 2nd edn. Oxford: Oxford University Press, 81–103.

Peterson J (2008) Enlargement, reform and the European Commission. Weathering a perfect storm? *Journal of European Public Policy* 15(5): 761–780.

Pollitt C and Bouckaert G (2011) Public Management Reform. *A Comparative Analysis*, 2nd edn. Oxford: Oxford University Press.

Putnam RD (1976) *The Comparative Study of Political Elites*. Englewood Cliffs, NJ: Prentice Hall.

Rouban L (2003) Politicization of the civil service. In: Peters BG and Pierre J (eds) *Handbook of Public Administration*. London: Sage, 199–210.

Schnapp KU (2004) *Ministerialbürokratien in westlichen Demokratien – Eine vergleichende Analyse*. Opladen: Leske & Budrich.

Schwanke K and Ebinger F (2006) Politisierung und Rollenverständnis der deutschen Administrativen Elite 1970 bis 2005. Wandel trotz Kontinuität. *Politische Vierteljahresschrift* Special Issue 37: 228–249.

Steinkemper B (1974) *Klassische und politische Bürokraten in der Ministerialverwaltung der Bundesrepublik Deutschland*. Cologne: C. Heymann.

Suvarierol S (2008) Beyond the myth of nationality: Analysing networks within the European Commission. *West European Politics* 31(4): 701–724.

Politicization within the European Commission's bureaucracy

Michael W. Bauer and Jörn Ege
Humboldt-Universität zu Berlin, Germany

Abstract

Against a background of institutional change and organizational reform, we analyze the politicization of the European Commission's bureaucracy. Politicization can generally be defined as the substitution of bureaucratic neutrality by introducing political considerations into the human resource management and behaviour of civil servants. The concepts of direct and professional politicization serve as vantage points for our analysis. The empirical data are taken from documentary analysis and recent online and semi-structured surveys of Commission officials. We show that Commission bureaucrats, although they are highly sensitive to the political side of their job, are less politicized since the Kinnock reforms than before. While the College of the Commission seems to have indeed become more politically responsive to its supranational peers and national governments, the Commission's bureaucracy can be characterized as weakly politicized or, according to current debates, as quite instrumental in a Neo-Weberian sense.

Points for practitioners

- Distinction between 'direct' and 'professional' politicization.
- We see de-politicization at service level but a stronger political role for the College of the Commission.
- Evidence for the high quality and high professionalism of the Commission service.

Keywords

administrative reform, bureaucratic autonomy, European governance, European Union

审校辅助人员：王学军　李　菁

国际行政科学评论

政府机构中官僚中心的形成：来自欧盟委员会的教训

杰瑞尔·特洛德[1]
Jarle Trondal

翻译：吕 芳 胡轶俊 审校：杨 柳 马永堂 崔彦民

【摘 要】 界定和解释政府机构如欧盟委员会中官僚中心的形成，有助于理解政治秩序和公共部门治理的潜力与局限。基于一组新的访谈数据，本文提出了两个关键论点：第一，官僚中心在委员会内的形成并没有深入地渗透到欧盟委员会的全部机构中去。在比较总秘书处和贸易总司的官员后，本项研究报告认为，官僚中心的形成主要发生在总秘书处，而贸易总司只是受到了轻微的渗透。在欧盟委员会的行政管理中，尽管涉及不同的下属部门，却常常并存着两种行为逻辑。官僚中心的形成与两个主要变量相关：(1)官僚中心相关组织能力的积累；(2)欧盟委员会行政管理在横向和纵向上的专业化。第二，即使近来欧盟委员会内部发生了以“控制”为取向的管理改革，这些观点仍然成立。本文指出，尽管近年来欧盟委员会进行了一系列改革，但是，欧盟委员会官员的一些核心行为逻辑并没有发生深刻变化。

对实践工作者的启示

人们看到，欧盟委员会的行政管理日益受到行政中心——委员会主席

① 杰瑞尔·特洛德，阿格德尔大学(University of Agder)政治科学和管理系，奥斯陆大学(University of Oslo)ARENA欧洲研究中心，哥本哈根大学(University of Copenhagen)政治科学系。e-mail:jarle. trondal@uia. no

和总秘书处——的操控。然而,本研究提出两个主要观点:第一,对欧盟委员会内部的行政管理中心(总秘书处,Sccretariat General)的强化,并没有得到欧盟委员会所有机构的呼应。使总秘书处成为欧盟委员会主席的服务中心的夙愿,并没有严重渗透和改变各总司长(Directors General)的日常活动。第二,本研究表明,尽管欧盟委员会经历了历史性的行政改革,但官员们的日常行为仍基本没有受到影响。

【关键词】 行政改革;自主权;中心形成;欧盟委员会;新韦伯主义;新公共管理

一、引言[1]

界定和解释政府机构(如欧盟委员会)中的官僚中心的形成,有助于理解政治秩序和公共部门治理的潜力和局限。官僚中心的形成不仅体现了使行政权力高度集中的雄心,而且也体现了行政领导周围权力资源的事实上的高度集中。在各成员国政府中,以文件方式强化行政权力的做法十分普遍,这显著地加强了总理和总统办公室的作用(例如,Poguntke and Webb, 2005),从而再次确认了各国政府中的行政中心的地位(Christensen and Lægreid, 2007)。有关国家建设的大量文献证明,各国新的行政中心都非常希望在为实现标准化和区域渗透而培育行动能力与对地方自治的担忧中,保持微妙的平衡(主要是 Rokkan,1999)。

本文提出的问题是,官僚中心在委员会中的形成,如同人们所观察的那样,是否已深入地渗透到欧盟委员会的整个行政管理之中。依据经验,我们还提出,官僚中心形成的观念(一种层级行为逻辑),会在多大程度上影响欧盟委员会下属部门官员的行为,进而弱化这些下属部门固有的职责行为逻辑?这一问题是对有人呼吁对如下问题开展研究的回应,即欧盟委员会的行政改革,对于欧盟治理和政策制定以及最终改变欧盟治理能力来说,具有什么影响和深远意义(Bauer and Ege, 2012;Wille,2012)。

我们在欧盟委员会的两个总司级单位中精心选择了一些官员作为调查样本,对官僚中心的形成和其下属部门的自治情况进行了评估。这两个总司级单位是总秘书处(Secretariat General)——代表官僚机构中心——和贸易总司(DG Trade)——代表欧盟委员会的下属部门。本研究报告的分析受益于一组对这两个总司级单位中的常任和临时欧盟官员的访谈资料(访谈人数为 74)。层级逻辑暗示,欧盟委员会官员要改善共同的议程,协调下属部门的行动,遵守“上级”的指令,淡化工作中的冲突和地盘之争,弱化下属部门的忠诚，并且强调对官僚中心的关注与思考。而职责保障逻辑则要求，采取明智的决策和适当的行政实践措施，强调差异化的议程，协调下属部门内的行动而不是越过它们，重视下属部门发出的信号、关注和考虑，并主要忠诚于下属部门。这些行为逻辑分别凸显了管理主义逻辑和韦伯主义逻辑，强调了对官僚组织、行政行为和官僚机构变化的相互抵触的理解（Ongaro，2010）。要平衡这些逻辑，会在官僚组织中遇到一种典型的两难困境，即一面是以工具为设计目标和官僚中心的形成，另一面是新韦伯主义模式所强调的官僚差异和下属部门的自治（Ongaro，2010；Verhoest et al.，2010）。

本研究有两项重要发现：

第一，欧盟委员会中官僚中心的形成似乎没有渗透到整个欧盟委员会行政管理机构。尽管涉及不同的下属组织部门，两种行为准则常常并存于欧盟委员会行政管理机构中，这反映了翁加罗（Ongaro，2010）提出的新韦伯主义模式（Neo-Weberian model）。奉行职责逻辑，看来在以制定政策为主要职责的各总司——如贸易总司中，占有绝对的优势。这种职责逻辑已成为贸易总司核心工作的基本动力，而且似乎并没有受到多少来自欧盟委员会核心官僚中心形成的影响。这一发现印证了人们对于欧盟委员会行政管理碎片化的印象：层级控制能力薄弱，机构内部“派系之争”不断，而这种现象通过欧盟主席的控制和行政管理机构的整合也难以得到根本改变（例如，European Commission，1999；Coombes，1970；Egeberg，1996；Page，1997；Spinelli，1966，Trondal，2008）。欧盟委员会还被描绘成碎片化组织（Hooghe，1997；Page，1997：135），同时还被断言存在“管理赤字”（Levy，2006；Metcalfe，1992）。然而，本研究指出，这一固有的职责逻辑近来受到了欧盟委员会总秘书处中官僚中心形成的挑战。此外，这些行为逻辑的相对主导地位与两个解释变量相关（see Helms，2005）：一个是官僚中心相关组织能力的累积；另一个是欧盟委员会行政管理机构中的横向和纵向专业化。

第二，无论是在比较欧盟委员会常任官员和临时官员时，或者是近期在欧盟委员会内推行“控制”管理改革时，这些发现都能站得住脚。首先，尽管临时官员与欧盟委员会行政管理之间只有模糊的和短期的隶属关系，本研究却发现，他们的行为逻辑和常任官员一样，深深地受到欧盟委员会正式行政管理结构的影响。其次，欧盟委员会的近期行政改革被描述为是历史性的、有深度的、有广度的（Barzelay and Jacobsen，2009；Bauer，2009；Schön-Quinlivan，2006），然而，再造一个规模庞大的行政管理并非一日之功。在过去的十年里，尽管雄心勃勃地推行了旨在实现欧盟委员会现代化的改革政策，但是本研究表明，在欧盟委员会官员一些核心行为逻辑的转变上,这一改革的效果是有限的。这些观点验证了以下研究发现,即政府机构和信条的改革并不必然导致决策实践上的相应转变(Egeberg and Trondal,2009;Olsen,2010)。欧盟委员会内官僚中心的形成是最近出现的一个现象,并没有深刻改变职员的核心行为逻辑。官僚中心的形成——正如在欧盟委员会中形成的那样——深受已有政治行政秩序,即现有组织结构的"基因组合"(genetic soup)的遏制(Olsen,2010:96)。

本文按以下步骤展开:第一部分勾勒出一个理论出发点,用以概括和阐释政府机构中官僚中心的形成。实证研究部分评估和解释欧盟委员会中官僚中心的形成过程,以及欧盟委员会官员在日常工作中如何平衡两种核心行为逻辑的方法。

二、理论出发点

(一)因变量

层级逻辑(logic of hierarchy)是以管理上的控制和服从关系为基础的(Ongaro,2010)。职员的行为则是组织机构的领导者实行层级结构的结果。这种逻辑也源于把行政体系作为执行手段的工具主义思想,而工具则被用来减少不确定性和阐明组织的目标(Egeberg,2003)。公务员的行为可被设计或再设计,而且官员本身也会受到有组织能力和意愿的领导者的塑造,以有利于领导者去指导其下属的行为。官僚生活的基本原理反映了关于公共部门组织的公共管理教条和教义,这些教条和教义强调机构在生产公共产品方面的工具性价值(Christensen and Lægreid,2002)。根据这种层级逻辑,官僚行为的正当性源于一种理念,即认为公共部门组织是追求实现政治目标的工具,官僚组织的责任就是在纵向上直接对官僚中心负责。

与此相反,职责逻辑(portfolio logic)则认为官僚组织在执行被授予的职责时,受管理规则和日常惯例的指引。职责逻辑预测,官员将会受到下属部门工作议程的指引,并会成为向部长提出建议的"聪慧的多面手专业人才"(Richards and Smith,2004:779)。践行职责逻辑的官员更倾向于受他们"自己"的下属部门和工作环境影响,表现出一种关注内部的行为方式。行政官员被期望能够激发出经典韦伯模式的公务员品质:在党派政治上保持中立,认同自己的岗位、分工和职责,遵守管理规则和正当程序。他们的角色认知和忠诚据认为应该主要针对其官僚机构、职责和(或)下属部门。

本研究测量了行动者层面的行为逻辑,即公务员如何认知自己的行为和角色。无可否认的是,虽然不能保证认知总是转化为行动者的行为或者组织决策,但是认知会作为行为框架发挥其作用,这使得特定的决策行为多半可能与某种特定的认知模式相联系(Aberbach et al.,1981:86)。表1总结了本文所用的指标。

表1 两种行为逻辑的指标

指标	层级逻辑	职责逻辑
忠诚	对整个官僚机构“使命与愿景”的忠诚	对组织下属部门或职责的忠诚
偏好	对共同利益的偏好	受下属部门偏好和关注的引导
接触与协调模式	对官僚机构的领导层保持纵向接触与协调模式	在并行的组织下属单位和职责中保持着横向的接触与协调模式
合作与冲突模式	领导者与下属官员之间存在纵向合作与冲突模式	在并行的组织下属单位和职责中保持着横向的合作与冲突模式

(二)自变量

已有研究将欧盟委员会的治理情况与工作人员的特征(Stevens and Stevens,2001)、招聘程序(Page,1997)、个人思想背景(Hooghe,2010)和社会变化(Trondal,2007)相联系。本文重点强调两个组织变量,这两个变量的重要性已经在最近的公共行政文献中得到证明(Egeberg and Trondal,2009):(1)官僚中心相关组织能力的积累;(2)欧盟委员会行政管理在纵向和横向上的专业化程度。

正式组织会提供成文的和规范的制度,以帮助同时又限制官员自认为应该拥有的权力行使范围。为了理解行动者选择特定行为、角色、偏好和合作与冲突模式的过程,我们必须剖析嵌入这些组织原则里的规范架构和深层的行为逻辑。组织行为的支撑机制是行动者的有限理性和计算局限(Simon,1957)。正式组织提供认知的、规范化的快捷方法和分类,以简化、引导行为者的行为和角色选择(Simon,1957)。组织提供了认知路线图,以便对复杂的信息进行分类,为降低交易成本设置程序,并制定管理规范,以为适当行为、物理边界和时间节律提供依据,指导行动者对自身有关行为和角色的认知(Barnett and Finnemore,1999;March and Olsen,1998)。组织还区别了哪些冲突需要关注,哪些冲突无需重视(Egeberg,2006)。通过把公务员组织成为常任官员,一种“规则遵守者和角色扮演者”的制度就建立起来了,并且相对独立于各国国内的行政机构(March and Olsen,1998:

952)。由上述几个组织变量,我们可以推导出以下四种假设。而且,我们可以提出一个实证预测的二阶矩阵。

假设1:行为逻辑可能会因为行政机构的纵向专业化而系统地变化。假定欧盟委员会行政管理的纵向专业化与其官员的层级逻辑呈正相关关系。

假设2:行为逻辑可能会因为委员会管理的横向专业化而系统地变化。假定欧盟委员会行政管理的横向专业化与职责逻辑呈正相关关系。

假设3:假定在欧盟委员会行政中心(总秘书处内部),相关组织能力的积累与其官员的层级逻辑呈正相关关系。

假设4:假定在欧盟委员会行政中心,缺乏相应的组织能力与其官员的层级逻辑呈负相关关系。

以上假设提出,欧盟委员会官员的行为逻辑深受欧盟委员会行政管理的正式结构的影响,这种正式结构指的是层级间的纵向专业化,各总司和下属部门的横向专业化,以及行政中心的组织能力(强或弱)。

假说1:官僚组织的纵向专业化的一项指标是人员的正式分层。处于不同层级的行政人员会采取不同的行为和角色认知。可以说,处在顶层的行政人员比处于底层的人员更有可能采用层级逻辑。后者更可能认同组织的下属部门,践行职责逻辑(Mayntz,1999:84)。

假说2:组织的横向专业化被认为能够调动职员的职责逻辑。司和处的结构通常根据两个传统原则进行专业化:目标原则和程序原则(Gulick,1937)。正式组织可能会因为其服务的主要目标而变得专业化——比如科研、医疗、食品安全等。这种组织原则易于引起职员之间因部门划分而产生的合作与冲突(Egeberg,2006)。可以说,组织通过主要目标原则,可能会调动起一个部门的职责逻辑。这种行为模式可能导致跨部门的横向合作不足,但是会引起更多的部门内部的合作(Ansell,2004:237;Page,1997:10)。欧盟委员会各总司和下属部门的结构是这种横向专业化原则的典型代表(Egeberg and Trondal,1999)。欧盟委员会是一个以目标原则实现专业化而形成的水平柱状政府系统(horizontally pillarized system of government),各总司、其他下属部门和官僚中心(总秘书处),都在这个系统中享有相对的自主权。因为官员们把绝大部分时间和精力花在了组织的下属部门,他们被认为会主要与下属部门建立感情联系,而较少与整个组织建立这种感情联系(Ashford and Johnson, 2001:36)。如研究所示,随之而来的,欧盟委员会贸易总司的公务员可能采用的行为逻辑,反映他们对下属部门和分支部门的感情联系比对整个欧盟委员会的感情联系更深。

在大多数官僚组织内部出现的第二个横向专业化原则,采用的主要是程序原则——比如,翻译部门、总秘书处、行政管理部门、法律服务部门、人事服务部门等(Gulick,1937)。这个横向原则鼓励职能部门的横向整合与主要目标的分解。总秘书处通常会横向协调整个官僚机构工作，纵向整合官僚机构的行政与政治层级。这种组织功能有可能促使产生跨部门工作人员间的职责行为，因为他们的职责覆盖了更大范围的官僚机构。欧盟委员会的内部服务，比如总秘书处，说明了程序原则。总秘书处旨在将制定政策的各总司整合成一个为欧盟委员会全委会(the College)服务的有凝聚力的政治秘书处。同时，人们期望秘书处的官员应从整个欧盟委员会的"通盘视野"(helicopter view)去塑造他们跨部门的喜好、角色和忠诚。

假说 3 和假说 4:官僚组织行政中心组织能力的大小(或强或弱)被认为会影响官员所具有的层级逻辑的程度。我们在这里讨论的是，行政中心相关组织能力的积累会加强官僚中心渗透下属部门的能力。反思官僚组织的纵向专业化，有研究证明，官员相对独立于内阁层级的政治进程，实施他们的自由裁量权(Egeberg，2003；Greer，1994；Wood and Waterman，1991)。而司局级官员通常几乎接触不到他们各自部委的政治领导人，也接触不到本部委司局以外的其他部委的司局负责人，更接触不到议会。大多数情况下，他们更注重专业意见而非政治考虑。另一方面，在各部委的司局层面，最优先关注的是部长发出的信号，而不是专业的考量。对于部委下属部门所丧失的政治控制力，可以通过加强相应部委中司局下属单位的力量来弥补(Egeberg and Trondal，2009)。

在核心拥有强大组织能力的官僚组织，应通过行政命令和个人激励机制，如薪酬、晋升与调动等措施，去建立约束和控制公务员的潜在机制(Egeberg，2003)。现在已经建立了一些关键的机制，欧盟委员会可以通过这些机制从中心协调各部门的工作。最主要的机制是欧盟委员全委会的合议制原则(the principle of collegiality by the College of Commissioners)和总秘书处的协调作用。这些机制还可以由总司长、委员办公室主任和副主任每周例会来加以补充(Christiansen，2008:75—76)。另外，欧盟委员会还实行了新的管理技巧，包括更加畅通的职业生涯结构、与功绩挂钩的晋升和人员间的强制流动等。总之，欧盟委员会已经积累了足够多的对工作人员实施层级逻辑措施的组织力量(Bennett and Oliver，2002:425；Egeberg，2003:137；Knight，1970)。实际上，人们期望欧盟委员会的行政管理能使官员对上级的动向(一种层级行为逻辑)更加敏感。

三、数据和方法

本研究的实证观察得益于一组关于欧盟委员会常任官员和临时官员的新数据(受访者有 74 人)。首先，通过标准化的访谈提纲，在欧盟委员会管理者（受访者有 24 人）中完成了半结构化访谈。访谈中提出的问题旨在衡量公务员关于层级逻辑和职责逻辑的认知。对欧盟委员会临时官员也按照类似的访谈提纲进行访谈（见下文）。运用的指标有：官员的接触模式、协作行为、冲突和合作模式、角色与身份认知。

为了最大限度地呈现上文提到的自变量的变化，我们选择了相应的受访者。首先选择了两个行政分支机构，来测量欧盟委员会横向专业化的影响。选择贸易总司作为以横向目标原则组织起来的总司机构，选择总秘书处作为以程序原则实行横向专业化的总司机构。但是，这些案例也反映了欧盟委员会在纵向专业化方面的变化，其中总秘书处代表欧盟委员会的官僚中心，贸易总司代表欧盟委员会的几个政策部门之一。而且，为了进一步测量层级制的影响，受访者是从不同层级被仔细挑选出来的。然而，只有处于等同于“A 层级”的行政人员参加了访谈。需要注意的是：相较于大量的管理人员来说，本研究的数据仅仅涵盖了两个欧盟委员会部门和一个相当小的样本。同时，选出来的例子仅仅是作为说明工具来解释官僚中心形成和欧盟委员会官员行为模式之间的关系。

访谈时间点的选择也要适时，不能太早——在改革效果体现出来之前，也不能太晚——在改革效果被受访者遗忘之时。访谈在 2006 年和 2007 年期间进行。我们访谈时间的选择，意在尽量提高对欧盟委员会行政改革影响的观察效果（改革发起的四年后）。但是，本文没有对金诺克改革进行系统的描述。

所有受访者都是匿名接受访问。受访者的访谈记录在本文中以“委员 2”等形式出现。除了对常任官员的访谈，对临时官员［助理专家（SNEs，seconded national experts）］的访谈也包括在分析之内（受访者有 50 人）。在本研究中，助理专家是对以上提及的四个假设中最有说服力的“硬”测试（“hard”test）。由于助理专家对欧盟委员会的行政管理只有模糊、短暂的附属关系，他们的行为逻辑不太可能受到欧盟委员会正式结构的深刻影响。从本质上讲，相较于欧盟委员会的常任官员，助理专家不太可能采取层级行为逻辑和职责行为逻辑。实际上，助理专家是这方面的一个重要案例。本研究受益于欧盟委员会助理专家的三组数据。第一组数据包括来自北欧国家的助理专家（见 Trondal，2006，原始数据报告）。利用同样的方法，此研究对荷兰籍助理专家重复进行了两次访谈（见 Trondal，2008，原始数据报告）。这次重复运用了与第一次研究同样的访谈提纲。总而言之，这些数据包括三次对助理专家进行的深入的定性访谈研究。尽管只涵盖了少量的欧盟委员会助理专家研究样本，但是上文的研究方法并没有测出具有不同国籍背景的官员的行为逻辑存在显著差别。

四、欧盟委员会官僚中心的形成——对欧盟委员会官员的观察

下文将阐明欧盟委员会官员的两种核心行为逻辑。

(一)欧盟委员会官员的层级行为逻辑

在欧盟委员会的发展历史中,官僚中心在委员会内的形成在几个阶段中都曾出现过——尤其是在让·雷伊(Jean Rey)和雅克·德洛尔(Jacques Delors)担任主席的时期。"在德洛尔掌管欧盟委员会的10年任期结束之时,它在政治领导能力方面的潜力……已得到令人信服的证明。"(Christiansen,2008:63)但是,实际上,这些主席的权力基础和他们的政策倡议并不是总能通过欧盟委员会内的官僚机构能力建设得到保障。人们观察到,在几十年前让·雷伊任主席期间,官僚组织的地位同样出现过相对下降的现象。在一个由助理专家组成的小巧灵活的专家行政管理团队辅助下,让·雷伊感受到了来自欧盟行政机构高层的强大领导力。让·雷伊并不认为常任官僚机构是西方民主制的必设机构。将欧盟委员会设计成为官僚组织的是1958—1967年间在位的欧盟委员会主席沃尔特·哈尔施泰因(Walter Hallstein)(Loth and Bitsch,2007:58)。但是,绝大部分权力都留给了各政策总司,少量的权力留给了指挥中心——欧盟委员会全委会和总秘书处。这一部分证实,欧盟委员会行政管理近期围绕主席和总秘书处进行了大量能力建设。

目前,在欧盟委员会行政管理中,出现了两个组织变化,加强了官僚中心形成的能力:一是在欧盟委员会的领导下,加强了组织能力;二是引入了管理改革技术(见Bauer and Ege相关部分)。首先,欧盟委员会最突出的议题之一是要有雄心,把总秘书处打造成为欧盟委员会主席的行政指挥中心。这有两层含义:一是加强驾驭和协调雄心;二是把欧盟委员会主席周围的权力资源集中起来。

关于加强驾驭和协调雄心,总秘书处所有的受访者和巴罗佐主席(President Barroso)本人都证实,确实有加强欧盟委员会中央掌控能力的雄心(Barroso,2009:37)。至于集中欧盟委员会主席周围的权力资源,前任主席如让·雷伊和德洛尔,其权力基础主要是基于他们个人的能力、信念、政绩,以及由具有奉献精神的各位总司长、内阁成员和欧盟委员组成的内核(Duchêne,1994;Ross,1995)。为确立由总秘书处领导并督促落实的行政改革和建立专门工作组的步伐,德洛尔还设定了实际上可以完成的最后时限。但是,因为专门工作组存在的时间不长,这些努力并没有给欧盟委员会内部组织管理带来持续的效果。我们的关键论点是,当前欧

盟委员会中官僚中心的形成,集中在以欧盟委员会主席为核心的组织能力建设上,这在一定程度上是通过改革总秘书处,使之成为主席控制的行政服务中心来实现的(见 Wille 相关部分)。纵观欧盟委员会的发展历史,总秘书处已经被认为是欧盟委员会的动力所在,这主要归因于1958—1987 年期间担任秘书长的埃米尔・诺埃尔(Emile Noël)(see Kassim,2006)。相比之下,巴罗佐主席的第一任期(Barroso I Commission)就涉及了欧盟委员会的组织能力建设。因此,与让・雷伊和德洛尔相比,在中心形成方面,以巴罗佐为核心的组织中心形成可能带来更持久的组织影响(见 March,2010:112)。同时在总秘书处进行的组织能力建设,加强了层级逻辑渗透各总司的能力。因而,巴罗佐主席决定向机构提供"政治指导"。他更直接地参与和负责大量的案卷(Kurpas et al.,2008:32)。比较一下普罗迪(Prodi)主席和巴罗佐主席直接负责的提案数目,库帕斯等人(Kurpas et al.,2008:33)提出,巴罗佐主席明显更为积极。对我们的论点至关重要的是,这种积极性与欧盟委员会行政管理核心的组织能力建设是相关联的。

在《里斯本条约》里,主席不仅努力克服各总司间的管辖权争端,在各总司间建立更好的联系,而且还在对总秘书处下达一系列任务和职责时,试图执行一种更具主席个人风格的委员会决策方式。

问:在这方面,他成功了吗?

答:是,但又不是。然而问题是,这是一个新的过程。这是一个很难达到的平衡,因为我们的工作方式不得不从 27 个委员的合议制转变为更具主席个人风格的模式。他们需要加强总秘书处的力量。他们尝试了。一定程度上,他们做得不错,但仍然没有固定下来。

问:一个重点是减少"孤岛思维"(silo thinking)。这种现象减少了吗?

答:我认为已经减少了。(委员 23 人)

欧盟委员会行政管理机构的官僚中心形成只是弥补了服务部门的横向专业化和"孤岛化"(siloization)。如上所述,随着时间的推移,各服务部门中的"孤岛化"在全委会中的反映越来越多,而全委会的委员们合议却变得越来越少,实施以职责为导向的原则却越来越多(Joana and Smith,2004;Kurpas et al.,2008)。因此,以往研究中所提到的非职责化动力(non-portfolio dynamic),在全委会中似乎在日益弱化(Joana and Smith,2004)。在全委会会议中,在委员与其分管的总司的关系中,以及在委员与"他们"的欧盟机构之间直接联系的司的活动中,这一现象都有体现(Groenleer,2009:130)。而且,我们在总秘书处访谈的绝大多数受访官员都提出,总秘书处是欧盟主席的一个突然崛起的官僚权力基础。

其次,欧盟委员会在桑特(Santer)主席辞职后,进行了成立以来最为广泛的管理改革。这种改革在一定程度上受到了新公共管理理念的启发,其目标是:"以效率、透明、责任为原则和以'韦伯式官僚'理念支持的'善治'为原则,创立现代高效的公共行政管理机构。"(Ellinas and Suleiman,2009;Wille,2007:37)这次管理改革是1952年最高机构成立(Kassim,2009)和1967年合并改革(Schön-Quinlivan,2006:15)以来,欧盟委员会行政管理发展史上影响最为深远的改革。然而,早在1979年的斯皮伦堡报告(Spierenburg report)就曾指出,欧盟"全委会内部缺乏凝聚力,委员职责不平衡,全委会和管理层级存在令人担忧的组织碎片化,人员岗位和职责配置低效和职业生涯结构不合理等问题"。该报告对上述问题进行了分析并呼吁对委员会进行改革(Bauer,2007:56)。20多年后,许多对相同的组织问题的判断得到了桑特、普罗迪和巴罗佐等的认可(Bauer,2007)。因此,对管理改革的呼吁,贯穿了整个欧盟委员会的历史。回应这些改革呼吁的标准答案似乎是重振欧盟委员会的官僚中心。

在为委员会主席的服务中,总秘书处仍然是实现共同管理的保证。我认为总秘书处如今最大的挑战是政策整合,将不同的政策提案在最初可能的准备阶段整合到一起,以确保在提案提交到全委会进行决策时,能保证它们和总体政策目标一致。(O'Sullivan 2006:101)

重振欧盟委员会官僚中心的雄心,其关键是要持续建立强制性的职员轮岗制。正如我们的大部分受访者所认为的那样,在一揽子改革方案中,关键的要素是现已建立了一个新的评估体系——职业生涯发展评估体系。"现在官员们可以计算他们的绩效得分,当达到一定的分值时,即可获得晋升。"(Knill and Balint,2009:48)这项改革不仅有助于推行新公共管理的相关措施,而且明显地扩展了控制机构和审核程序(例如,Bauer and Knill,2007;Kassim,2004,2009)。我们的受访者认为,职业发展评估体系带来了服务机构的官僚化倾向(见Ellinas and Suleiman,2009)。当问及当前的欧盟委员会运行机制时,一位受访者回答说:

因为受到欧盟委员会主席桑特的后续影响,我认为,整个欧盟委员会包括各总司,已经变得更加以程序为导向,更加程序化;某些人可能会说更加官僚,更臃肿。作为多方面改革的结果,纯粹用以内部行政任务的资源量已经增长。我认为[非正式程序的]范围已经变得很小。程序变得更为正规化。(委员9人)

随着金诺克改革,各项事务变得更为正式。现在,你有了更多的正式计划,更多的标杆管理、目的指标和结果测试——这变得更加正式。(委员24人)

然而,就我们的研究而言,大部分受访者认为职业发展评估体系对他们的实际决策行为影响较小。[2]这主要反映了一个事实,即欧盟委员会行政管理的组织架构在很大程度上并未受到金诺克改革的影响。尽管进行了深入的改革,但我们的数据显示,层级逻辑基本上未受到金诺克改革的影响。如上文预测(假设 1),欧盟委员会官员间的交流协调行为,更具有各个总司(如贸易总司)的纵向层级特征,欧盟委员会官僚中心(总秘书处)的行政能力建设对其影响有限。这一发现与官僚中心的形成不一致。

问:谁对你来说最重要?

答:在我的日常生活和日常工作中,处室负责人最重要。欧盟委员会的层级制非常法国化。它是非常垂直的。我在总司的竞争中已感受到这一点。你不得不对如何传递信息非常小心,而且绝不能绕过任何人,因为他们可能会因此泄气或者觉得被忽视。(委员 19 人)

衡量层级制影响(假设 1)的另一种方式,是探究司长轮岗/变动是否会深刻影响官员的日常工作。大部分受访者确认,轮岗/变动处室负责人、司长、总司长甚至委员,都会显著地影响他们的决策行为。然而,这反映了各总司内部层级制的影响,和这里所说的官僚中心形成不一致。如假设 2 所预测,欧盟委员会官员将他们大部分的精力和注意力投放到了各总司内部的下属部门。同样,最近的调查显示,欧盟委员会官员的非正式网络集中在总司内(Suvarierol,2007:118)。我们在贸易总司的观察显示,官员们明显被部门内的层级制指导,而不是主要受总秘书处指导。在自己的总司内,受访者声称案头工作人员可以直接与司长甚至总司长接触——大部分都绕过了一个以上的行政层级。通常情况下,这种直接同上层级官员的接触,是由于这名基层官员处理的案宗需要"层级上移"而造成的(访谈)。这样的层级上移可能是因为案宗特殊,也可能是司长和总司长对某项政策感兴趣而引起的。这一发现虽然反映了各总司内部的层级,但是与官僚中心的形成并不一致。

我们的层级仍非常森严。所有官方记录和签名都要经过我签署。大家可以直接与司长接触,但这在很大程度上要依司长的个性而定。(委员 1 人)

(二)欧盟委员会官员的职责行为逻辑

考虑到欧盟委员会行政管理的横向专业化,我们在总秘书处和贸易总司的常任官员之间,发现了本文提出的职责逻辑差异(假设 2)。尽管总秘书处的大部分官员承认他们采取了部门间的职责逻辑——或者如受访者所称的对欧盟委员会工作的"通盘视野",然而贸易总司的大部分官员们都强调部门职责逻辑——或者如受访者所称的"孤岛思维"。这种职责逻辑的差异反映了各总司之间横向专业化的差异,即总秘书处是以过程原则组织起来的部门,而贸易总司则是以目标原则组织起来的部门(假设 2)。

另外，总秘书处的官僚中心的雄心有时超过了他们中心的能力。总秘书处具有的横向联系职责易于和各政策总司的专业化分工发生矛盾(假设2)。总秘书处的一位官员谈到了这一点：

各司有很大的权力，因为他们熟悉自己的政策领域以及数十年的管理和发展政策。他们拥有自己领域的丰富经验和知识。而我们不可避免地只能浮于表面。我们最有可能发挥的作用是和他们谈判，向他们施压，要求其让出一点他们已知的领域。所以各个司都很强势。但他们能够彼此达成妥协，同样也能够和我们达成妥协。对于其他总司提出的意见，我们也是经常予以调整，使其适合我们的要求，而不是阻止或者从根本上改变其意见。我们采取拖延的方式，告诉他们文件没有准备好，还需要更深入的讨论、更多的准备。他们想直接得到决定。我们没有必要让这种情况发生。(委员 4 人)

贸易总司的官员证实了总秘书处在协调欧盟委员会服务工作时的雄心。但是，贸易总司的官员说，他们所主要关注的是总司内部的协调(假设2)。服务工作横向专业化所产生的影响使各总司出现了彰显个性特点的政策规划。

甚至连主席都说，我们在孤立地思考，我们有很多争权夺利的争斗。我认为，这是众所周知的问题，主席也清楚了解这个现象。巴罗佐说我们应该停止这种"孤岛思维"并开始一起携手共同工作。(委员 7 人)

正如预测(假设 2)，欧盟委员会中官僚中心的形成似乎受到各总司横向专业化的巨大冲击。在欧盟委员会的各项服务中，"孤岛思维"具有组织机构的特点。正如下面这位行政官员反映出的"孤岛思维"那样："不要靠近我们的管辖范围。我们是处理税务的，你们不是！"(委员 22)。贸易总司官员之间的交流方式受到他们职责的强烈驱动。一项最近的研究确认，欧盟委员会中的非正式网络确实受服务工作横向专业化的影响，而且大部分集中在各总司内部(Suvarierol，2007：118)。另外，欧盟委员会内部的合作与冲突很大程度上与服务工作的横向专业化有关(假设 2)(访谈)。下面的引文从组织的维度阐述了合作与冲突：

通常，我认为在我们的司长和其他司之间真的存在很多冲突。我能想到我的司长与其他司长产生冲突的一些案例，并且这影响了我和那个部门同事之间的关系。(委员 22 人)

如预测所说(假设 2)：各总司结构的横向专业化也深刻地影响到员工的职责角色和认同。而且，强制轮岗制度维持和加强了这种影响。绝大多数的受访者提到，在欧盟委员会中，他们首先认同于所在的总司，其次才是所在的处室和作为整体的欧盟委员会。虽然已有的研究强调了对欧盟委员会整体忠诚的重要性(Suvarierol，2007：122)，但是，我们的数据则证明，官员们对各总司科级单位的忠诚度和认同感更强,认为其角色的重要性更大。一种可能的解释是,轮岗制度使多数官员在处室任期很短,而在总司内的任期却相对较长。

我并不仅仅认同处室这一级,我在这里工作了三年,之前我在其他许多处室工作过。所以对我来说,这是一步晋升到总司来的。我在这个总司做了很多工作,所以我对总司的认同感更强。(委员 8 人)

我会说我对这个总司的认同超过了对委员会的认同。我感到,与其说我属于整个委员会,不如说我隶属于贸易总司。贸易总司具有很强的团队合作精神,这是一个努力工作的总司。(委员 16 人)

在总司级层面,有一种团队精神。我认为这是该总司已经形成的一种工作文化。这是一种你无法看到,但又确实存在的东西。这种精神可能在几年前就已形成了,从而确保 25 个不同国籍的人最终能够做同一件事情,而不在乎我是希腊人、他是德国人还是法国人。(委员 24 人)

接下来,重组庞大的欧盟委员会这个行政管理机构,并非一日之功。尽管在过去十年里,有改革欧盟委员会并使之现代化的政治抱负,然而数据显示,改变管理者行为逻辑的效果甚微。这主要是因为金诺克改革后,欧盟委员会的组织架构仍原封不动地保留着(假设 1 和假设 2)。此外,到 2008 年时,欧盟委员会主席办公室在改革欧盟委员会机构设置的压力已经在很大程度上消失了。其中一个原因可能是,鉴于文牍主义和形式主义泛滥,欧盟委员会的中高层官员对金诺克改革给予了过于负面的评价(Bauer,2009:72)。我们的受访者大部分对欧盟委员会改革持类似态度。受访者们认为改革强化了控制和官僚化。关于随欧盟委员会行政职务层级不同而系统变化的职业发展评估制度,受访对象也表现出类似的评价态度(假设 1)(see Ellinas and Suleiman,2009)。官员的年度绩效评估由处室负责人主管,但一定程度上也受司长的控制。绩效评估费时而昂贵,但也是官员与领导之间信息沟通的媒介(see Wille,2007:46)。受访者认为,金诺克改革已经影响到关于改革的注意力、时机和态度,以及总体的工作氛围。大部分官员认为绩效评估制度带来了更多的冲突和挫折感;但是最近的研究发现,随着时间的推移,官员对改革的抵触逐渐减少(Bauer,2010)。然而,对我们研究至关重要的是,大部分的受访者表示,尽管他们对改革持尖锐态度,反感不断增长的工作负担、形式主义和文牍主义,但是金诺克改革并没有引起欧盟委员会官员工作方式的深刻变化。

改革一点都没有影响我的工作。我注意到当我们在一年的某个时候知道我们的绩效评分时,同事间的工作氛围的确受到了影响。(委员 5)

改革会影响士气,而士气自然会间接影响工作,但是我从未看到一个同事因为职业发展评估而改变工作表现和习惯,希望也许还有其他的原因，而不只是为了在委员会工作的职业发展评估。

问：职业发展评估改革是否有一些影响？

答：我说没有，因为如果你实际了解一下系统的运行，就会发现某人的工作绩效并不高，却也可能会在一年后得到晋升。（委员12人）

……如果你在那年问一个在这里的工作人员，“你的五个职业生涯目标是什么？”我怀疑你能否找到记得这些目标的人。所以职业发展评估没能或好或坏地引导人们的行为。（委员11人）

金诺克改革……对每个人都有影响，但没有对工作产生影响，而是对我们的薪酬支付方式和晋升方式产生了影响。（委员7人）

你被评估的方式……对于我来说没有影响我工作的方式。职业发展评估是评估的程序，但我无法找到评估与我工作必要性或工作质量的联系。（委员12人）

尽管对大部分改革内容持消极态度，但欧盟委员会官员们的行为逻辑似乎基本没有受到影响。尽管越来越多的人关注欧盟委员会的改革，尽管有创建一个官员流动和轮岗计划的雄心，但是，各服务部门掌握的权力仍然决定着欧盟委员会行政管理机构内部权力和注意力的分配（假设2）。因此，金诺克的巨大期望经常在服务部门受到冲击。据一位官员说：

委员会在重新分配人员的优先权方面仍然是非常灵活的。职位被固定在一个处室或一个总司内。没有哪位司长愿意放弃其职位，我的意思是，这是一个关系到权力的问题。（委员22人）

实施职业发展评估，带来了管辖权的纷争，至于对欧盟委员会中的绩效和优先权的分配，似乎在很大程度上维持了固有的职责逻辑，而并非改变这种逻辑，这种现象在司长中表现尤其突出。

我认为职业发展评估，对某些员工造成了压力，因为它带来了竞争。它导致司长为自己部门争取高分而进行相互竞争。（委员9人）

最后，对欧盟委员会组织权力的另一个阐释是助理专家接受职责和身份的程度。助理专家们被雇用的最长期限是4年，在合同有效期间他们与欧盟委员会有模糊的组织隶属关系，因此，助理专家对职责角色和身份的感知对测试这种权力非常有价值。数据显示，助理专家一到布鲁塞尔，就非常迅速地依附于欧盟委员会，把自己视为一名普通的欧盟委员会官员。与现任和前任助理专家们的访谈证明，这些官员首先忠于的是欧盟委员会的总司和处室，其次才是他们原先在国内任职的部委和机构（see Trondal et al.，2008）。与常任官员非常相似的是，助理专家的职责忠诚度反映了欧盟委员会工作的横向专业化（假设2）。

作为助理专家身份的员工，你总是会有一个复杂的双重身份。但是我，和其他我认识的人，发现了一个折中的办法，使得我们一方面忠于欧盟

委员会，另一方面又忠于自己的祖国。（委员 19 人）

另外两位助理专家声称：

作为助理专家身份的员工，你要忠于欧盟委员会。但是你的薪酬由荷兰支付。我在双重身份下工作没有问题。（委员 24 人）

这更可能是关于渔业总司和贸易总司之间的差别，而不是助理专家和非助理专家的区别。（委员 22 人）

五、结论

鉴于新韦伯主义模型(Pollitt et al.，2008；也可见本期编者按)，本文认为欧盟委员会行政管理是层级逻辑和职责逻辑这两种行为逻辑的特殊结合体。这两种逻辑体现了对于官僚组织、行政行为、官僚变革以及公共部门治理的潜力与局限方面的不同理解。依据经验，我们经常观察到，行政中心的形成并没有导致整合和一致的行政秩序，包含完整的、整体性的制度。行政中心并没有形成典型的“铁板一块式的团结”，表现出一致性和可预测性。相反，人们看到，行政中心的不同组成部分是交叉、对立、分层和时而不同步的，是非整合、协调和“有序”的(Orren and Skowronek，2004)。像欧盟委员会这样的官僚组织，其典型的特点是：多重和联合决策以及担责易变的状况并存。行动者的行为动态是共存的，但是其行为的组合却常常随着时间的推移而变化，也会因处于不同的制度环境而变化(Olsen，2010)。

本研究提出了两个重要观点：第一，欧盟委员会内部形成的官僚中心主要存在于总秘书处，在贸易总署只是略有显现。委员会内部官僚中心的形成并没有深入渗透到服务工作中。职责逻辑是贸易总司运作的基本动力，而且它似乎基本不受欧盟委员会总秘书处官僚中心形成的影响。已有的一项关于欧盟委员会高层官员的研究同样支持这个观点，认为欧盟委员会陷入了进行管理主义改革和坚持韦伯官僚制原则的两难境地(Ellinas and Suleiman，2009：83)。第二，欧盟委员会行政管理中官僚中心的形成与两个关键变量有关：(1)官僚中心相关组织能力的积累(假设 3 和假设 4)；(2)欧盟委员会行政管理的纵向与横向专业化(假设 1 和假设 2)。而且，在比较常任官员和临时官员时，或者最近在欧盟委员会内部发起旨在“控制”的管理改革时，这些观点仍然成立。首先，虽然临时官员只是模糊且短期地隶属于欧盟委员会行政管理，本研究表明他们的行动逻辑与常任官员一样，深受欧盟委员会行政管理正式结构的影响。其次，本研究证明了政府机构(如欧盟委员会)内部的一些行为逻辑，并没有因大规模的行政改革而彻底转变。

本研究还记录了与欧盟委员会官僚中心形成相适应的行为模式。但是,这些观察主要是在总秘书处——欧盟委员会官僚中心的官员中发现的。各政策总司——例如贸易总司——官员固有的职责逻辑,似乎只是受到了巴罗佐主席的改革雄心和总秘书处增长的管理能力的些许影响。因此,本研究认为官僚组织的重组,正如欧盟委员会的行政管理那样,不能一蹴而就。尽管过去十年实施的改革欧盟委员会并使之现代化的政策雄心勃勃,本研究却认为,考虑到欧盟委员会官员一些核心行为逻辑的改变程度,这些改革举措收效甚微。这些发现也被其他研究证明,即政府机构的改革并不总是有效地引起决策实践的变化(Olsen,2010)。欧盟委员会官僚中心的形成是一个最近才出现的现象,而本研究发现,欧盟委员会官僚体系结构并未因此得以重构,官员们依然主要受旧体制指导。与欧盟委员会一样,官僚中心的形成往往受到此前存在的政治行政秩序和组织机构"基因组合"的深刻影响(Olsen,2010:96)。

注释

[1]本研究受到挪威研究理事会两个项目的资金支持:(1)国际行政体系的动态发展研究项目;(2)欧洲政治秩序的转型和可持续发展研究项目。感谢迈克尔·鲍尔(Michael Bauer)、简·拜尔斯(Jan Beyers)、莫尔德·艾格伯格(Morten Egeberg)、迪迪埃·乔治柯基斯(Didier Georgakakis)、侯赛因·卡西姆(Hussein Kassim)、艾多尔多·翁加罗(Edoardo Ongaro)、雅克·兹勒(Jacques Ziller)和两位匿名审稿人、编辑对本稿提出的宝贵意见。

[2]另一项补充观点是,"任何具体行为和实际回报之间存在非常弱的联系",而且公务员的晋升标准是变动的、模糊的,且经常在评估之后才设定(Ban,2008:7)。

参考文献

Aberbach J, Putnam RD and Rockman BA (1981) *Bureaucrats and Politicians in Western Democracies*. Cambridge, MA: Harvard University Press.

Ansell CK (2004) Territoriality, authority and democracy. In: Ansell CK and Palma GD (eds) *Restructuring Territoriality. Europe and the United States Compared*. Cambridge: Cambridge University Press.

Ashford BE and Johnson SA (2001) Which hat to wear? The relative salience of multiple identities in organizational contexts. In: Hogg MA and Terry DJ (eds) *Social Identity Processes in Organizational Contexts*. Ann Arbor, MI: Psychology Press.

Ban C (2008) Performance appraisal and promotion in the European Commission: The challenge of linking organizational and individual accountability. Paper presented at the conference 'Accountability and Governance in International Organizations', University of Konstanz, June.

Barnett M and Finnemore M (1999) The politics, power, and pathologies of international organizations. *International Organization* 53(4): 699–733.

Barroso JM (2009) *Political Guidelines for the Next Commission*. Brussels: European Commission.

Barzelay M and Jacobsen AS (2009) Theorizing implementation of public management policy reforms: A case study of strategic planning and programming in the European Commission. *Governance* 22(2): 319–334.

Bauer MW (2007) Introduction: Management reforms in the European Commission. In: Bauer MW and Knill C (eds) *Management Reforms in International Organizations*. Baden Baden: Nomos.

Bauer MW (2009) Diffuse anxieties, deprived entrepreneurs: Commission reform and middle management. In: Bauer M (ed.) *Reforming the European Commission*. London: Routledge.

Bauer MW (2010) L'acceptation du changement au sein de la Commission europèenne. *Revue Française D'Administration Publique* 133: 81–98.

Bauer MW and Ege J (2012) Politicisation within the European Commission's bureaucracy. *International Review of Administrative Sciences* 78(3).

Bauer MW and Knill C (eds) (2007) *Management Reforms in International Organizations*. Baden Baden: Nomos.

Bennett AL and Oliver JK (2002) *International Organizations. Principles and Issues*, 7th edn. Upper Saddle River, NJ: Prentice Hall.

Christiansen T (2008) *The Institutional Politics of the European Union*. Proefschrift: University of Maastricht.

Christensen T and Lægreid P (eds) (2002) *New Public Management*. Aldershot: Ashgate.

Christensen T and Lægreid P (eds) (2007) *Transcending New Public Management: The Transformation of Public Sector Reforms*. Aldershot: Ashgate.

Coombes D (1970) *Politics and Bureaucracy of the European Union*. London: George Allen and Unwin.

Duchêne F (1994) *Jean Monnet: The First Statesman of Interdependence*. New York: W.W. Norton.

Egeberg M (1996) Organization and nationality in the European Commission services. *Public Administration* 74(4): 721–736.

Egeberg M (2003) How bureaucratic structures matter: an organizational perspective. In: Peters BG and Pierre J (eds) *Handbook of Public Administration*. London: Sage.

Egeberg M (ed.) (2006) *Multilevel Union Administration*. Basingstoke: Palgrave Macmillan.

Egeberg M and Trondal J (1999) Differentiated integration in Europe: The case of the EEA country Norway. *Journal of Common Market Studies* 37(1): 133–142.

Egeberg M and Trondal J (2009) Political leadership and bureaucratic autonomy: Effects of agencification. *Governance* 22(4): 673–688.

Ellinas A and Suleiman E (2009) Reforming the Commission: Between modernization and bureaucratization. In: Bauer M (ed.) *Reforming the European Commission*. London: Routledge.

European Commission (1999) *Designing Tomorrow's Commission*. Brussels.

Greer P (1994) *Transforming Central Government: The Next Steps Initiative*. Buckingham: Open University Press.

Groenleer M (2009) *The Autonomy of European Union Agencies*. Proefschrift, The Netherlands: University of Leiden.

Gulick L (1937) Notes on the theory of organizations: With special references to government in the United States. In: Gulick L and Urwick LF (eds) *Papers on the Science of Administration*. New York: Institute of Public Administration, Columbia University.

Helms L (2005) *Presidents, Prime Ministers and Chancellors: Executive Leadership in Western Democracies*. Basingstoke: Palgrave Macmillan.

Hooghe L (1997) A house with differing views: The European Commission and cohesion policy. In: Nugent N (ed.) *At the Heart of the Union*. Basingstoke: Macmillan.

Hooghe L (2010) Images of Europe: How Commission officials conceive their institution's role in the EU. Paper presented at Arena seminar, 8 June.

Joana J and Smith A (2004) The politics of collegiality: The non-portfolio dimension. In: Smith A (ed.) *Politics and the European Commission*. London: Routledge.

Kassim H (2004) The Secretariat General of the European Commission, 1958–2003: A singular institution. In: Smith A (ed.) *Politics and the European Commission*. London: Routledge.

Kassim H (2006) The Secretariat General of the European Commission. In: Spence D (ed.) *The European Commission*. London: John Harper Publishing.
Kassim H (2009) 'Mission impossible', but mission accomplished: The Kinnock reforms and the European Commission. In: Bauer MW (ed.) *Reforming the European Commission*. London: Routledge.
Knight J (1970) On the influence of the Secretary-General: Can we know what it is? *International Organization* 24(3): 594–600.
Knill C and Balint T (2009) Explaining variation in organizational change: The reform of human resource management in the European Commission and the OECD. In: Bauer MW (ed.) *Reforming the European Commission*. London: Routledge.
Kurpas S, Grøn C and Kacsynski PM (2008) *The European Commission after Enlargement: Does More Add up to Less?* Brussels: CEPS Special Report.
Levy RP (2006) European Commission overload and the pathology of management reform: Garbage cans, rationality and risk aversion. *Public Administration* 84(2): 423–439.
Loth W and Bitsch M-T (2007) The Hallstein Commission 1958–67. In: Dumoulin M (ed.) *The European Commission, 1958–72: History and Memories*. Brussels: European Commission.
March JG (2010) *The Ambiguities of Experience*. Ithaca, NY: Cornell University Press.
March JG and Olsen JP (1998) The institutional dynamics of international political orders. *International Organization* 52(4): 943–969.
Mayntz R (1999) Organizations, agents and representatives. In: Egeberg M and Laegreid P (eds) *Organizing Political Institutions*. Oslo: Scandinavian University Press.
Metcalfe L (1992) After 1992: Can the Commission manage Europe? *Australian Journal of Public Administration* 51(1): 117–129.
Olsen JP (2010) *Governing through Institutional Building*. Oxford: Oxford University Press.
Ongaro E (2010) Administrative reforms in the European Commission: Towards New Public Management, 'old' bureaucracy, or neo-Weberianism? unpublished paper.
Orren K and Skowronek S (2004) *The Search for American Political Development*. Cambridge: Cambridge University Press.
O'Sullivan D (2006) The Secretary General of the Commission: A personal comment by David O'Sullivan. In: Spence D and Edwards G (eds) *The European Commission*, 3rd edn. London: John Harper Publishing.
Page EC (1997) *People Who Run Europe*. Oxford: Clarendon Press.
Poguntke T and Webb P (eds) (2005) *The Presidentialisation of Politics*. Oxford: Oxford University Press.
Pollitt C, Bouckaert G, Randma-Liiv T and Drechsler W (eds) (2008) A distinctive European model? The neo-Weberan state. Special Issue of *the NISPAcee Journal of Public Administration and Policy* 1(2).
Richards D and Smith MJ (2004) Interpreting the world of political elites. *Public Administration* 82(4): 777–800.
Rokkan S (1999) *State Formation, Nation-building and Mass Politics in Europe*. Oxford: Oxford University Press.
Ross G (1995) *Jacques Delors and European Integration*. Cambridge: Polity Press.
Schön-Quinlivan E (2006) Administrative reform in the European Commission: From rhetoric to re-legitimation. EU-Concent working paper, 17.
Simon H (1957) *Administrative Behavior*, 2nd edn. New York: Macmillan.
Spinelli A (1966) *The Eurocrats: Conflict and Crisis in the European Community*. Baltimore, MD: The Johns Hopkins Press.
Stevens A and Stevens H (2001) *Brussels Bureaucrats? The Administration of the European Union*. Basingstoke: Palgrave.
Suvarierol S (2007) Beyond the myth of nationality. A study of the networks of European Commission officials. PhD Thesis, Utrecht School of Governance.
Trondal J (2006) Governing at the frontier of the European Commission. *The case of seconded national experts*. West European Politics 29(1): 147–160.

Trondal J (2007) Is the European Commission a hothouse for supranationalism? Exploring actor-level supranationalism. *Journal of Common Market Studies* 45(5): 1111–1133.

Trondal J (2008) The anatomy of autonomy: Reassessing the autonomy of the European Commission. *European Journal of Political Research* 47(4): 467–488.

Trondal J (2010) *An Emergent European Executive Order*. Oxford: Oxford University Press.

Trondal J, van den Berg C and Suvarierol S (2008) The compound machinery of government: The case of seconded officials in the European Commission. *Governance* 21(2): 253–274.

Verhoest K, Roness PG, Verschuere B, Rubecksen K and MacCarthaigh M (2010) *Autonomy and Control of State Agencies*. Basingstoke: Palgrave Macmillan.

Wille A (2007) Senior officials in a reforming European Commission: Transforming the top? In: Bauer MW and Knill C (eds) *Management Reforms in International Organizations*. Baden Baden: Nomos.

Wille A (2012) The politicization of the EU Commission: New challenges, new professionals? *International Review of Administrative Sciences* 78(3).

Wood BD and Waterman RW (1991) The dynamics of political control of the bureaucracy. *American Political Science Review* 85: 801–828.

On bureaucratic centre formation in government institutions: lessons from the European Commission

Jarle Trondal

University of Agder and ARENA Centre for European Studies, University of Oslo, Norway

Abstract

Identifying and explaining bureaucratic centre formation within government institutions – such as the European Commission (Commission) – is essential for understanding political order and the potential and limitations for public sector governance. Benefiting from a new body of interview data this article adds two key observations: First, bureaucratic centre formation in the Commission does not profoundly penetrate the Commission as a whole. Comparing officials from the Secretariat General and DG Trade, this study suggests that bureaucratic centre formation is primarily happening within the Secretariat General and only marginally penetrating DG Trade. Two behavioural logics tend to coexist within the Commission administration, albeit embedded and layered within different organizational sub-units. Variation in bureaucratic centre formation is associated with two key variables: (i) the accumulation of relevant *organizational capacities* at the bureaucratic centre, and (ii) the vertical and horizontal *specialization* of the Commission administration. Third, these findings hold when 'controlling for' recent managerial reforms inside the Commission. The article illustrates that despite recent Commission reforms, some core behavioural logics among Commission officials are *not* profoundly transformed.

Points for practitioners

The administration of the European Commission is seen as increasingly steered from the executive centre – that is from the President and the Secretariat General. This study, however, makes two main observations: First, it shows that the strengthening of the executive centre inside the Commission administration (the Secretariat General) is not echoed throughout the services of the Commission. The ambition to make the Secretariat General the service centre for the Commission President is currently not greatly penetrating and transforming the everyday activities of the Directors General (DGs). Second, the study shows that despite historic administrative reforms of the Commission, the everyday behaviour of Commission officials remains basically unaffected.

Keywords
administrative reform, autonomy, centre formation, European Commission, neo-Weberian model, New Public Management

审校辅助人员:郭海涛　冯卫东

国际行政科学评论

体面的公民身份、正义与信任是合法性之基石:芬兰代际间的紧张关系

埃瑞·萨尔米宁[①] 基尔西·莱德斯马凯[②] 瑞纳·伊科拉·诺尔巴卡[③]
Ari Salminen Kirsi Lähdesmäki Rinna Ikola-Norrbacka
翻译:翟校义 审校:马永堂 杨 阳

【摘 要】 本文旨在分析与合法性问题相关的伦理问题。文章就体面的公民身份、信任、正义平等这三个伦理议题,对合法性的紧张关系展开讨论,并在芬兰社会背景下描述和讨论了公民对伦理和合法性紧张关系的评价。本文对代沟问题给予了特别关注。不同的三代人(年龄组)的观念有区别吗?这些观念能够用代沟来解释吗?本项研究结果表明,从伦理上看,代际之间似乎存在差异。特别是青年人与另外两个年龄组相比,在态度和观点上有着非常显著的不同。因此,基于代际因素的解释已被证明比较有说服力。代际差异在许多伦理文章中都有所论述,本文对其作了进一步详细阐述。本项实证研究报告基于两大批实证数据。它们分别来自于芬兰在2008年和2009年开展的两次调查,第一次是对5 000名芬兰公民进行的公民调查,第二次是对1 130名芬兰在校生进行的青少年调查。

① 埃瑞·萨尔米宁博士是芬兰瓦萨大学(University of Vaasa)公共管理系哲学教授。e-mail:ari.salminen@uwasa.fi

② 基尔西·莱德斯马凯博士是大学讲师。

③ 瑞纳·伊科拉·诺尔巴卡博士是芬兰瓦萨大学公共管理高级研究员。

对实践工作者的启示

本文将有助于实践工作者了解芬兰公民目前关于体面的公民身份、正义平等和信任这些伦理问题的观点。本项研究揭示了三个年龄组之间在伦理评估方面的差异。本文还提出了一个理论框架，有助于人们通过所选取的伦理价值观去理解合法性的紧张关系。

【关键词】 体面的公民身份；伦理；正义；合法性；信任

一、引言

(一)伦理与合法性

伦理和合法性有什么共同点？我们认为，有相当多是共同点。每一个政治制度都有其自己支持公共权力原则的合法性理念。当国家有充足的理由，追求正当目标并遵守限制时，国家就是合法的(Thomas，2000：77)。

作为一个北欧福利国家，芬兰被认为是一个稳定而开放的社会。然而，芬兰的政治一行政体系中的关键问题，是如何改进公民参与政府活动的渠道，以及如何更多地了解公民的道德观和社会价值观。后一个问题是本文讨论的重点。根据简松(Jansson，1993：121—122)的观点，一个合法的社会是公民认为能享有正当权利的社会。社会的合法性意味着能够创造并维持一种观点，即认为现有的制度是最适合这个社会的制度。合法性强调公民对公共权力的态度。合法性的建立和维护与政治一行政体制存在的正当性密切相关。为了吸引公民的支持，政治一行政体制系需要合法性(see Erkama，2010：23)。

合法性是一个多维度的社会学概念。对韦伯(Weber)而言，合法性就是一种对正统性的信念。如果某件事情被认为是合法的，那它就是合法的。韦伯还将合法性看作是主观合法的社会秩序的一部分。在著名的韦伯式理性中，价值理性包含伦理的、美学的或其他类型的理想动机和终极价值观。就行政管理的形式而言，国家之间的合法性可能不同，合法的权力也不相同(Weber，1978：33—38，213)。

那些生活在政治合法性可靠的国家的人，很可能将其视为理所当然。但是，一个社会的法律所认可和禁止的，可能与其成员所视为理所当然的完全不一致(Beetham，1991：117；Hannan，1992：34)。社会结构的一个要求是整体性，这意味着该系统要保持其不同部分之间密切联系，防止出现异常情况(Parsons and Smelser，1964：46－54)，在本文对不同年龄组的分析中可以看到这一点。社会结构整体性的另一个重要方面是，要求价值观的连续性和系统的可维持性。这意味着系统必须维持自身形态，防止形成紧张关系。在这里，合法性被认为是对紧张关系和连续性的一种度量。

(二)研究的问题

联系公共部门的伦理辩论(Rawls，1973；Hart，1974；Solomon and Murphy，1990；Lawton，1998；Comte-Sponville，2003；Six and Huberts，2008)，图1中描述的伦理问题是相互关联的，同时我们也假定这些伦理问题与一个合法社会的理念相关联。如果公民觉得：(1)核心美德对他们很重要；(2)社会是正义和平等的；(3)他们可以信任社会机构，那么可以这样假定，他们认为政治与政府基本上是合法的。

伦理与合法性有关。根据登哈特(Denhardt，1989：192)的观点，在政治环境中，伦理使行政管理者以道德和合法的方式行事。公共行政管理机关必须始终在以公共准则为前提的背景下才能长期存在，这就意味着公共管理者必须在政府规制的前提下学习行事的方式。诚实品质的提升取决于对公共准则的不断维护和改进(Lynch and Lynch，2006：70)。

本文的目的旨在分析与合法性问题相关的伦理问题。我们试图通过选定的伦理问题和代际差异的分析，来探索合法性的紧张关系。三个重点关注的问题是：体面的公民身份的美德、社会的正义平等和对法制的信任。基本的研究框架如图1所示。

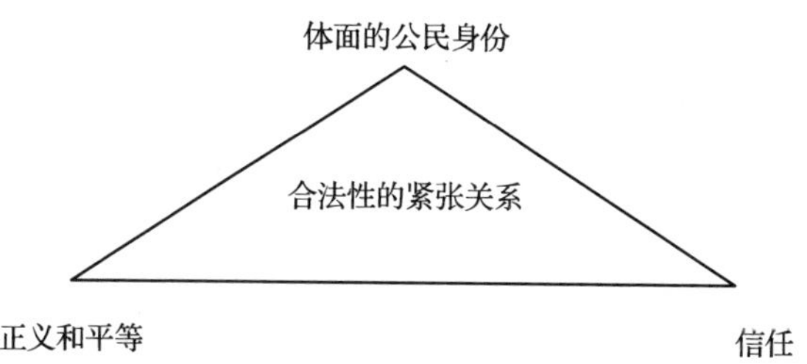

图1 作为合法性要素的三个伦理问题

此外，通过询问代际问题影响到底如何，来进一步说明公民的观念。不同代人的观念有区别吗？这些观念能够用代沟来解释吗？

(三)影响合法性的三个伦理概念

如图1所示，体面的公民身份被描述为一个社会的成员资格，权利和义务的建立，以及积极参与。作为一种身份，公民身份是指国家所保障的公民权利、政治权利和社会权利。作为一个角色，体面的公民身份需考虑到每个人所拥有的身份。体面的公民这一概念包括道德的特点。古往今来,伦理所要回答的问题是,什么样的生活被认为是良好的和正确的;什么是一个人应拥有和遵循的美德、习惯和规则?历史、民族特色、文化及其他社会经济因素决定了体面公民的特点(Pierson,1996:134;Garofalo et al.,2010)。

从公民体验体面公民身份的方式,可以看出他们是如何体验行政的,或至少可以看出怎样的行政才能符合公民的需求和期望。合法的行政需要公民的支持。政治决策应体现公民的价值观——至少在理想情况下应如此。

通过讨论公民的美德,我们尝试着去理解一个人应该做什么,应该像什么,应该如何生活。通过这些完美的理想,一个人至少能理智地尝试着去评估现实世界和理想之间的距离(Lynch and Lynch,2006:72;Hart,2001:146)。

美德规范要求对特定价值观进行道德承诺。美德一直被标榜为,需履行道德义务,超越个人私利。哈特(Hart,2001)对此的结论是,所有的人都天生具有不可或缺的美德。美德对于一个完整的人来说是必要的。基本美德必须刻意培养,出现在刻意或自愿的道德行为中,并需要不断发展完善。

美德是一种力量,已经或者能够影响我们作为社会一部分的行为方式。一个事物或人物的美德就是构成其价值和优点的东西。行事规范就能使我们增添力量(Comte-Sponville,2003:2—3)。做一个好公民,就需要在面对个人利益与公共利益相冲突时,能选择顾全大局的做法(Guy,1990:127)。

按照西方政治哲学传统对理想公民的要求,公民应该具有公众思想和自我牺牲精神,并有强烈的义务感和“公共利益”感。公民应当忠诚、守法、熟知美德,并珍视其政治权利和义务。公民应该参与其社区和公共事务,并拥有虔诚、温和与良好的道德品质。个人道德和理智清醒是正义和公民义务的主要标准(Villa,2001,1—2)。

本文的一些研究结果表明,公民感受到社会的规则是合理的。但是对于正义、平等这类道德议题,他们是如何做出反应的?在分析中,正义是所有价值观的前提,不仅界定了其他美德,而且确定了对人性的要求。我们假定,在一个合法的社会,正义扮演着相应的角色。正义是民主社会的一项基本原则,这样的社会期望为每个人都提供平等的机会。根据罗尔斯的观点(Rawls,1973),平等是指公民受到平等、公平的对待。在公共行政管理中,平等的提升意味着在不同的群体或个人之间不存在歧视。根据德沃金(Dworkin,2004)的观点,理想化的平等和资源分配是以无嫉妒的行动为基础的。在以市场为导向的社会中,每个人都应该有平等的竞争机会。

公民平等是所有真正的民主的本质。只有当公民需要正义并使其成为现实时,正义才得以存在。在法律意义上,没有法律或文化,就没有正义。在更广泛的意义上来说,没有社会就没有正义(Comte-Sponville,

2003:60—62,71,75)。

现存的正义的标准多种多样。正义理论通常是关于分配公正的理论，如罗尔斯的正义论。罗尔斯介绍了两个著名的原则。第一，“每个人都有平等的权利去享有最广泛的基本平等自由制度，也就是类似的人人享有自由的制度”。第二，“对于社会和经济的不平等，应作出适当的处理，以便使：(1)最脆弱的群体获得最大的利益；(2)在机会公平平等的条件下使公共职位和一般工作岗位向所有的人开放”(Rawls，1973；Thomas 2000：103—105，110—111)。

公民对正义和平等的态度并没有直接说明他们对信任的看法。个人的经验和接触能够比其他任何东西更好地理解对制度的信任。对信任的研究已经在多个维度展开：比如个体间的信任、对专业人员的活动的信任、对组织内部的信任、组织间的信任、对政治家的信任及社区内的信任(Lawton and Doig，2006：16—17)。公职人员面临着越来越复杂的伦理挑战。伦理决策的失败会侵蚀公众对政府的信任和信心。向开放性社会过渡需要重塑民主价值观、尊重人权和坚定服务于公民与公共利益的信念(Menzel，2007：178，190—191)。

我们可以在对能力的信任和对意图的信任之间作出区别，所谓对意图的信任是指一个人愿意尽最大能力去做事，愿意合作而不是投机取巧。信任有许多种指向对象，在本文中我们所关注的，是对生产福利的团体和机构的信任。人们在行为上也会对组织产生信任，期望在与其打交道时不会让自己失望。对组织信任的一种形式表现在，对其组织结构和程序中表现出来的能力的信任，以及对其综合执行能力的信任。我们也可以信任组织在制定伦理规范标准、真实报道和公开声明中显示的诚实和信任的意图。对组织的信任既建立在其形象和信誉的基础上，也建立在自己与组织打交道的基础上。一个组织本身没有意图，但它有利益，并可以设法控制其员工为这些利益服务的意图。对一个组织的信任可以建立在对该组织内部员工信任的基础上(Nooteboom，2002：9，192—193)。

(四)一代人

根据本文的研究目的，一代人可以被定义为一个可识别的群体，他们拥有着相同的出生年代、年龄段以及经历过关键发展阶段的重大生活事件。代际间的差异由于岁月、经历和生活阶段的变化而令人困惑。一个同代群体(同辈群体)包括那些拥有相同历史的或社会生活经历的人，而相同历史或社会生活经历会对他们的生命历程产生相对稳定的影响。这些生活经历往往可以将一代人与另一代人区分开来(Jurkiewicz and Brown，1998)。

关于年龄对政治参与和公众舆论的影响，不同理论学说有着不同的见解。生命周期假说认为,政治参与或政治态度随年龄而变化,是由一个人生命周期的阶段造成的。代际假说认为,在性格形成期的年月里发生的事件对个人的影响是最深刻的。生活经历假说认为,随着年龄的增长,人们获得的资源、信息、技术将促进其政治参与(Boatright,2001)。根据帕特南(Putnam,2000)的观点,在参加公民协会或参加社会、政治活动的倾向方面,代际的差别仍然受到年龄的影响(代际假说)。

麦克马努斯(MacManus,1996)认为,年龄组的差异往往主要取决于一个人在生命周期中所处的位置。年轻人的需求和优先事项与老年人相比是根本不同的(尤其在经济问题上)。但在其他情况下,差异更多的是历史时间的产物,在历史时间中,每一代人都在政治上被社会化了。有时,年轻人和老年人的态度与观点非常相似,与他们有差异的是中年人。

不同代的人以特定的集体身份而存在。另外,也可以用"年龄组"来取代"代"的称谓。"代"这个词通常指同辈人或年龄的范畴。在此意义上,一代人包含一个特定年份或时间段内的所有个人。"同辈人"的概念经常被用来代替"代"的范畴。在同辈的概念中,可以出生年份组为单位来调查他们在特征上的共同点(如态度、价值信念和偏好)(Corsten,1999:250—252;Eyerman and Turner,1998)。

在工作态度、价值观和工作伦理方面存在的代际差异,已成为代际差异研究中的一个非常流行的研究课题(Jurkiewicz and Brown,1998;Jurkiewicz,2000;Smola and Sutton,2002;Meriac,Woehr and Banister,2010;Twenge,2010)。帕特南(Putnam,2000:248)问道:"不同年龄的人有不同的行为方式,这是因为他们暂时处在一个共同的生命周期的不同点,还是因为他们长期属于不同的几代人?"

在这种分析中,代的概念与年龄组的概念是密切相关的。如下文所述,数据被分成三个年龄组。就对几代人的分析而言,这里重点关注的是年轻人、中年人和老年人之间的紧张关系。在探究紧张关系时,这个概念涵盖的不仅仅是基于出生年份的单纯的技术划分。代际的分析也与诸如经验、态度、需求,甚至年龄组的生活方式等其他维度有关。由于受到可获得数据的限制,在即将进行的分析中,这些因素的证据仍然相对薄弱并带有推测性。

二、方法和数据

关于对行政伦理的研究,基于实地的实证研究不如基于规范的和哲学的文献研究多。当针对更广泛的人口开展行政伦理研究时,为采集到受访者的意见、态度和期望等方面的数据,使用的调查技巧应该是一种精确的工具(Frederickson and Walling,2001:37,40;Van de Walle,2008;Salminen，2006；Salminen and Ikola-Norrbacka，2009）。

本文的实证分析基于两个不同批次的实证数据。第一批数据是由瓦萨大学2008年实施的一项国家公民调查。第二批数据是2009年实施的一项青少年调查。两项调查均属于由芬兰科学院资助的“公民优先吗？从公民角度看伦理政府”研究项目。我们在这类研究方法上具有独特的优势，因为芬兰公民愿意回答调查问卷并说出他们的观点与评价。

在公民调查中，最初的调查问卷包括公民对公共服务的道德规范、政府当局的良好管理与美德、政治制度的道德准则的评价。2008年春天，调查问卷发给了5 000位年龄在25岁到65岁的芬兰公民。挑选的样本代表了芬兰的缩影。高响应率提高了调查的有效性。虽然没有使用奖励措施，但答复率高达40.4%。主要研究报告题目为《我们的声音将被重视吗？伦理政府和公民》（Salminen and Ikola-Norrbacka，2009）。

青少年调查提供了年轻人对公平社会的看法。2009年春天，在芬兰的6所高中进行了这项研究材料的收集。受访者大多是16岁至18岁的青少年，总共有1 130名学生在学校填写了调查问卷。调查题目主要采集年轻公民对体面的公民身份、对社会的伦理挑战、政府当局和政治家的美德、未来的伦理挑战等方面的评价。主要研究报告的题目为《善治：谁在关心？青少年对善治和公平社会的看法》（Lähdesmäki，2010）。

这两项调查采用类似的问题组，可使我们在汇集数据的时候就能把研究框架搭建起来。附录1和附录2的调查问卷的问题形式都带有精确的百分比数。

原始数据被分成三个年龄组。第一组是由16岁到18岁的年轻人组成的青少年调查数据（调查人数为1 130）。第二组由30岁到49岁的中年人组成（调查人数为786）。第三组由50岁到66岁的老年人组成（调查人数为1 050）。后两组数据均来自公民调查。

下面的表1～表3中，“赞成”的百分比是由最初的“非常赞成”和“有些赞成”两项合计形成的。“反对”的百分比数是由“强烈反对”和“有些反对”两项合计构成的。“既不赞成也不反对”所占的百分比数已被排除。表4中的数据也是基于相应的逻辑形成的。

不同年龄组之间的比较结果来自方差分析（单向方差分析）和来自图基（Turkey）检验的成对比较结果。根据方差齐性检验要求，当单向方差分析条件（正态分布、总体的方差相同）不能满足时，还运用了克鲁斯卡尔—瓦利斯（Kruskall-Wallis）检验法。在这种情况下，通过使用撒吉尔和卡斯特兰（Siegel and Castellan）检验法（1988）就形成了成对比较，该检验法指导了克鲁斯卡尔—瓦利斯方差分析的成对比较模型。

统计显著性的值为：$p<0.001$=非常显著；$p<0.01$=显著；$p<0.05$=不

显著。具体数据见附录3。

三、体面的公民身份的特点

在讨论合法性的时候，体面的公民身份是本文的一个伦理基础。因此，有必要了解公民自己是如何形成“体面的公民”概念的（Stivers，2001：590）。

公民自己对“体面公民”概念的评估，对行政当局建立一个在公民看来更合乎伦理的政府提供了工具。比瑟姆（Beetham，1991：56）认为，社会规则，无论是传统的还是法律，都具有规范性的力量。社会规则规定了我们对他人的责任和义务，反过来我们也可以要求他人赋予我们权利和权益。

年龄实际上是所有公民参与形式的预测器。在较多的组织机构中，中年人和老年人比年轻人更积极活跃。相对于青年人，他们更经常参加教会、更经常投票、热衷于参加政治和请愿活动（Putnam，2000：247－248）。

芬兰公民对体面公民的概念有何体验？他们所认为的重要美德是什么？他们对体面公民的评价可归结为两类，一类是传统的，一类是较新的，都反映了当前的要求。这些评价经常被看作是公民行事的资质：承担和履行社会职责、政治参与、重要的消费意识和环保意识、成为一个宽容的人和成为社会的一名忠实成员。

当一位公民回答“谁是体面的公民”这一问题时，他认为理想的公民模式是成为社会的一位成员。与此同时，在他的脑海里可能已经勾画出了一幅理想社会的画面。我们认为，公民身份的美德问题与他们对社会平等和机构可信度的看法是相联系的。例如，如果一个公民重视纳税或遵纪守法，那么他可能认为公共服务机构或立法机构是值得信任的，至少在某种程度上是这样。

在下面的分析中，体面公民的伦理特征据认为有两个层面。表1描述了大家普遍期待的公民作为社会一员的行为方式；表2列出了道德层面所倡导的美德，以及对当前社会伦理问题看法的伦理表达。

就义务和责任的一般描述（百分比）而言，老一代人比年轻人更看重选举投票。在芬兰，投票的年龄限制是18岁，年轻人对投票及投票带来的影响没有体验。尽管如此，相比年轻人和老年人，中年人对政治参与更不屑一顾。

从百分比分布看，各年龄组之间对纳税、守法的看法没有显著差异。然而，通常会假定青年人比中年人、老年人更不看重这两方面。

代际间的最大差异是对黑色经济（black economy）（黑色经济是对社会构成直接危害的法律禁止的各种经济活动的总称——译者注）的看法，年轻人和老年人对此的看法显著不同。虽然年轻人对黑色经济有着不同的态度,但他们仍然和老年人一样认同纳税的重要性。另一个显著性差异体现在对政治的参与上,年轻人对此有着非常显著的更加积极的态度。

当开展一项更深入的分析后,各年龄组之间有显著的差别吗?克鲁斯卡尔一瓦利斯(Kruskall-Wallis)检验法[①]表明,在不同年龄组之间有非常显著的差别。就成对比较方法得出的结果而言,在每个问题上有最大分歧的群体是年轻人。在三个问题(纳税、守法、赞赏诚实工作)上,中年人和老年人之间的差别不明显。在其他所有情况下,这些年龄组之间的差别都非常显著。检验和成对比较的精确统计表见附录3。

表1　　体面公民的政治义务和责任:三代人的观点

	年轻人		中年人		老年人		K-W (显著性)
	赞同(%)	反对(%)	赞同(%)	反对(%)	赞同(%)	反对(%)	
参与政治	13	33	7	58	15	48	0.00
选举投票	74	5	78	8	83	7	0.000
遵守法律	92	2	97	1	97	1	0.000
缴纳税收	93	2	97	1	96	2	0.000
赞赏诚实工作	84	4	93	2	95	1	0.000
不接受黑色经济	57	12	86	4	91	2	0.000

注:“年轻人”类别的受访者人数在1 064～1 069人之间不等;“中年人”类别的受访者人数在777～782人之间不等;“老年人”类别的受访者人数在1 029～1 035人之间不等。K-W即克鲁斯卡尔一瓦利斯(Kruskall-Wallis)方差分析。统计显著性的值为:$p<0.001$=非常显著;$p<0.01$=显著;$p<0.05$=不显著。

表2列出了道德层面所倡导的美德,以及对当前社会伦理问题看法的伦理表达。通常认为年轻人是最具有环保倾向的。现实比这更复杂,根据实证研究结果,中年人和老年人比年轻人更重视环境问题。

在对全球局势的责任感的问题上,年轻人与另外两组成员明显不同,而另两组(中年人和老年人)并没有太大不同。在其他四个项目上,满足了单向方差分析的要求,因此群体之间的差别是基于图基检验法进行的。在每一项目上,年轻人都与其他两组有非常显著的不同。在废品分类并回收利用这一问题上,中年人与老年人有不太显著的差别,而在其他三个问题上则几乎没有任何差别。检验和成对比较的精确统计表见附录3。

① 单向方差分析不适合这些(参见“数据检验”部分)。

本部分的主要结论表明,纳税、守法和选举投票是芬兰体面公民的共同特点。在合法性方面,这些是根本的和可持续的。然而,也发现了一些紧张关系。公民对政治介入和接受黑色经济的评估,是引起紧张关系的主要原因。

表 2　　体面公民的伦理价值:三代人的观点

	年轻人		中年人		老年人		Anova(显著性)	K-W(显著性)
	赞同(%)	反对(%)	赞同(%)	反对(%)	赞同(%)	反对(%)		
废品分类	74	7	84	5	89	4	0.000	
尽力节约能源	78	5	91	3	91	3	0.000	
避免自然资源的浪费	75	5	90	2	87	3	0.000	
对全球局势有责任感	67	8	86	4	81	5		0.000
对移民宽容	70	11	66	11	65	12	0.000	

注:“年轻人”类别的受访者人数在 1 062～1 067 人之间不等;“中年人”类别的受访者人数在 776～782 人之间不等;“老年人”类别的受访者人数在 1 029～1 067 人之间不等。Anova 即单向方差分析;K-W 即克鲁斯卡尔—瓦利斯(Kruskall-Wallis)方差分析。统计显著性的值为:$p<0.001$=非常显著;$p<0.01$=显著;$p<0.05$=不显著。

四、正义和平等

社会正义问题不仅涉及正义作为社会基础结构的首要主题,而且涉及主要机构对权利与义务的分配和提供便利的方式。各主要机构通过个人期望做什么与做多好来确定个体的权利、责任和影响。平等的一个重要方面是机会平等。为每个人提供平等的机会被视为社会的责任。平等是指平等和公平地对待公民。这一原则的一个结果是公共职位和普通职位要向所有人开放(Rawls,1973:60—89;2001:73;2004:49)。

公共行政管理中的平等与公平的决策和公正的社会有关。只有当行政决策通过公平的过程产生,并产生公正的结果(分配正义)时,行政决策才是公正的。平等通常作为公正的公共行政管理的一个基石发挥作用。假定公民认为公共行政管理和公共服务系统是合法的,那么一个基于公正的公共行政管理的社会才有可能实现正义。

罗尔斯主义(Rawlsian)认为,追求平等要求资源分配和不平等现象不应该伤害最弱势的群体。芬兰社会有着很强的照顾最弱势群体的传统,例如,向所有公民提供全面的社会保障以及免费教育和医疗系统。

公民对公共利益的不同意见可以看作是关于实质性民主价值观的争论，而且也被看作是一场关于条件平等或公正的辩论。这一观点将公共利益引入了一场介于坚持推进更加平等和坚持不论任何代价都不应限制个人自由的两派之间的争论（Morgan，2001：154）。

如果公民认为决策是正义的，并符合公共利益，他们甚至可以接受艰难的诸如服役和税收的决定。要确保公众利益的实现，就必须保证有正义的决策，并且承诺服务所有公民，而不是某一享有特权的公民或顾客群体。如果公民经历的政府是一个不平等的体制，那它会威胁到整个社会的合法性。反之，如果公共服务被认为是公平的，那它会提高整个政府的合法性。表 3 列出了芬兰三代人对正义和平等问题的看法。

总体上看（百分比），在所有问题上，代际间特别是在年轻人和其他两代之间的差异都是显著的。最重要的是，中年人和老年人表达了他们对日益增长的不平等和阶层差别的关切。几乎有一半的老年人估计，未来国家将变得更加不公平，而仅有 1/5 的年轻人认同这一观点。然而，年轻人则对自己关于伦理问题的观点感到没有把握。事实上，这一类中不自信的受访者所占的百分比相当显著。一个更加显著的差异是对不断增大的收入差距的估计。尽管如此，年轻人对未来持有更积极的态度。

表 3　　对正义和平等的陈述：三代人的观点

	年轻人		中年人		老年人		K-W（显著性）
	赞同（%）	反对（%）	赞同（%）	反对（%）	赞同（%）	反对（%）	
芬兰社会正变得更加不公正	20	34	45	24	48	23	0.000
公民的不平等情况正在增加	23	25	58	16	64	14	0.000
收入差距将增大	41	11	91	1	94	1	0.000
不平等不应伤害最弱势群体	63	6	88	3	93	2	0.000

注：“年轻人”类别的受访者人数在 1 039～1 063 人之间不等；“中年人”类别的受访者人数在 763～778 人之间不等；“老年人”类别的受访者人数在 1 025～1 036 人之间不等。K-W 即克鲁斯卡尔—瓦利斯（Kruskall-Wallis）方差分析。统计显著性的值为：$p<0.001$＝非常显著；$p<0.01$＝显著；$p<0.05$＝不显著。

在进一步深入分析中，克鲁斯卡尔—瓦利斯检验法①再次表明，不同年龄组之间的差别是非常显著的。当使用成对比较法(the methed of Siegel and Castellan，1988)对这些年龄组进行比较时，我们再次发现，年轻人是存在分歧最多的群体。在对“芬兰社会正变得更加不公正”的陈述上，中年人和老年人并没有多少差别，而且他们在对待“公民不平等情况正在增加”和“收入差距将增大”的陈述上，差别也并不是很明显。采用检验和成对比较的精确统计表见附录3。

为什么人们认为未来我们的社会将变得越来越不公平或收入差距将增加呢？与此同时，他们却强调一个体面的公民应纳税。数据并没有给出这个问题的答案。然而，对待纳税的积极态度告诉我们，人们认为公共服务应平等地提供给所有公民。当对罗尔斯关于“不平等不应伤害最弱势群体”的原则进行观察时，代沟是显而易见的，老一代人比年轻人认为这一点更重要。

上述研究结果特别强调了正义的维度，例如差距扩大和公民受到不平等待遇引发了芬兰社会的紧张关系。年轻人对此的观点与其他年龄组相比差异最大，而中年人、老年人彼此接近的判断可能是缓解社会紧张的平衡因素。

五、对机构的信任

公民的信任，是对政治家和公共当局抱有的一种普遍信心。公民对信任的信念和评价是通过许多过程来体现的。有些看法是通过社会化过程在孩童时形成的(Salminen and Ikola-Norrbacka，2010)。伦理治理是以政治家和政府当局给出的范例为基础的。那些坐办公室的官员，不管是任命的还是通过选举当选的，都被期望表现出最高的诚信度，并以得体的方式行事。一个开放和接受民众意愿和想法的民主政府，只有通过具有道德操守的个人的不懈努力，才能取得成就(Menzel，2007:30)。完整的道德发展不仅能使人知道应该做什么，而且还应使人拥有正确行事的动机和力量(Garofalo and Geuras，1999)。

“真正的信任是一种期望，即期望不论什么事或什么人都不会辜负我们；或者可以说是忽视或缺乏对辜负可能性的认识，即使已经意识到存在这种辜负的可能性”(Nooteboom，2002:112)。

人们期望政治家和政府当局信守承诺。信守承诺是伦理决策的一个核心价值观。这也意味着一个人要遵守自己的承诺。要做到值得信赖，就必须保持并兑现承诺。要确保社会基本安全，就要求公众对机构充满信心。从公民角度来看，信任就是对政治家和政府当局所抱有的一种信心。

① 单向方差分析不适合这些(参见“数据检验”部分)。

无论青年人或老年人，都往往对政府和公共当局持有一种消极的态度。但是，如果公民强烈信任某一个组织，他们也可能信任其他组织（Guy，1990：15；Nooteboom，2002；Christensen and Laegreid，2005）。信任也是一个信誉问题。

记住不是所有的不信任都有害这一点是有益的。保持一定程度的不信任，是有积极作用的，因为它可迫使政府把以德行政保持在一个健康的水平上。最佳的信任水平与政治和行政文化的发展有关。至于为什么有些组织似乎是可信的而其他一些组织则不然这样的问题，不存在单一的或明确的解释。这是一个涉及个人经历、熟人圈内的经验、形象和历史的问题，也是一个人的信任基础问题（Hofstede，1980；Van de Walle et al.，2008：52）。如果失去了对公共部门的信任，那就会失去对许许多多方面的信任。政治一行政系统作为一个整体各有不同。有证据显示，高水平的信任有助于合法性的确立。

关于芬兰公民的信任，也包含两个方面：对政治的信任和对机构的信任。具体数据见附录1和附录2。尽管人们信任公共部门的组织和机构，但他们不信任政治家的承诺。三代人对待政治决策者都持批评的态度。即便是年轻人也估计，政治家将不会遵守承诺，尽管他们并没有参与政治的经验。令人震惊的是，一半以上的公民认为政治家是不可信任的。超过60%的成年人和近一半的青年人对政治家抱有批评的态度。

另一个有趣的发现是，年轻人比老一代更认为投票是有价值的。总计80%的年轻受访者和几乎60%的成年人认为，一个人可以通过投票来影响与自己有关的事情。对投票的积极态度可能表明，政治制度被认为是合法的。即使公民不信任政治家，他们仍然因这样或那样的原因而对政治制度抱有信心。

通过测量对机构的信任告诉了我们什么？如果公民信任警察机构、法院和政治家，他们也会相信这些机构有能力保障社会秩序、保护公众利益、保证社会公平吗？与此相反，如果公民对社会机构的信任降低，将会损害他们对社会正义和平等的信念吗？

表4描述了受访者对一些芬兰机构可信任度的看法。到目前为止，在芬兰，公共组织和机构拥有普通公民的信任。关于芬兰机构的可信任度，从描述百分比上，代际差别较小。这一结果相当令人吃惊，各代间的数据彼此是如此相似，描绘了一张平滑而简单的芬兰机构可信任度图。然而，更深层次的统计分析表明，各年龄组之间仍存在差异。

来自以往对其他国家的调查（Listhaug，1984：114；Warren，2006：165）表明，警察机构（警官）、法律系统（法官）和教育系统（教师、教授）以及军队（军官）的排名较前。世界价值观概况研究（Borg et al.，2007）表明，从1981

年到 2005 年,公众对警察机构和军队的信任已经上升。这很容易让人赞同这一意见:只要公民信任公共机构,整个社会就能更好地运转。

表 4　　机构的可信赖度:三代人的观点

	年轻人		中年人		老年人		Anova 显著性	K-W 显著性
	信任(%)	不信任(%)	信任(%)	不信任(%)	信任(%)	不信任(%)		
法院	81	4	76	7	66	14		0.000
警察	80	5	84	6	80	5	0.166	
军队	78	5	77	5	76	5	0.005	
教会	54	21	64	13	62	14		0.003
学校	79	3	79	3	80	2	0.749	
高等教育	85	1	81	2	83	2		0.000
医疗服务	77	4	67	9	70	7		0.000

注:“年轻人”类别的受访者人数在 1 060～1 061 人之间不等;“中年人”类别的受访者人数在 770～779 人之间不等;“老年人”类别的受访者人数在 1 019～1 040 人之间不等。Anova 即单向方差分析,K-W 即克鲁斯卡尔一瓦利斯(Kruskall-Wallis)方差分析。统计显著性的值为:$p<0.001$=非常显著;$p<0.01$=显著;$p<0.05$=不显著。

表 4 给出的百分比表明,代际间唯一的显著差别是法院的可信度,年轻人比老一代人认为法院更值得信任。这又如何解释呢?老年人也许更怀疑,因为他们拥有更多对法院处理事务的亲身体验。他们拥有的生活经验越多,他们似乎就越难以信任法院。

各代人之间,老年人比年轻人认为教会更值得信任。尽管对法院和教会的信任有差别,但结果仍令我们感到意外。我们曾假定对诸如不同层次学校、警察机构和军队的信任程度的差别本应是更大。

更深入分析后,结果又如何呢?当对警察机构和学校进行评估时,比较所有年龄组,受访者的回答是完全一致的。在对军队的可信度进行评估中,年轻人与老年人相比差别不太显著,且中年人与这两个群体相比也没有明显差别。克鲁斯卡尔一瓦利斯成对比较测验表明,在对法院的看法中,所有群体之间的差别都很显著。在医疗服务、教会和高等教育方面,年轻人与其他两组观点不同,然而其他两组间没有不同。检验和成对比较的精确统计表见附录 3。

得出的主要结论是芬兰机构的总体信任很高。对警察机构、学校、高等教育和军队的可信任度是保持社会连续性的基石。然而通过评估法院、教会和医疗服务,发现在合法性上存在紧张关系。年轻人的价值观似乎与其他两组有所不同。

六、结论

主要结果

本文的基本主题是从公民视角看伦理和合法性。主要的关注点是与社会合法性问题相关的要素。这项实证分析基于两项对芬兰的调查所得到的证据和数据。

在芬兰背景下,涉及的三个伦理领域(起源)是:体面的公民身份、正义与平等、信任。总结这些讨论,也许有人最后会问:引起合法性紧张关系的原因是什么?新出现的对合法性的关键挑战又是什么?

另一个问题涉及代际的作用:是否认为不同代人的看法相互有所不同?这存在两种解释:不是因年龄引起的差异较少,就是因年龄所引起的差异与预期的方向相反。尽管如此,从伦理方面看,代际差异似乎仍有一些影响。本项研究所取得的主要实证结果如下:

对证据的分析清楚地表明,年轻人在态度和观点上与另外两个年龄组不同。这一结果在一定程度上符合预期,但年轻人和另外两个年龄组之间的差别可能大于预期。中年人和老年人之间在态度和观点上往往并无多少不同。

在两个问题上,三个年龄组相互之间完全没有差别,即各年龄组对警察机构和学校的可信任度是完全一致的。这两个机构被视为芬兰合法政府的基石。公民对警察机关及其诚实的信任度如此之高,令人注目。对于学校,年轻人认为学校机构值得信任并可接受,也令人感到鼓舞。

其次,也有一些问题,三个年龄组互相之间存在显著不同。表 5 总结了三个伦理议题、紧张关系的主要来源以及合法性面临的关键问题。

表 5　　合法性的紧张关系:各代间差异最大的议题

紧张关系的基本议题	合法性紧张关系的主要来源	面临的关键问题
体面的公民身份	在选举中投票的重要性 政治参与 对黑色经济的态度 废品分类	民主社会的连贯性 道德观 生态意识
正义与平等	公民的平等待遇 最弱势群体不受伤害 收入差距	集体主义 福利国家的变化
信任	对法院的信任	社会的平衡

在表 5 所示的 8 个伦理项目上，存在着代际间的差别。前 4 个发现属于体面的公民身份的美德；另外 3 个发现涉及公正和平等的社会；最后一个发现是对机构的信任。具体的数据列于前面的表 1～表 4 和附录 3。

进一步的讨论

在表 5 中，我们根据合法性潜在紧张关系的框架，确定和设置了代际间的主要区别。怎样解释它们？可能会出现什么问题？除了代际差别，应承认生命周期和生活经历都表明，代际之间存在着许多不同的观点和态度。

第一，政治参与和投票是民主法治社会的基础。在我们的研究中，年轻人比成年人更加积极地回答关于“政治参与”的问题。中年人是持怀疑态度最大的年龄组。然而，年轻人认为政治家很容易不信守自己的承诺。不过，他们相信，通过对政治的介入和权利的参与，能够对公共事务产生影响。我们也许会问：年轻人是否理解政治参与的概念？但在本文中，我们假定他们对此有充分的理解。中年人对此问题有着最消极的态度。如果这种差异状况继续，社会的凝聚力就会受到威胁。就投票的意义而言，也同样如此，这种年龄组间的差异正在从年轻人到老年人逐步增加。

第二，关于对于黑色经济问题的认可，代际间差别显著。年龄组间的数据差异由年轻人到老一辈逐步增加。这是一个令人困惑的结果，因为在这三代认为的体面公民的特性中，纳税都被认为是位于列表顶端的。投票与纳税被视为社会合法性的基本要素。这一代际差别很难解释。这意味着对道德观的削弱吗？不一定，但这种风险即将出现。

第三，关于分类回收利用废品的数据由年轻人到老一辈在逐级增长。这是一个令人惊讶的结果，一般来说，年轻人在生态价值一方面有很多思想。在涉及废品分类时，我们假定年轻人将会成为最环保的年龄组。另一方面，老一辈在经济困难时期度过了他们的青年期，而他们在那个时代是不可能浪费资源的。然而，这一结果意味着在可持续发展名义下需要加强生态意识。

第四，离开正义与平等，任何现代西方合法社会在其公民眼中是否能够存在，值得怀疑。根据这项研究，对于公民的平等待遇和不平等不应伤害最弱势群体的问题，老一辈持特别怀疑的态度。年龄组间的数据由年轻人到老一辈逐级增加。公民正在被分为赢家和输家吗？这似乎是一个正在发生的趋势，集体主义和凝聚力可能会因此而遭受损害。

第五，在收入差距上升方面，代际间存在着一种紧张关系。年龄组间的数据由年轻人到老一辈而逐级增加。当被问及正在增加的收入差距时，芬兰年轻人明显比中年人和老年人感到对未来更有信心。如何解释这些显著差别？一个可能的解释是生活经验或生命周期。此外，年轻人总体倾向于相信未来。这是社会合法性的一个积极标志。年轻人欣赏公共福利服务可以平等适用于所有人。如果废除福利国家，这种欣赏还有可能吗？

第六，如果行政机构没有得到人民的信任，社会就不能被认为是高度合法的。尽管行政机构总体来说被视为是值得信任的，但在涉及法院时，代际间则有重大差别。年龄组间的数据由年轻人到老一辈而逐级下降。随着年轻公民作为社会成员获得越来越多的经验，保持他们对政治家和机构的信任感成为一个挑战。由于普遍缺乏对法院这类机构的信心，一个潜在的风险是社会的平衡可能被动摇。

这些可能的后果并不一定会出现在每个国家。在个案研究中，伦理的意义和概念与地方(民族国家)经验的传统与文化相关。应该承认，在这篇文章中需要更多的来自其他国家经验的比较数据，而不只是描述某个国家。这将可能更全面地理解行政背景与行政文化的影响，这种行政背景和行政文化影响着伦理的评估。

附录 1　芬兰瓦萨大学 2008 年公民调查

这项调查是芬兰瓦萨大学研究项目“公民优先吗？从公民角度看伦理政府”的一部分。(http://www.uwasa.fi/eettinenhallinto/english/)这个为期 3 年的项目由芬兰科学院资助。

从调查问卷表中选取了问题 2、7、11 和 14 的全部或部分，这些问题及其百分比如下所示。

2. 你怎样描述一个体面的公民？

	强烈反对(%)	有些反对(%)	既不赞同也不反对(%)	有些赞同(%)	强烈赞同(%)
一个好公民……					
1. 选举投票(n=1 987)	2.8	4.9	12.2	36.4	43.7
2. 纳税(n=1 989)	0.8	0.8	2.6	22.7	73.2
3. 不接受黑色经济(n=1 986)	1.1	2.2	8.5	31.5	56.8
4. 尽可能守法(n=1 979)	0.6	1.0	2.0	25.5	70.9
8. 参与政治和政党(n=1 982)	19.8	32.6	36.4	8.8	2.4
15. 按照说明分类废品(n=1 990)	1.5	3.1	9.6	46.4	39.4
16. 尽力节约能源(n=1 984)	1.1	1.7	6.8	44.6	45.9

续表

	强烈反对（%）	有些反对（%）	既不赞同也不反对（%）	有些赞同（%）	强烈赞同（%）
17. 对全球局势有责任感(n=1 989)	1.2	3.2	12.8	45.1	37.7
18. 避免自然资源浪费(n=1 983)	1.1	1.8	9.2	45.3	42.6
19. 赞赏诚实工作(n=1 987)	0.6	1.3	4.1	29.1	64.9
21. 对移民宽容(n=1 979)	3.6	7.6	23.1	41.6	24.1

7. 你认为下列芬兰机构和组织在多大程度上值得信任？

	一点都不值得信任（%）	不是很值得信任（%）	有点值得信任（%）	相当值得信任（%）	非常值得信任（%）
1. 法院(n=1 980)	3.3	7.9	19.0	55.8	14.0
2. 医院和医疗中心(n=1 991)	1.6	6.4	22.8	58.5	10.7
6. 教会(n=1 962)	5.6	7.8	24.3	46.2	16.1
8. 军队(n=1 976)	1.6	3.9	19.1	50.2	25.2
9. 警察机构(n=1 992)	1.7	3.7	13.4	52.7	28.6
10. 初级和综合学校(n=1 983)	0.5	2.2	17.7	61.8	17.9
11. 综合大学和理工学校(n=1 969)	0.5	1.8	15.9	63.6	18.0

11. 你怎样看下列陈述？

	强烈反对（%）	有些反对（%）	既不赞同也不反对（%）	有些赞同（%）	强烈赞同（%）
2. 投票是有价值的，因为可以影响到与自己有关的事情(n=1 984)	6.5	17.2	19.8	36.1	20.4
4. 政治家将会信守承诺(n=1 982)	21.3	40.1	26.7	9.7	2.2

14. 你怎样看待下列与变化着的社会相关的陈述？

	强烈反对（%）	有些反对（%）	既不赞同也不反对（%）	有些赞同（%）	强烈赞同（%）
2. 芬兰社会正变得更不公正（n=1 983）	3.1	20.4	29.8	33.5	13.2
4. 公民的不平等情况将更常见（n=1 970）	1.9	13.5	24.1	40.7	19.8
5. 收入差距将增大（n=1 984）	0.2	1.5	5.5	36.7	56.2
8. 不平等不应伤害到最弱势群体（n=1 964）	0.8	2.0	7.2	31.6	58.4

附录 2　芬兰瓦萨大学 2009 年青少年调查

这项调查是芬兰瓦萨大学研究项目“公民优先吗？从公民角度看伦理政府”的一部分。（http://www.uwasa.fi/eettinenhallinto/english/）这个为期 3 年的项目由芬兰科学院资助。

从调查问卷表中选取了问题 1、4、7 和 9 的全部或部分，这些问题及其百分比如下所示。

1. 你怎样描述一个成年好公民？

	强烈反对（%）	有些反对（%）	既不赞同也不反对（%）	有些赞同（%）	强烈赞同（%）
一个成年好公民……					
1. 选举投票（n=1 126）	1.8	3.4	21.0	46.6	27.3
2. 参与政治和政党（n=1 122）	6.3	26.4	53.9	11.8	1.6
5. 按照说明分类废品（n=1 125）	1.6	5.1	19.2	45.6	28.5
6. 尽力节约能源（n=1 120）	1.2	3.4	17.1	47.3	31.1
7. 对全球局势有责任感（n=1 126）	1.7	5.8	25.9	46.4	20.2
8. 避免自然资源浪费（n=1 121）	1.2	4.2	19.4	49.1	26.2

续表

	强烈反对(%)	有些反对(%)	既不赞同也不反对(%)	有些赞同(%)	强烈赞同(%)
11. 对移民宽容(n=1 125)	4.1	7.1	18.8	35.2	34.8
13. 尽可能守法(n=1 127)	0.7	1.2	5.9	33.9	58.2
14. 纳税(n=1 122)	1.0	0.6	5.4	26.9	66.0
15. 不接受"黑工"(n=1 128)	2.9	9.0	31.0	34.4	22.6
16. 赞赏诚实工作(n=1 123)	0.7	3.0	12.8	38.4	45.1

4. 你如何看待下列关于社会及其可能变化的陈述?

	强烈反对(%)	有些反对(%)	既不赞同也不反对(%)	有些赞同(%)	强烈赞同(%)
4. 芬兰社会正变得更不公正(n=1 118)	6.5	27.1	46.2	15.0	5.1
5. 收入差距将增大(n=1 122)	1.6	9.0	48.1	33.4	7.8
6. 不平等不应伤害到最弱势群体(n=1 105)	1.5	4.9	31.0	40.6	22.0
7. 公民的不平等情况将更常见(n=1 096)	3.8	20.7	52.2	18.3	4.9

7. 你怎样看下列关于政治和政治参与的陈述?

	强烈反对(%)	有些反对(%)	既不赞同也不反对(%)	有些赞同(%)	强烈赞同(%)
1. 投票是有价值的,因为可以影响到与自己有关的事情(n=1 126)	1.8	5.2	12.3	45.0	35.7
3. 政治家将会信守承诺(n=1 124)	12.5	35.8	30.5	12.9	8.4

9. 你认为下列社会机构有多值得信任?

	一点都不值得信任(%)	不是很值得信任(%)	有点值得信任(%)	相当值得信任(%)	非常值得信任(%)
3. 司法部和法院(n=1 120)	0.4	3.4	14.8	51.3	30.0
4. 初级和综合学校(n=1 120)	0.3	2.4	18.6	59.0	19.7
5. 综合大学和理工学校(n=1 118)	0.1	1.3	13.8	59.0	25.8
6. 医院和医疗中心(n=1 119)	0.6	3.8	18.5	50.9	26.1
7. 警察机构(n=1 120)	1.1	3.4	15.4	47.2	32.9
8. 军队(n=1 119)	1.2	3.7	16.9	45.2	33.1
9. 教会(n=1 118)	8.6	12.4	25.5	34.5	19.0

附录 3 统计数据

	方差齐性检验	Anova 显著性 *	Tukey 显著性 * 1—2;1—3;2—3	K-W 显著性 *	K-W 成对比较显著性 * 1—2;1—3;2—3
一个体面的公民……					
选举投票	0.000	0.000		0.000	0.001; 0.000; 0.001
纳税	0.000	0.000		0.000	0.006; 0.003; 2.885
不接受黑色经济	0.000	0.000		0.000	0.000; 0.000; 0.001

续表

	方差齐性检验	Anova 显著性 *	Tukey 显著性 * 1—2；1—3；2—3	K-W 显著性 *	K-W 成对比较显著性 * 1—2；1—3；2—3
守法	0.000	0.000		0.000	0.001；0.001；2.923
参与政治	0.000	0.000		0.000	0.000；0.001；0.001
废品分类	0.589	0.000	0.000；0.000；0.005	0.000	
尽力节约能源	0.300	0.000	0.000；0.000；0.064	0.000	
对全球局势有责任感	0.001	0.000		0.000	0.000；0.000；0.727
避免自然资源浪费	0.047	0.000	0.000；0.000；1.000	0.000	
赞赏诚实工作	0.000	0.000		0.000	0.001；0.000；0.084
对移民宽容	0.481	0.000	0.003；0.000；0.972	0.000	

续表

	方差齐性检验	Anova 显著性 *	Tukey 显著性 * 1—2；1—3；2—3	K-W 显著性 *	K-W 成对比较显著性 * 1—2；1—3；2—3
值得信任性					
法院	0.000	0.000		0.000	0.000；0.000；0.001
医疗服务	0.000	0.000		0.000	0.000；0.001；0.485
教会	0.000	0.000		0.003	0.011；0.032；1.741
军队	0.109	0.005	0.021；0.012；1.000	0.001	
警察机构	0.037	0.166	0.947；0.168；0.367	0.114	
学校	0.956	0.749	0.729；0.956；0.876	0.756	
高等教育	0.004	0.000		0.000	0.001；0.017；0.531
一些陈述					
芬兰社会正变得更不公正	0.000	0.000		0.000	0.000；0.000；0.564

续表

	方差齐性检验	Anova 显著性 *	Tukey 显著性 * 1—2; 1—3; 2—3	K-W 显著性 *	K-W 成对比较 显著性 * 1—2; 1—3; 2—3
公民的不平等情况正在增加	0.000	0.000		0.000	0.000; 0.000; 0.023
收入差距将增大	0.000	0.000		0.000	0.000; 0.000; 0.020
不平等不应伤害到最弱势群体	0.000	0.000		0.000	0.000; 0.000; 0.001

* Anova=单向方差分析。

* Tukey=图基检验。1—2 年龄组间的比较中，1=年轻人，2=中年人；1—3年龄组间的比较中，1=年轻人，3=老年人；2—3 年龄组间的比较中，2=中年人，3=老年人。

* K-W=克鲁斯卡尔—瓦利斯方差分析，用于根据方差齐性检验不满足单向方差分析条件的情况。

* K-W 两两比较=使用作为克鲁斯卡尔—瓦利斯方差分析基础的撒吉尔和卡斯特兰方法进行的两两比较。1—2 年龄组间的比较中，1=年轻人，2=中年人；1—3 年龄组间的比较中，1=年轻人，3=老年人；2—3 年龄组间的比较中，2=中年人，3=老年人。

统计显著性的值为：$p<0.001$=非常显著；$p<0.01$=显著；$p<0.05$=不显著。

参考文献

Beetham D (1991) *The Legitimation of Power: Issues in Political Theory*. Basingstoke: Macmillan.

Boatright RG (2001) Generational and age-based differences in attitudes towards jury service. *Behavioral Sciences and the Law* 19: 285–304.

Borg S, Ketola K, Kääriäinen K, Niemelä K and Suhonen P (2007) Uskonto, arvot ja instituutiot. *Suomalaiset World Values -tutkimuksissa 1981–2005* [Religion, Values and Institutions. Finns in the World Values Research 1981–2005]. Tampere: Yhteiskuntatieteellinen tietoarkisto.

Christensen T and Laegreid P (2005) Trust in government: The relative importance of service satisfaction, political factors and demography. *Public Performance and Management Review* 28(4): 487–511.

Comte-Sponville A (2003) *A Short Treatise on the Great Virtues: The Uses of Philosophy in Everyday Life*. London: Vintage.

Corsten M (1999) The time of generations. *Time & Society* 8: 249–272.

Denhardt K (1989) The management of ideals: A political perspective on ethics. *Public Administration Review* 49(March/April): 187–193.

Dworkin R (2004) Equality of resources. In: Clayton M and William A (eds) *Social Justice*. Malden, MA: Blackwell Publishing, 110–133.

Erkama N (2010) *Critical Approaches to Global Organizational Restructuring: Discursive Struggles over Legitimation and Resistance*. Helsinki: Helsinki School of Economics.

Eyerman R and Turner BS (1998) Outline of a theory of generations. *European Journal of Social Theory* 1(1): 91–106.

Frederickson HG and Walling JD (2001) Research and knowledge in administrative ethics. In: Cooper TL (ed.) *Handbook of Administrative Ethics*. New York: Marcel Dekker, 37–58.

Garofalo C and Geuras D (1999) *Ethics in the Public Service: The Moral Mind at Work*. Washington, DC: Georgetown University Press.

Garofalo C, Geuras D, Lynch TD and Lynch CE (2010) Applying virtue ethics to the challenge of corruption. *The Innovation Journal*. Available 4 August 2010 at: http:www.innovation.cc/scholarly-style/virtue-ethics-corruption.htm.

Guy ME (1990) *Ethical Decision Making in Everyday Work Situations*. Westport, CT: Quorum Books.

Hannan C (1992) *Dynamics of Organizational Populations*. Oxford: Oxford University Press.

Hart DK (1974) Social equity, justice, and the equitable administrator. *Public Administration Review* 34(1): 3–10.

Hart DK (2001) Administration and the ethics of virtue: In all things, choose first good character and then for technical expertise. In: Cooper TL (ed.) *Handbook of Administrative Ethics*. New York: Marcel Dekker, 131–150.

Hofstede G (1980) *Culture's Consequences: International Differences in Work-related Values*. London: Sage.

Jansson J-M (1993) *Politiikan teoria* [A Theory of Politics]. Helsinki: Tammi.

Jurkiewicz CL (2000) Generation X and the public employee. *Public Personnel Management* 29(1): 55–74.

Jurkiewicz CL and Brown RG (1998) GenXer vs boomers vs matures: Generational comparisons of public employee motivation. *Review of Public Personnel Administration* 18(4): 18–37.

Lähdesmäki K (2010) *Hyvää hallintoa – ketä kiinnostaa? Nuorten käsityksiä hyvästä hallinnosta ja reilusta yhteiskunnasta* [Good governance – Who cares? Youth perspectives on good governance and fair society]. Proceedings of the University of Vaasa, Research Paper 292. Vaasa University.

Lawton A (1998) *Ethical Management for the Public Services*. Buckingham: Open University Press.

Lawton A and Doig A (2006) Researching ethics for public service organizations: The view from Europe. *Public Integrity* 8(1): 11–33.

Listhaug O (1984) Confidence in institutions: Findings from the Norwegian Values Study. *Acta Sociologica* 27(2): 111–122.

Lynch TD and Lynch CE (2006) Aristotle, MacIntyre, and virtue ethics. In: Lynch TD and Cruise PL (eds) *Handbook of Organization Theory and Management: The Philosophical Approach*, 2nd edn. New York: Taylor & Francis, 55–73.

MacManus SA (1996) *Young v Old: Generational Combat in the 21st Century*. Boulder, CO: Westview Press.

Meriac JP, Woehr DJ and Banister C (2010) Generational differences in work ethic: An examination of measurement equivalence across three cohorts. *Journal of Business and Psychology* 25(2): 315–324.

Menzel DC (2007) *Ethics Management for Public Administrators: Building Organizations of Integrity*. New York: ME Sharpe.

Morgan DF (2001) The public interest. In: Cooper TL (ed.) *Handbook of Administrative Ethics*. New York: Marcel Dekker, 151–178.

Nooteboom B (2002) *Trust: Forms, Foundations, Functions, Failures and Figures*. Cheltenham: Edward Elgar.

Parsons T and Smelser NJ (1964) *Economy and Society*. New York: The Free Press of Glencoe.

Pierson C (1996) *The Modern State*. London: Routledge.

Putnam RD (2000) *Bowling Alone: The Collapse and Revival of American Community*. New York: Simon & Schuster.

Rawls J (1973) *A Theory of Justice*. Cambridge, MA: Harvard University Press.

Rawls J (2001) Constitutional liberty and the concept of justice. Original 1963. In: Freeman S (ed.) *Collected Papers: John Rawls*. London: Harvard University Press, 73–95.

Rawls J (2004) On justice as fairness. Original 1958. In: Clayton M and Williams A (eds) *Social Justice*. Oxford: Blackwell, 49–84.

Salminen A (2006) Accountability, values and the ethical principles of public service: The views of Finnish legislators. *International Review of Administrative Sciences* 72(2): 171–185.

Salminen A and Ikola-Norrbacka R (2009) *Kuullaanko meitä? Eettinen hallinto ja kansalaiset* [Are we being heard? Ethical governance and citizens]. Proceedings of the University of Vaasa, Research Paper 288. Vaasa University.

Salminen A and Ikola-Norrbacka R (2010) Trust, good governance and unethical actions in Finnish public administration. *International Journal of Public Sector Management* 23(7): 647–668.

Siegel S and Castellan NJ (1988) *Nonparametric Statistics for the Behavioral Sciences*, 2nd edn. New York: McGraw-Hill.

Six F and Huberts L (2008) Judging a public official's integrity. In: Huberts LWJC, Maesschalck J and Jurkiewicz CL (eds) *Ethics and Integrity of Governance: Perspectives across Frontiers*. Cheltenham: Edward Elgar, 65–82.

Smola KW and Sutton DC (2002) Generational differences: Revisiting generational work values for the new millennium. *Journal of Organizational Behavior* 23(4): 363–382.

Solomon RC and Murphy MC (eds) (1990) *What is Justice? Classic and Contemporary Readings*. New York: Oxford University Press.

Stivers C (2001) Citizenship ethics in public administration. In: Cooper TL (ed.) *Handbook of Administrative Ethics*. New York: Marcel Dekker, 583–602.

Thomas G (2000) *Introduction to Political Philosophy*. London: Duckworth.

Twenge JM (2010) A review of the empirical evidence on generational differences in work attitudes. *Journal of Business and Psychology* 25(2): 201–210.

Van de Walle S (2008) Perceptions of corruption as distrust? Cause and effect in attitudes toward government. In: Huberts LWJC, Maesschalck J and Jurkiewicz CL (eds) *Ethics and Integrity of Governance: Perspectives across Frontiers*. Cheltenham: Edward Elgar, 215–236.

Van de Walle S, Van Roosbroek S and Bouckaert G (2008) Trust in the public sector: Is there any evidence for a long-term decline? *International Review of Administrative Sciences* 74(1): 47–64.

Villa D (2001) *Socratic Citizenship*. Princeton, NJ: Princeton University Press.

Warren ME (2006) Democracy and deceit: Regulating appearances of corruption. *American Journal of Political Science* 50(1): 160–174.

Weber M (1978) In: Roth G and Wittich C (eds) *Economy and Society*. Berkeley: University of California Press.

Decent citizenship, justice and trust as cornerstones of legitimation: tensions between generations in Finland

Ari Salminen, Kirsi Lähdesmäki and Rinna Ikola-Norrbacka

University of Vaasa, Finland

Abstract

The aim of this article is to analyze ethical issues related to the problem of legitimation. The article discusses the tensions of legitimation in light of three ethical topics: decent citizenship, trust, and justice and equality. Citizens' assessments of ethics and tensions of legitimation are described and discussed in the context of Finnish society. Special attention is paid to the question of whether generational gaps matter. Are the perceptions of the three different generations (age-groups) distinctive and can these perceptions be explained by the gap between generations? The results of this study show that there are ethical considerations where the generation seems to make a difference. The youth, in particular, differ very significantly in their attitudes and opinions from the other two age-groups. Thus explanations based on the generational factor have proven relatively strong. The differences between the generations were evident in many ethical statements which are presented in more detail in the article. The empirical evidence of the study is based on two large batches of empirical data. Both are surveys implemented in Finland in 2008 and 2009. The first one is a citizen survey of 5000 Finnish citizens. The second survey is a youth survey of 1130 Finnish school students.

Points for practitioners

The article will be of interest to practitioners in describing Finnish citizens' current perceptions about such ethical issues as decent citizenship, justice and equality as well as trust. The study reveals the differences in ethical valuations between the three age-groups. The article also provides a theoretical framework which can help in understanding tensions of legitimation through chosen ethical values.

Keywords

decent citizenship, ethics, justice, legitimation, trust

审校辅助人员：田宇瑛　曾军荣

国际行政科学评论

英国廉正管理与公共服务精神的塑造:“百衲被”还是“破毛毯”?

保尔 M. 海伍德①
Paul M. Heywood
翻译:李 倩 审校:周志忍

【摘 要】 本文研究的是当前英国公共生活中的“廉正管理”(Integrity Management)。尽管英国公务员队伍具有较好的廉正传统,但近来有人认为,英国模式就像一张东拼西凑的“百衲被”——制度角色定位不明,独立性存疑,在推广和保障合德行为的最佳途径上存在争议。英国公共服务精神的塑造具有强调非正式行为准则和道德规范的传统,本文所要探讨的是,在公共服务供给模式系统改革的大背景下,这一传统经历了什么样的演变轨迹。我们认为,公共服务供给的分权化改革,一方面会导致廉正管理的集中化和制度化,另一方面又与这一集中化和制度化发展趋势存在冲突。其表现之一,就是廉正管理中“遵从导向”(compliance-based)和“价值导向”(value-based)两种路径的内在张力。文章内容分为三部分。第一部分回顾公共服务精神塑造的发展轨迹,从而把廉正管理置于其制度和结构背景之下。第二部分梳理总结学术界的相关争论和一些核心机构提出的政策建议,包括公共生活标准委员会(CSPL)和下议院公共行政特别委员

---

① 保尔 M. 海伍德任英国诺丁汉大学(University of Nottingham)欧洲政治(European Politics)专业教授、社会科学院(the Faculty of Social Sciences)院长。他也是湖南大学廉政研究中心(the Clean Governance Center)的顾问、兼职教授。

通信地址:University of Nottingham, University Park, Nottingham, NG7 2RD, United Kingdom。e-mail: paul. heywood@nottingham. ac. uk

会(PASC)的建议。结果表明，"设立独立法定机构进行伦理监察"的设想并未完全践行。最后一部分将英国经验置于国际环境下做进一步探讨。这样，本文对廉正管理的论述不仅展示了对这一概念的不同理解，而且立足英国和国际经验，反映了实践应用模式的多样化。

对实践工作者的启示

本文探讨英国廉正管理中价值导向和遵从导向两种路径之间的内在冲突，并试图探讨价值导向和"公共服务精神"留存与再生的内在关联。新公共管理改革对公共服务精神形成新的挑战，公共部门大量丑闻的出现使得回应措施更倾向于遵从导向。公共服务精神包含一些核心价值，而问责机制则以定量的可评估的绩效指标为基础，实现两者之间的合理平衡，是廉正管理机制设计的关键。

【关键词】 责任；审计；公务员；伦理；善治；公共管理

一、引言

2010 年 4 月通过的《英国宪政改革与治理法》"确立了公务员及其核心价值——廉正、诚实、客观和公正——的法定地位。也就是说，除非议会重新审查批准，公务员的价值和准则不会再做更改。一般情况下，公务员的聘用以功绩制和公平竞争为原则"(Civil Service，2010)。新法律的出台得到了广泛拥护。内阁秘书长格斯·奥唐奈(Gus O'Donnell)指出，"这些价值昭示了公务员队伍的最佳状态"，公务员委员会首席长官戴穆·珍妮特·帕拉斯凯沃(Dame Janet Paraskeva)认为，"这是历史性的时刻，法案的通过将有利于保证公务员的公正性和独立性"(Civil Service，2010)。

毫无疑问，2010 年的法律是英国廉正管理迈出的重要一步；但它也让廉正管理体系变得模糊混乱，公务员与部长的关系上尤为如此。在过去的 30 年里，公务员的主要职责逐渐从政策建议转到了公共服务供给，他们和部长的关系以及伦理监察的性质也因此改变(Chapman and O'Toole，2009)。目前英国至少有 15 个不同的国家级伦理监察机构(见表 1)，在苏格兰和威尔士地区有各自不同的制度安排，只有部分机构具有法定地位。2004 年《透明国际——英国研究报告》(*Transparency International UK study Report*)对此评论道：目前的伦理监管环境十分混乱，就如我们所听到的那些形容一样——"百衲被""智力拼图""复杂棋局"(Transparency International，2004：63)。公共行政特别委员在 2007 年提交的报告《伦理

与标准:公共生活中的行为规制》中这样写道:

英国的行政体系中包含大量与政府“保持适当距离”的机构,旨在确保政府履职的正当性。它们有着各式各样的功能:有些关注支出的正当性和效率,如国家审计署和审计委员会;有些关注行政行为的正当性,如议会行政监察专员和公务员委员会专员;还有机构负责处理其他伦理问题。事实上,我们很难区分“伦理性”和“行政性”……要想把握“伦理”的真正含义可没那么容易。(PASC,2007:5)

表1 英国伦理监察机构

简称	机构全称	最近动向
C&AG	国家审计署(Comptroller and Auditor General)(核心——法定)	大量境外支出丑闻和独立监管的缺乏,促使其采用2007年泰纳报告提出的新治理结构
Ombudsman	议会暨卫生监察专员署(Parliamentary and Health Service Ombudsman)(核心——法定)	对其作为“代议制民主附属品”或“对公众直接负责的机构”的角色存在争议
IC	信息监察专员署(Information Commissioner)(核心——法定)	因为资金来源和资助水平之间的利益冲突,有人认为应该让其隶属于议会
EC	选举监察专员署(Electoral Commissioner)(核心——法定)	公共生活标准委员会认为EC缺乏魄力和自信,议员们认为它缺乏实际政治经验,因此效能低下
CSPL	公共生活标准委员会(Committee on Standards in Public Life)(内阁办公厅——非法定)	CPSL隶属内阁办公厅,它要监察同属内阁办公厅的其他机构,PASC认为这不妥当
CSC	公务员委员会(Civil Service Commissioners)(内阁办公厅——法定)	2010年宪政改革与治理法确立了公务员道德准则的法律地位
PAC	公职人员委任监察专员署(Public Appointments Commissioner)(内阁办公厅——非法定)	2010年宪政改革与治理法并没有提到公职人员委任监察专员署(OPAC),这会导致监察机构之间的冲突

续表

简称	机构全称	最近动向
BAC	企业聘任委员会(Business Appointments Committee)[内阁办公室——非部委公共机构(NDPB)]	委员会由上层精英组成受到批评;有人担心政府和企业之间的“旋转门”会带来不良影响
HLAC	上议院委任委员会(House of Lords Appointments Committee)(内阁办公厅——非法定)	2005 年否决了 4 名上议院候选人的任命,理由是他们私自向政党提供贷款
EHR	平等与人权委员会(Commission for Equality and Human Rights)(法定——非部委公共机构)	CRE 前主席奥西利公爵认为,非部委公共机构模式是政府对任命权的不当干涉
SA	英国统计局(UK Statistics Authority)(法定——非部委公共机构)	根据 2007 年的《统计与注册服务法》于 2008 年成立,监督官方数据的统计与公布
JAC	司法委任委员会(Judicial Appointments Commission)(法定)	按照“功绩制原则”为司法办公室选拔任用人才的独立委员会,该职责以前由大法官承担
IAMI	部门事务独立顾问(Independent Adviser on Ministerial Interests)(非法定——由下议院议员个人任命)	负责调查《部长守则》的遵守情况;PASC 的评价是:所谓的“独立顾问”其实跟“独立”没有关系,也与“问责制”的内在要求格格不入
AC	审计委员会(Audit Commission)(法定)	新一届联合政府将予以合并
SE	英格兰标准局(Standards for England)(法定)	该机构的设立一方面是为了回应诺兰报告,另一方面也是为了解决地方政府存在的标准失范问题
PSC	议会标准专员署(Parliamentary Standards Commissioner)(官方非法定)	CSPL 第八次报告认为,由于缺乏明确的法律定位,该机构作为独立宪法审查部门与议会普通雇员之间的区别不明晰

报告特别指出，约束政治权力是高级文官的一项宪法义务，但由于部长们热衷于任命“特别顾问”，公务员的地位实际上不断下降，这使得法定义务与廉正管理的实际运作相互脱节。

行文至此，两个问题自然而然地摆在了我们面前。第一，为什么英国廉正管理的制度结构如此复杂含混？第二，既然公共部门的道德水准值得引以为傲，为什么还需要这么复杂的管理结构？回答上述问题，我们需要回顾一下英国公务员管理的特征，并分析这些特征与国际廉正管理发展趋势之间的关系。廉正管理指一个正式的制度框架，旨在保证人们的行为符合道德，践行社会公认的诚实、公平等原则，并遵守法律规范（Behnke and Maesschalck，2006）。这里不能不提到新公共管理（NPM）改革的重大影响。新公共管理的特点是绩效导向的企业式管理，强调公共服务的竞争性合同外包，通过民营化、人员精简和分权化来提高效率。有人说新公共管理改革实现了从官僚制政府到企业型政府的范式转换（Osborne and Gaebler，1992），但它也引发了私人部门价值与公共部门传统责任规范之间的冲突（Doig and Wilson，1998）。新公共管理改革已成为世界潮流，反映了政府规模、角色和功能方面的重大变革。这一结构上的根本性变化，要求公务员和政务官的廉正管理体系做出相应的调整。

尽管公共部门精神（public sector ethos）和公共服务精神（public service ethos）两个概念常常交互使用，但本文采纳贝瑞特和坦波（Breteton and Temple，1999）的做法对二者作了区分。前者涉及公务员的政治承诺，即遵守政治中立和公正原则，为公共利益努力工作（John and Johnson，2008：106）。从历史发展来看，英国并不像其他地方那样，依靠明确的规则和成文规范来保证公务员的政治承诺。后者则涉及传统行政伦理与企业理念的有机结合，比如效率和资金的价值等。改革不仅把私营部门行动者引入公共领域，而且催生了新的伦理监管形式。新公共管理改革弊端显现导致的变革压力，加上 20 世纪 90 年代早期一系列政治丑闻使政府的公信力严重受损，人们对现有监管体系的合理性产生了怀疑，并质疑公务员、部长和特别顾问三者关系的演变趋势。

本文认为，监管体系的结构性混乱，反映了廉正管理中价值导向和遵从导向两种路径之间的内在张力。价值导向的公共管理将品德嵌入人力资源管理，营造伦理氛围，制定行为准则，并对雇员进行道德意识方面的培训（Anechiarico and Goldstock）。遵从导向的公共管理则强调对规则和程序的遵守（Huberts et al.，2008：282）。程序一经正式确立便成为监管的依据，一旦有违规行为的发生，特定人员（如监察专员）有权依据程序，对指控进行调查。一直以来，廉正管理制度体系的重大改革具有碎片化和被动应付的特征。改革总是由丑闻或特殊事件所触发，而不是以系统整合的方式推进。本文以公务员和部长及其运作的制度和司法框架为例,探讨英国廉正管理体系发展过程中的内在局限和冲突。

二、英国廉正管理:从“自鸣得意”到“危机四伏”

一直以来,英国被视为公共生活中道德水平的典范。摩尔和史密斯(Moore and Smith,2007:3)指出,正如阿尔蒙德和维巴(Almond and Verba,1963)的经典著作所言,英国有着“理想的公民文化”:开放、认同、廉洁以及积极透明的公民参与。英国公共生活的伦理标准堪称典范,诸如斯坦利(Stanley)(1948)、普罗富莫(Profumo)(1963)、鲍尔森(Poulson)(1972)一类的丑闻只是小概率事件,事后也得到了快速妥善的处理。英国公务员尤其以恪守廉正、诚实、客观、公平等信条而著称,这可以说是1854年《诺斯科特—屈维廉报告》(Northcote-Trevelyan report)以来英国职业公务员队伍的基本特征。霍尔丹模式(Haldane model)(源于与之齐名的1918年报告)拉近了部长和公务员之间的关系。虽然宪法规定部长对部门行为负最终责任,但1945年出现的专业化的议会特别委员会,促使公务员就政策问题向公众直接负责(Chapman and O'Toole,2009)。一个例子是1954年的克里切尔高地事件(Crichel Down Affair),公务员强购农地时存在行政失当和权力滥用行为。农业部长托马斯·达格代尔(Thomas Dugdale)以富有责任感的方式辞去了职务。事后证明,达格代尔早就知情并纵容下属的行为,事发后还曾试图推卸责任。虽然达格代尔已经辞职,但该事件的处理明确了一点,“部长责任制并不要求部长将错误归咎于自己”(Wheare,1973:58);如果因公务员个人原因发生不当行政行为,部长可以免受指责。这一事件催生了1967年的监察专员(the Ombudsman)制度,并为处理民怨提供了先例。

直到1997年,安德鲁·阿多尼斯(Andrew Adonis,1997:103)(现为爵士)还认为,“英国被视为工业化民主国家中的廉政典范,英国自己也深信不疑”。然而,当历届政府不断发生政治丑闻时,这种自信受到了日益强烈的冲击。虽然丑闻主要涉及部长的不当行为,但也同时出现了被胡德和洛奇(Hood and Lodge,2007)称作“公务员改革并发症”的现象。这一趋势在1979—1997年保守党执政期间已见端倪,一直持续到1997—2010年工党执政期间。

一般认为,公共部门重构——民营化、合同外包、市场检验、成本意识、消费者选择、绩效管理以及统一文官体系的瓦解——破坏了廉正管理的传统伦理基础(Carr,1999:7)。从1979年开始,高级文官的政策职能不断弱化,管理和绩效功能则不断增强。1981年,文官部被撤销,相关权力移交给首相办公室和内阁办公厅。1982年的财务管理新方案(Financial Management Initiative,FMI)试图实现资源管理制度化并树立成本意识(Gray et al.,1991)。财政部的持续监督意味着,当时的公务员监管制度并未受到巨大冲击(Vandenabeele and Horton,2008)。然而,“执行机构”的设立突出了绩效导向的管理,同时削弱了财政部的影响。执行机构致力于推动战略转型,以实现外部赋予的提高效率和效益等目标(McHugh,1998)。这表明政府事务越来越多地转向私人部门,公务员开始吸收私人部门的价值和理念。麦克休(McHugh,1998:54)对这种激进转型的可行性表示怀疑,因为大部分雇员早已融入原有组织文化,制度惯性已经形成。就算现存制度“与社会流行的价值越来越难以协调”(Vandenabeele and Horton,2008:18),还是有人不愿抛弃延续已久的公共部门精神。

一个相关问题是,人们先前认为,“部长与议会、公务员关系上的道德规范已有共识,部长明确这些规范中的核心原则”,现在看来这一看法越来越站不住脚(O'Toole,2006:41)。大量公务员丑闻——如克莱夫·庞廷(Clive Ponting)和萨拉·缇索尔(Sarah Tidsall)泄密事件和斯科特报告(the Scott Report)[1]中披露的大量事件——表明,部长们持续违反了《部长工作指南》。该指南由二战后的克莱门特·艾德礼(Clement Attlee)政府制定,约翰·梅杰(John Major)1992 年首次将之公布于众。这样做部分出于梅杰的“开放政府”理念,也因为他对统治者和被统治者之间的信任缺失日益感到不安(O'Toole,2006:41)。布莱尔政府 1997 年用《部长守则》(The Ministerial Code)代替了《部长工作指南》,守则指出,“部长应遵循公务员政治公正的原则,不得要求公务员做出任何违背《公务员守则》的行为”(PASC,2006:§1 i,ii,iii,ix)。然而,2010 年最新出台的守则(§1.5,7)却规定:

首相信任是部长们得以留任的主要条件。部长的行为应该遵循什么样的道德标准,违反这些标准应该承担什么后果,首相拥有最高裁决权。

奥图尔(O'Toole,2007:122,124)指出,这一规定表明,首相既受到《部长守则》的约束,又可以“对《部长守则》进行‘裁决’”,“在某种意义上,对部长的道德要求几乎成了一纸空文”。

保守党和新工党形塑行政伦理的路径有一个重要共同点,都认为害群之马只是少数个案,“由此忽略了结构性变革或对社会发展趋势的诊察”(Doig,2006:18)。公共部门精神与公共服务精神有机结合的方式之一是失职行为的“个体化”,认为问题出在官员的个人品格(代理人)上,而非不良的制度安排(结构)。事实上,工党开始尝试从不同角度定义“合乎道德的行为”,将其更多地与公共服务“提供机制”联系起来,如通过市场融资和公私伙伴关系实现资金的价值,从而回避了公共权力和私人利益的冲突这一核心问题。具有讽刺意味的是,工党把个人和市场力量置于集体公共利益之上的做法,实际上源于“新右派”的政治理念(Elcock,2006)。

不能把公务员制度和公共部门改革与政治丑闻的出现直接挂钩。不过,公务员传统公共部门精神的瓦解确实给人一个印象:公共部门正在经历巨大改变,败德行为有增无减,因此面临着全新的挑战。在某种程度上,政治丑闻频出反映了后冷战时代全世界对腐败问题的关注不断升温,其背后的驱动力则是急剧变化的世界格局所引发的政治动荡(Heywood and Krastev,2006)。但同时也表明,英国公务服务精神的宝贵遗产正在走向真正的衰退。1993 年约翰·梅杰发起的“回归本原”运动虽然备受争议,但却隐含着对伦理标准和“英国传统价值”走向衰落的忧虑:“我们生活在一个变化迅速令人难以招架的世界,曾经的定论不断瓦解,传统价值日益式微,人们陷入了困惑之中。”(Major,1993)

这一变化的副产品之一是,人们对治理的过程越发关注。尽管自己陷入困惑和迷茫,人们对政治的不信任感却与日俱增,甚至变得愤世嫉俗。正如贝瑞特和坦波(Brereton and Temple,1999:455)所言,“这种道德不安感是真实的”;从前政治丑闻只是零星个案,现在似乎习以为常。《观察家》(*The Spectator*)杂志 2009 年 7 月刊登了一份虽不那么严谨但也算全面的“英国 50 大政治丑闻”清单,其中有 37 起发生在 1980 年以后。

三、“价值导向”与“遵从导向”

约翰·梅杰的评论产生于保守党政府麻烦缠身的背景之下(Doig and Wilson,1995:21—22)。一连串丑闻引起社会的高度关注,一些涉及性丑闻,还有一些则对政府公信力造成了很大伤害(特别是经济问题)。这些丑闻促使梅杰成立了公共生活标准委员会(CSPL),又称诺兰委员会(the Nolan Committee),负责对公职人员的行为标准进行审查。

“在所有规模庞大、不断发展且耗资巨大,几乎囊括了所有公共领域的公务员行为监管机构中,公共生活标准委员会(CSPL)位于金字塔的顶端。”(O'Toole,2007:113)它是一个高规格顾问机构,就公共生活的方方面面(政党募资、地方政府行为准则、议员津贴等)发布了一系列有着深远影响的报告。公共生活标准委员会倾向于价值导向的廉正管理,强调遵守公共生活的七项原则:无私、正直、客观、负责、开放、诚实、富有领导力。这些“诺兰准则”成为公共部门一切活动的指导性规范。它们在传统公共部门的伦理框架内运作,部分原因是人们不认为立法是确立伦理标准的最佳方式。另外一个原因是,新公共管理旗帜下的管理改革缺乏与之配套的宪政改革,使得立法具有零敲碎打、被动应付的特征。虽然在丑闻和特定事件的刺激下许多政策建议相继出台,但它们都较少深入到整个监管体系的层面(Gay and Winetrobe,2008)。

以诺兰准则为基础,公共管理办公室(the Office for Public Management,OPM)、英国特许公共财务会计师公会(the Chartered Institute of Public Finance and Accountancy,CIPFA)和约瑟夫·朗特里基金会(the Joseph Rowntree Foundation)合作,设立了公共服务善治独立委员会(the Independent Commission on Good Governance in Public Services),致力于建立一整套准则体系来实现公共服务的善治目标。该委员会2004年出台了名为《公共服务的善治标准》的报告(OPM and CIPFA,2004),采用的也是价值导向而非遵从导向的方法:

我们呼吁政府机构公布实施《标准》的情况,公开解释如何根据组织类型和规模因地制宜地践行相关准则。这实际上是要求组织证明,他们实践了《标准》力图促进的善治精神,而这些是“规则”和“程序”做不到的。

虽然该报告在公共机构责任和规范方面提出了一个内在一致的框架(Doig,2006:17),但它并没有打破英国伦理监管的僵局。报告重复着1995年公共生活标准委员会最初的论调——为了维护伦理标准,我们有必要“回到紧缩时代”。

下议院公共行政特别委员会(PASC)的第四次报告(the Fourth Report,2007)指出,公共生活标准委员会鼓励将传统的伦理观念与习惯编入准则中,支持成立新的机构来监督准则的履行情况,如英国议会标准监察专员署、公职人员委任监察专员署和选举委员会。不过,对公共生活标准委员会的实际运作、内部一致性和效率方面的批评也在不断增加。在同一份报告中,公共行政特别委员会并不看好公共生活标准委员会的发展前景:直接向上级汇报的模式限制了公共生活标准委员会的行动,这也不符合最初设想的角色定位。同时,预算不独立构成委员会的一大困境。据委员会前任主席阿利斯泰尔·格雷厄姆(Alistair Graham)透露,首相府就曾拒绝公共生活标准委员会对商业任命、荣誉授予、政党募资的调查要求。此外,公共行政特别委员会认为:

公共生活标准委员会隶属内阁办公厅,它要监察同属内阁办公厅的其他机构,这样并不妥当。解决之道是通过立法设一个新“公共标准委员会”,推进和保护伦理监察机构的工作。这至少意味着,大家意识到固定监管模式的必要性。新委员会应该体现并鼓励宪政监督机构的稳定化,并提供一个总的框架,推进整个监管体系的协同发展(Gay,2008:24)。

和公共生活标准委员会一样,公共行政特别委员会对廉正管理和公共生活的伦理标准表现出很大的兴趣。与公共生活标准委员会和公共服务善治独立委员会不同,公共行政特别委员会更倾向于遵从导向。公共行政特别委员会还对其他一些问题进行了研究,包括特别顾问的角色(PASC,2001),裙带政治(PASC,2003),政府和议会核心机构的设立及其行为(PASC,2007),白厅游说活动(PASC,2008),政府内的检举等(PASC,2009)。

公共行政特别委员会在2003年的报告《委任制政府：揭开裙带政治的面纱》中，对不同公共机构中的人员委任情况进行了调查。该报告对"公共机构"的定义比内阁办公厅在《公共机构2002》(*Public Bodies* 2002)中给出的范围要大得多，包括300家执行性非部委公共机构(NDPB)，来自中央和自治政府的530多家咨询性非部委公共机构，5 300余家地方准政府机构和2 300余家公私伙伴关系机构、行动区机构，如此等等(PASC，2003：§9)。《公共机构2002》列出的1 375家中央公共机构中，只有1 163家接受公职人员委任专员署(OCPA)监管；另212家(占总数的15%)游离于独立监管之外(PASC，2003：§20)。此外，还有很多其他机构如公务员委员会、选举委员会、金融服务管理局等，没有被归入非部委公共机构类，也就是说，它们不用接受任何独立监管，让人对这些机构的责任履行情况产生疑问。

《伦理与标准：公共生活中的行为监管》(PASC，2007)明确提到了伦理监管机构的作用。它呼吁确保伦理监管机构的独立性，从而有效审查公共生活、公职任命、部长离任后在企业任职等方面伦理准则的遵守情况。与公共生活标准委员会相比，公共行政特别委员会对现状的批评更严厉，给议会的政策建议更具说服力，但它所推崇的实际上是遵从导向的廉正管理模式。它大力倡导制定《公务员法》，并在2004年给出了自己的版本。虽然公共行政特别委员会赞同提升公务员委员会和上议院委任委员会的法律地位，但同时也指出，这是用碎片化和缺乏内在一致性的方法改革监管体系，因为其他监管机构如公共生活标准委员会、公职任命委员会、企业聘任委员会依然隶属内阁办公厅。报告称，当前的伦理监管体系像一个逻辑混乱、缺乏规划的大拼盘：一系列互不相关的机构，制度设计大相径庭，预算额度肥瘦不均——从16.4万英镑(上院委任委员会)到6 500多万英镑(国家审计署)不等。监管机构重叠混乱问题、监管机构在宪政体系中的定位、监管在提升公信力方面的效果等，引发了人们的关注(PASC，2007：12)。此外，监管活动的增多"改变了人们对政府、议会和公务员在公域行为上的认知"。伦理制度化就是把公务员熟知的道德准则用法律文本固定下来，其意义不亚于"隐秘制宪"(PASC，2007)。公共行政特别委员会的结论是，是时候承认伦理监管是宪政体系中不可或缺、永久的组成部分了。

综合其建议，公共行政特别委员会实际上(2007：§88)倡导一种伦理监管的"学院制模式"：监管者组成类似于独立学院的实体，在法定公共标准委员会的监督下，负责内部的委任、财务、人事、审计等方面的工作(§111)。当议会更多侧重宪法监督职责时，上述独立实体能促使议会和行政部门之间形成伙伴关系(Winetrobe，2008：118)。这种合作是通过与议会和政府均保持适当距离的法定独立委员会来实现的，这样，"议会能更好地履行宪法审查和监督职能，监管机构也能兼顾'独立'与'责任'，从而更好地开展工作”(PASC,2007:§112)。

然而,公共行政特别委员会没有给出上述公共标准委员会的实际运行方案,它与议会之间的责任体系问题也悬而未决。政府对此的回应是——伦理监管机构的独立性“毋庸置疑”,但特别委员会并不同意这一观点(PASC,2007a)。监管机构自身也不愿加大议会监督力度,因为担心议员们会威胁到它们在个案上的决策权。

2007年报告中提到的问题还在持续。2009年,在等待政府的正式回应时,委员会在一份后续报告(PASC,2009a:4)中重申了他们的态度:“监管机构为监督政府而设立,只要其官员由政府任命且财政由政府控制,它们的独立性就值得怀疑,因而是不可接受的。因此,我们敦促政府采用更具内部一致性、原则为本的伦理监管模式,保证伦理监管机构不受行政长官的干预。”监管机构数量激增加剧了整个体系的内部冲突和制度安排的碎片化,为未来埋下了隐患。

然而,在2007年报告的影响下,一些监管机构的细节设计得以明确。各方就“长任期但不得连任”的原则达成共识。政府提出了一个不得连任(通常任期为5年)的监管机构领导职务清单:公务员委员会首席专员、公职委任监察专员、商业委任咨询委员会主席、公共生活标准委员会和上议院委任委员会。政府还宣布,内阁办公厅的两大监管机构——公务员委员会和上议院委任委员会——已经获得法律地位,兑现了2010年宪政改革与治理法的承诺。该法律涉及范围十分广泛,涵盖公务员、议会准则、上议院和下议院议员纳税等方面的内容。它恢复了公务员委员会——该机构曾在1991年被撤销,另设招聘和评估局与公务员监察专员办公室代行其职能。

2010年的法律一定程度上反映了廉正管理中价值导向和遵从导向两种路径的冲突。该法第5条规定,公务员行为准则应由议会批准并对外公布,所有公务员在履行职责时必须要保证廉正、诚实、客观和公正(后两者的适用范围不包括特别顾问)。第9条规定,公务员如果被怀疑有违反准则的行为,可向公务员委员会举报。然而这些规定有很大的局限性:法律并没有授予公务员监察专员“在没有接到举报时自主发动调查”的权力。考虑部门内部的竞争、终身任职制的终结以及绩效压力,公务员会左右权衡要不要正式举报。

法律第8条规定了特别顾问的行为准则:不可核准公款支出,也不能行使与公务员或国家机关相关的管理权力及其他权力。与公务员不同,特别顾问的聘任不需要依据功绩制原则和公开竞争。按规定,顾问也要按照诚实和廉正的原则履行职责,特别顾问数量和履职情况需要进行年度汇报(第16条);但是,当聘任顾问的行政长官离职或政府换届的时候,顾问的任期随之结束。因此和公务员相比,顾问的廉正管理更倾向于遵从导向,其责任完全交给了部长。

法律第28～第40条对下议院议员的财务收益作了规定。另外,第26条规定,由独立议会标准局(Independent Parliamentary Standards Authority,简称IPSA)的监察主任负责对财务违规行为进行调查。该局依据2009年的议会标准法设立。这一合规性审查机构的设立旨在结束议员们自我审查的历史,它将独立地对报销进行审查,提高公共支出的透明度和支出效率。

四、从国际视角看廉正管理

虽然英国的独特路径可部分归因于公共部门和公务员精神在文化和政治上的特殊演进历程,其背后的驱动力绝不限于英国的国内因素:

> 日趋激烈的全球竞争给发达国家带来了财政危机,迫使它们关注公共部门的经济性,进而开展民营化、合同外包、流程再造等等。过去十年中我们看到,最发达的国家纷纷进行了新公共管理改革。对这些国家而言,公共行政正在变成一种“历史文物”(Theobald,1998,转引自Doig,2006:20—21)。

在那些进行新公共管理改革的国家中,市场化加上公务员与外部服务提供者之间的合同关系,已经引发了违反道德和腐败行为。政府合同向外部竞争者开放也为徇私和贿赂大开方便之门——人们普遍认为民营化会加剧腐败(Heywood and Krastev,2006)。此外,分权化改革导致决策和执行职能的相对分离,进而使原来整齐划一的公务员队伍走向多样化。

公务员的败德行为和腐败问题引发了世界对廉正管理的广泛关注。20世纪90年代初期,“伦理管理”或“廉正政策”成为政策研究的重要领域(Behnke and Maesschalck,2006)。其背后的逻辑是,遵从导向的伦理管理应该以“廉正路径”作为补充。这里的“廉正体系”将执法和动机管理结合成为有机整体,包含法规、价值、准则和社会化机制,旨在将廉正深深扎根于公共部门。

作为其反腐倡廉努力的一部分,透明国际于20世纪90年代后期提出要建立国家廉正体系(National Integrity System,NIS)。国家廉正体系类似于希腊神殿(Pope,2000:35—37),一系列支柱支撑起国家廉正体系的上层结构。这些支柱由大量的核心制度、部门和活动所构成,包括反腐倡廉的政治意志、更有作为的议会、负责财务监管的审计长、保护公共利益的检察长、对公共决策流程的维护、司法独立以确保法治、监察专员、独立反腐机构、合理的公共采购流程、健全的财务和会计系统、守法的私营部门、独立媒体塑造的公共意识、公民社会以及支持道德和廉正的国际组织。建立健全廉正体系,需要判别和利用一切机会,在反腐斗争中巩固和利用这些要素。

考虑英国廉正管理战略的特殊发展历程——缺乏明确的宪法结构,

零敲碎打的发展模式等，用希腊神殿来形容英国的体系似乎并不合适。一个可行的替代方案源于“澳大利亚国家廉正体系评估”（the Australian National Integrity System Assessment，NISA）项目（同样由透明国际资助），它用“鸟巢”隐喻取代了教皇的“希腊神殿”说。“鸟巢说”认为，虽然廉正体系理论正确地强调了多样化的制度支撑，但却忽视了核心制度之间的互动和变迁。系统有效性的主流理论解释关注制度的多元性（着眼于平行责任），这“意味着廉正机构既可以独善其身甚至相互冲突，也可以相互合作”（Sampford et al.，2005：96）。“鸟巢”隐喻凸显体系的相互依存和网络化特点，向我们展示了这样一幅图景：“分而弱、合而强”的制度体系联合起来，共同维护和促进易碎产品“公共廉正”。伦理监管机构之间的宪政关系应该视为相互问责的关系，“因为‘平行问责’意味着机构之间要有平等的法律地位和政治权力，这正是目前所缺乏的”（Sampford et al.，2005：98）。

弄清廉正“支柱”之间的实际关系需要区分三个层次的关系模式：宪政、政策和操作。在英国，随着临时性伦理监管机构的大量出现，它们之间在政策和操作层次的关系已基本明确。然而，由于伦理体系法制化进展缓慢，宪政层次的相互联系反而更弱。也就是说，平行的监管机构之间缺乏清晰平等的法律地位。这在一定程度上解释了为什么当前公共部门廉正管理会在遵从导向和价值导向之间摇摆不定。

这方面全球廉正组织（Global Integrity，www. globalintegrity. org）为我们提供了新的思路。全球廉正组织是非政府组织，成立于 21 世纪初，因为首创“廉正指数”而在廉政领域享有国际声誉。它对廉正指数作了如下说明：

> ……运用尽可能透明、客观的方法，测量正面积极而非负面消极的东西（廉洁程度而非腐败程度）。测量重点是相关法规制度体系建设及其实践效果，旨在控制和减少腐败、防止权力的滥用、提升治理水平。（Camerer，2007：154）

廉正指数将公共廉正体系视为“腐败的对立物”，认为其有助于激励官员维持诚实、负责的品德。廉正指数的潜在假设是，公共廉正体系的曝光率越高，腐败发生的概率就越小。它没有测量腐败程度，而是描述“特定国家廉正情况的‘变化趋势’、描绘峰值和谷值，以此审查和限制权力的滥用”（ibid.：156）。廉正指数没有采用直接打分的形式，而是围绕六大领域（公民社会和媒体；选举体系和政党；行政、立法和司法责任；公务员监督和管理；国家审计体系；反腐败机制）设立了指标体系。全球廉正组织尚未用这一指数分析过英国情况。我们有理由相信，英国地方政府廉正得分会比较高，由于 2010 年法律的颁布，公务员体系的得分也比较高，但由于法规的缺失,涉及部长和议员的廉正体系得分相对较低。

伯曼和韦斯特(Bowman and West,2008)讨论了西欧国家公共服务供给过程中“政治交换”和“公民文化”两大因素的作用和影响。“政治交换”基于个人交往、恩惠以及用职务换取政治支持,这容易导致任人唯亲和浪费,因此也容易滋生腐败。“公民文化”的核心价值是公共利益,它基于普适性规则、公平对待、职业道德和公共资源管理的基础上,出发点是公共利益而不是个人利益。所有自由政治体系都包含上述两大因素的成分,但新公共管理改革带来新的挑战,使多数欧洲民主国家中公民文化日趋淡化,政治交换色彩日益突出。

伯曼和韦斯特指出,虽然我们很难概括欧洲公务员改革的特点,但是通过考察西欧南北部的差异,还是可以判别出结构和指导原则上的一些趋同趋势。公务员制度上的南北差异主要体现为“合同制”与“常任制”的分野。前者流行于北欧国家,仿照私营部门,根据岗位所需的技能雇用人员,不是铁饭碗。后者流行于意大利、西班牙、葡萄牙和希腊,公务员是终身制职业,工作稳定有保障。合同制下公务员“政治化”的风险比较大,因为对当政者忠诚易于获得职业奖赏。

政治化风险不一定来源于职务常任。英国终身任职制的终结和公务员任期灵活化导致了特别顾问数量的激增,他们由部长任命并对部长负责,也不需要践行公正与客观的原则。部长和高级文官之间的关系越来越政治化,这一趋势始于1979—1997年保守党执政时期,在布莱尔的“沙发政治”中达到顶峰。按照批评者的说法,沙发政治的核心特征是非正式决策,有经验的公务员被迫靠边站,政治任命的政策顾问日益受青睐。正如奥图尔(O'Toole,2007:123)所说,公务员的政策功能

> 已经被其他力量所取代,比如“智库”“政策沙皇”“政策特别小组”,还有最重要的——特别顾问。如此一来,对公务员的道德要求更加形式化,传统公共服务的伦理色彩也逐渐淡化。

顾问们不受既定程序规则的约束,也无视其他宪政保障措施:只要认为有损政府效率,对咨询、协商、完整记录等要求不屑一顾。这极大地改变了部长和公务员之间的关系(Chapman and O'Toole,2009:10)。谈及伊拉克战争之前的情报收集和仅限部分部长与特别顾问参加的秘密会议时,巴特勒(Butler)公爵这样评价道:“只相信特别顾问而不听取公务员的看似保守的意见,这是不明智的。”(Butler,2004)虽然2010年的法律明确了特别顾问的角色和数量,但在新的联合政府时期,特别顾问的活动依然是一个备受争议的议题。可以说,如果把政治任务(部长职责)和管理任务(日常行政)分开观察,我们正在经历一个中心职责政治化、外围职责民营化的历史进程(Bowman and West,2008:188)。

五、结论

公务员和公共服务管理的最近趋势让人不得不提出“责任”问题(O’Toole,2006:44)。英国人开发的责任评估体系却基于实证主义,相信“复杂的公共服务可进行拆分归类,然后相应设计可衡量的绩效指标进行科学评估”(Clark,1996:24)。然而,这种定量方法与长期指导公共部门的公正、信任、公平等准则难以和谐共处,因为这些准则本质上是定性的。有人指出:“考核一旦取代美德和信任就会失效。”(Barberis,2001:121)道恩·奥利弗(Dawn Oliver)在向公共行政特别委员会作证时指出:“伦理监管机构的创立标志着以信任为基础的体制已走向崩溃,同时意味着公务员不值得信任……如果信任和可信赖信念荡然无存,纵使监管机构能制止公共服务机构中的败德行为,也可能会引发更多的不信任、更多的不道德行为和条文主义者(遵守法规条文而非其精神),尤其当他们认为可以规避责罚的时候。”(PASC,2007:7)巴贝瑞斯(Barberis,2001:124)也指出:“应该与过度审计和‘数字管理’保持距离,它们有自身的局限性,滥用会腐蚀公共服务精神。”但另一方面,卡尔(Carr,1999:5)强调不能完全依赖“过时的”公共服务价值,外部监督和法律制裁——遵从导向的措施——应该取代对主观责任感的依赖。如果公共部门的“定性”特质发生了改变,测量、控制和监督机制必须随之改变。

2010 年宪政改革与治理法是核心廉正价值制度化的一次尝试,特别对公务员而言。然而,在公务员制度重构渐进推行的背景下,其作用尚未充分发挥。在公共生活结构和功能已发生质变的情况下,英国公共部门的价值和传统能否制度化以及如何走向制度化,我们只能拭目以待。因此,如果说公共部门精神是精英价值制度化的产物,那么它的解体并被更广泛的公共服务精神所取代,并不等于公共生活伦理标准的下降,而是对标准本身的重新界定。

致谢

感谢我的研究助理汤姆·博瑟尔(Tom Purcell),感谢两位匿名评审人的宝贵建议,感谢伊安·斯科特(Ian Scott)、伊安·泰尼(Ian Thynne)、公婷(Ting Gong),基斯·范·德爱克(Gees van der Eijk)、乔纳森·露丝(Jonathan Rose)和玛丽·文森特(Mary Vincent)。本文以提交给“合作治理与廉政管理(Collaborative Governance and Integrity Management)”会议的文章为基础而写成,该会议由香港廉政公署廉政建设研究中心(Independent Commission against Corruption’s Centre of Anti-corruption Studies)举办,会议召开时间为 2010 年 9 月 16—17 日。

注释

[1]《斯科特报告》(The Scott Report)还披露了一份1992年的司法调查结果，内容是20世纪80年代向伊拉克出售武器的情况。调查显示，国防部长埃兰·克拉克(Alan Clark)承认，在向议会汇报部门情况及其下属公务员行为时，对真相有所隐瞒。

参考文献

Adonis A (1997) The UK: Civic virtue put to the test. In: Della Porta D and Mény Y (eds) *Democracy and Corruption in Europe*. London: Pinter, 103–117.

Anechiarico F and Goldstock R (2007) Monitoring integrity and performance: An assessment of the independent Private Sector Inspector General. *Public Integrity* 9(2): 117–132.

Barberis P (2001) Civil society: Virtue and trust: Implications for the public service ethos in the post-modern world. *Public Policy and Administration* 16(3): 111–126.

Behnke N and Maesschalck J (2006) Integrity systems at work: Theoretical and empirical foundations. *Public Administration Quarterly* 30(3): 263–272.

Bowman JS and West JP (2008) Removing employee protections: A 'see no evil' approach to civil service reform. In: Huberts L, Jurkiewicz C and Maesschalck J (eds) *Ethics and Integrity of Governance: Perspectives across Frontiers*. Cheltenham: Edward Elgar, 181–196.

Brereton M and Temple M (1999) The new public service ethos: An ethical environment for governance. *Public Administration* 77(3): 455–474.

Butler Lord (2004) How not to run a country. *The Spectator* 11 December. Available at: http://www.spectator.co.uk/essays/12935/part_5/how-not-to-run-a-country.thtml.

Camerer M (2007) Measuring public integrity. *Journal of Democracy* 17(1): 152–165.

Carr F (1999) The public service ethos: Decline and renewal? *Public Policy and Administration* 14(4): 1–16.

Chapman RA and O'Toole BJ (2009) Leadership in the British civil service: An interpretation. *Public Policy and Administration* 24(4): 1–14.

Civil Service (2010) History made as civil service values enshrined in law. Available at: http://www.civilservice.gov.uk/news/2010/may/civil-service-legislation.aspx (accessed 20 August 2010).

Civil Service Commission (2009) *Annual Report 2008–9*.

Clark D (1996) Open government in Britain: Discourse on practice. *Public Money and Management* 16(1): 23–30.

CSPL (2005) *Getting the Balance Right: Implementing Standards of Conduct in Public Life*. Summary of Tenth Report CM 6407. London.

Doig A (2006) Half-full or half-empty? The past, present and future of British public sector ethics. *Public Money & Management* 26(1): 15–22.

Doig A and Wilson J (1995) Untangling the threads. In: Ridley FF and Doig A (eds) *Sleaze: Politicians, Private Interests and Public Reaction*. Oxford: Oxford University Press.

Doig A and Wilson J (1998) The effectiveness of codes of conduct. *Business Ethics: A European Review* 7(3): 140–149.

Elcock H (2006) The public interest and public administration. *Politics* 26(2): 101–109.

Gay O (2008) The UK perspective: Ad hocery at the centre. In: Gay O and Winetrobe BK (eds) *Parliament's Watchdogs: At the Crossroads*. London: UK Study of Parliament Group, ch. 2.

Gay O and Winetrobe B (2008) Introduction: Watchdogs in need of support. In: Gay O and Winetrobe BK (eds) *Parliament's Watchdogs: At the Crossroads*. London: UK Study of Parliament Group, 11–16.

Gray A, Jenkins B, Flynn A and Rutherford B (1991) The management of change in Whitehall: The experience of the FMI. *Public Administration* 69(1): 41–59.

Heywood P and Krastev I (2006) Political scandals and corruption. In: Heywood P, Jones E, Rhodes M and Sedelmeier U (eds) *Developments in European Politics*. Basingstoke: Palgrave Macmillan, 157–177.

Hood C and Lodge M (2007) Civil service reform syndrome – are we heading for a cure? *Transformation* Spring: 58–59.

Horton S (2006) New Public Management: Its impact on public servant's identity. An introduction to this symposium. *International Journal of Public Sector Management* 19(6): 533–542.

House of Lords (2010) Constitution Committee, *Constitutional Reform and Governance Bill*, 18 March 2010, HL 98 2009-10, §43–47.

Huberts L, Anechiarico F and Six F (eds) (2008) *Local Integrity Systems*. The Hague: BJU Legal Publishers.

John P and Johnson M (2008) Is there still a public service ethos? In: Park A, Curtice J, Thomson K, Phillips M, Johnson M and Clery E (eds) *British Social Attitudes: The 24th Report*. London: Sage, 105–125.

McHugh M (1998) Strategic change in government agencies influenced by Apollo and Zeus – two 'Gods of Management'. *Public Policy and Administration* 13(1): 51–64.

Major J (1993) Conservative Party Conference Speech. Available at: http://www.johnmajor.co.uk/speechconf1993.html (accessed 14 August 2010).

Moore J and Smith J (2007) Corruption and urban governance. In: Moore J and Smith J (eds) *Corruption in Urban Politics and Society, Britain, 1780–1950*. Aldershot: Ashgate.

OPM and CIPFA (2004) *The Good Governance Standard for Public Services: Independent Commission on Good Governance in Public Services*. London: OPM and CIPFA.

Osborne D and Gabler T (1992) *Reinventing Government*. Reading: Addison-Wesley.

O'Toole BJ (2006) A new ethical framework for civil servants. *Public Money and Management* 26(1): 39–46.

O'Toole BJ (2007) The framework of ethical compliance in the UK. *Public Policy and Administration* 22: 109–127.

Pope J (2000) *Confronting Corruption: The Elements of a National Integrity System (The TI Source Book)*. Berlin: Transparency International.

Public Administration Select Committee (2001) Fourth Report of Session 2000-01, *Special Advisers: Boon or Bane?* HC 293.

Public Administration Select Committee (2003) London First Report, *A Draft Civil Service Bill – Completing the Reform*, HC 128 2003-04.

Public Administration Select Committee (2003a) Fourth Report 2002–03, *Government by Appointment: Opening up the Patronage State*, HC 165-I.

Public Administration Select Committee (2006) London Seventh Report, *The Ministerial Code: The Case for Independent Investigation*, HC 1457 2005-06.

Public Administration Select Committee (2007) First Special Report of Session 2007–08, *Ethics and Standards: The Regulation of Conduct in Public Life: Government Response to the Committee's Fourth Report of Session 2006–07*, HC 88.

Public Administration Select Committee (2007a) First Special Report of Session 2007–08, *Ethics and Standards: The Regulation of Conduct in Public Life: Government Response to the Committee's Fourth Report of Session 2006–07*, HC 88, Appendix, p, 2.

Public Administration Select Committee (2008) London First Report of Session 2008–9, *Lobbying: Access and Influence in Whitehall Vol I*, HC 36-I.

Public Administration Select Committee (2009) London Tenth Report of Session 2008–9, *Leaks and Whistleblowing in Whitehall*, HC 83.

Public Administration Select Committee (2009a) London. *Ethics and Standards Further Report: With a Further Response to the Committee's Fourth Report of Session 2006–7.* Third Report of 2008–9, HC 43.

Sampford C, Smith R and Brown AJ (2005) From Greek temple to bird's nest: Towards a theory of coherence and mutual accountability for national integrity systems. *Australian Journal of Public Administration* 64(2): 96–108.

Transparency International (2004) *National Integrity Systems TI Country Study Report*

United Kingdom 2004. Berlin: TI.

Vandenabeele W and Horton S (2008) The evolution of the British public service ethos: A historical institutional approach to explaining continuity and change. In: Huberts L, Jurkiewicz C and Maesschalck J (eds) *Ethics and Integrity of Governance: Perspectives across Frontiers*. Cheltenham: Edward Elgar, 7–21.

Wheare KC (1973) *Maladministration and its Remedies. A Stevens Publication*. London: The Hamlyn Trust.

Wintetrobe BK (2008) Conclusion – Parliamentary watchdogs: Time for a decision. In: Gay O and Winetrobe BK (eds) *Parliament's Watchdogs: At the Crossroads*. London, UCL: The Constitution Unit, 115–121.

Integrity management and the public service ethos in the UK: patchwork quilt or threadbare blanket?

Paul M. Heywood
University of Nottingham, United Kingdom

Abstract

This article focuses on integrity management in contemporary UK public life. Despite traditionally high standards of integrity in the public service, it has recently been argued that the UK's approach resembles a patchwork quilt of poorly defined institutional roles, questionable independence, and contested notions of how best to disseminate and uphold ethical practice. The article traces how the British public service ethos (PSE), which places emphasis on informal codes of conduct and moral integrity, has evolved within broader systemic changes to the style of public service delivery. It is argued that pressures to decentralize public service delivery sit in tension with, and feed into, piecemeal attempts to centralize and codify integrity management. This dynamic is presented in terms of the tension between compliance-based and values-based approaches to integrity management. The article is structured in three parts. The first traces the evolution of the British public service ethos in order to situate integrity management in both its institutional and structural context. The second addresses recent academic debates and recommendations from key bodies such as the Committee on Standards in Public Life (CSPL) and the House of Commons Public Administration Select Committee (PASC). It is shown how recommendations to create independent statutory bodies of ethical oversight have not been fully implemented. The third part seeks to place the UK experience within a broader context. In doing so, the article reflects on ways in which we can understand the concept and application of integrity management within and beyond the UK experience.

Point for practitioners

The article discusses the tensions between values-based and compliance-based approaches to integrity management in the United Kingdom. It seeks to explore how the former is closely linked to the existence and reproduction of what has been termed a 'public service ethos'. As that ethos has been challenged by reforms associated with New Public Management, a series of scandals in the public sector has given rise to the adoption of more compliance-based responses. The key challenge for those designing approaches to integrity management is to reconcile the core values which underpin the public service ethos with accountability mechanisms that can be assessed on the basis of measurable performance indicators.

Keywords

accountability, audit, civil service, ethics, good governance, public management

审校辅助人员:常　征　周燕萍

国际行政科学评论

英国医疗体系的公共管理改革及公民的看法

阿什利 L. 格罗斯[1]　　格雷格 G. 范里津
Ashley L. Grosso　　Gregg G. Van Ryzin
翻译：王冬芳　　审校：周光辉　许云霄

【摘　要】 20世纪90年代末，受到新公共管理运动的启发，英国制定出国民医疗服务体系（National Health Service，NHS）的绩效管理框架。该框架运用绩效评估和管理，力图改善公民医疗服务质量，并实现效率目标。运用1996年和2002年欧洲晴雨表（Eurobarometer）的数据和双重差分分析，通过对比英国与其他欧盟国家中公民对医疗体系的整体满意度和绩效运行看法，我们评估了上述绩效改革的效果。总体上，评估结果表明，改革实施后，英国公民对医疗体系的满意度及其绩效认知要比没有实施改革的预期情况好。可以说，不管是统计上还是实质意义上，评估公民满意度和绩效认知上的改善都是非常重要的。因为以上评估能够证明，受新公共管理启发的英国医疗服务绩效管理框架的确实现了某些目标。

对实践工作者的启示

新公共管理运动和公共行政的绩效评估运动都呼吁关注顾客服务和

① 阿什利 L. 格罗斯（Ashley L. Grosso），美国约翰·霍普金斯大学布鲁伯格公共卫生学院公共卫生与人权研究中心（the Center for Public Health and Human Rights at John Hopkins University Bloomberg School of Public Health）高级研究项目官。兼任非营利组织艾滋病博物馆执行理事。e-mail：grossoas@gmail. com

公民满意度。通过将英国与同一时期的其他欧盟国家进行比较，我们对英国医疗体系以绩效为核心的改革效果进行了评估。结果显示，将新公共管理中的质量为本和顾客导向的做法应用于英国医疗体系改革，看起来确实改善了公民对医疗服务的满意度，而且公民也体会到了医疗体系的绩效改进。从业者在测评、报告和改进质量上所付出的努力，也对公民态度产生了值得关注的影响。

【关键词】 公民满意度；比较研究；欧洲晴雨表；评估；新公共管理；绩效

一、引言

20 世纪 90 年代末，英国制定了国民医疗服务体系的绩效管理框架。除了要实现持续性提高效率和节约成本的目标外，此框架还运用新公共管理改革的策略去改善医疗服务质量及其使用者的体验。事实上，这些改革已被看作是公共行政领域绩效测评与管理运动中首屈一指的案例（Pollitt and Bouckart，2004）。运用 1996 年和 2002 年欧洲晴雨表的数据，通过比较英国与其他欧盟国家中公民对医疗体系的整体满意度和绩效运行看法，我们试图对上述绩效改革的效果进行评估。观察评估结果可知，英国的公民满意度及绩效认知总体上都比没有实施改革的预想情况要好。不管是统计上还是实质意义上，评估公民满意度和绩效认知上的改善都是非常重要的。因为以上评估能够证明，受新公共管理启发而建立的英国医疗服务绩效管理框架的确实现了某些目标。

尽管新公共管理改革的优势与弊端曾引起过哲学上的辩论，实证研究却可以为研究人员、政策制定者和从业人员提供更完全的信息，表明这些改革中的哪些特质会对不同类型的结果产生影响。我们的研究结果表明，将新公共管理中质量为本和顾客导向的做法应用于英国医疗体系改革，在本研究中确实发挥了一定的作用。政策制定者和从业人员在测评、报告和改进质量上所付出的努力，也对公民态度产生了显著影响。

本研究的行文顺序如下：首先，将对本研究的内容和问题进行综述，主要聚焦于英国国民医疗服务体系，特别是 20 世纪 90 年代末受新公共管理运动启发的绩效管理导向的改革。其次，将具体阐释研究的数据和方法。再次，阐明研究结果，包括运用敏感性分析（sensitivity analyses）方法对不同参照组的国家进行分析。最后，总结全文，并对结论及政策内涵展开讨论。

二、研究问题与内容

英国国民医疗服务体系建于二战后的1948年，其资金来源主要是政府税收。除了处方药、眼科和牙科服务以外，其他的医疗服务均免费。虽然医疗服务主要依靠公共财政，但是公立医院和私立医院都可以提供服务（Emmerson et al.，2002；Green and Irvine 2001；Leichter 1979；Robinson and Dixon 1999）。和英国一样，欧洲有些福利国家（芬兰、希腊、爱尔兰、意大利、西班牙和瑞典）的医疗服务也主要依托政府税收，并辅以私人自愿保险和个人直接支付。丹麦和葡萄牙则是以政府财政为主，辅以个人支付，但却不包含私人自愿保险。在这些国家中，英国、丹麦、芬兰、爱尔兰和瑞典被世界卫生组织（World Health Organization，WHO）评为建有完善的税收融资体系的国家，其他国家随后则实施了医疗服务公共资助体系的改革或是正在进行改革中（Saltman and Figueras，1997）。相对于英国，奥地利、比利时、法国、德国和卢森堡这些国家医疗体系的资金支持主要以强制社会保险为主，以公共税收、私人自愿保险和个人支付为辅。荷兰建立了一种更为复杂的系统，其医疗服务资金主要来自强制社会保险和私人自愿保险，辅以公共税收和个人支付（Directorate General for Research，1998）。在某种程度上，上述对医疗体系的不同分类，构成了本文选取参照对象的基础。

在英国撒切尔夫人和约翰·梅杰担任首相的保守党执政时期，医疗系统的改革聚焦于为医疗服务创建一个竞争性的“内部市场”，从而提高效率。1991年，英国政府拒绝了对医疗部门改革成果进行监控的要求，并拒绝接受来自学术领域和其他领域的外界评估。这种态度逐步转变，因为缺乏证明改革效率的证据变成了一个政治问题。尽管在此期间设定了很多产出目标，但是真正转向绩效测评则是从下一届政府开始的（Oliver，2005；Robinson and Dixon，1999）。

当托尼·布莱尔代表的工党在1997年执政的时候，改革的焦点也由私有化转向质量和绩效。医疗服务成为国内首选的问题之一，因而在此期间由相关部门对其实施评估（Pollitt and Bouckaert，2004）。1997年英国政府发表了《新的国民医疗服务体系：现代、可信》（*The New NHS：Modern. Dependable*）白皮书，总体阐述了布莱尔政府的改革措施，包括建立两个新的机构：临床效果国家研究所（the National Institute for Clinical Effectiveness）和健康促进理事会（the Council for Health Improvement）。前者负责制定绩效考核标准，后者负责进行考核。另外还建立了一个新的健康促进委员会（Commission for Health Improvement），用以支持和监督地方上的临床服务质量并解决相应的问题(NHS Executive,1997,Section 3)。同时还制定出六大绩效领域的37项指标,六大领域包括:健康改善、公平对待、有效提供适当的医疗服务、效率、病人/医护人员的体验、国民医疗服务体系的康复结果。病人/医护人员体验方面,政府意图确定病人和医护人员是如何看待治疗质量的,其中有一部分是通过一项新的全国病人调查来评估的。新国民医疗服务体系的六项原则之一便是"将关注点转向医疗服务质量,以确保为所有病人提供优质服务。同时,质量也成为医疗服务各层面的决策推动力"(NHS Executive,1997,Section 2)。与保守党政府实施的改革相比,该白皮书指出,"在内部市场改革下,国民医疗服务体系的首要职责在于提供资金支持。政府将通过立法赋予其提高服务质量的新职责"(Section 6)。以上评估机构的建立、绩效指标的设定以及对病人体验的关注,都表明改善绩效、质量和使用者的满意度是此次改革以及本文中结果衡量标准的主要目标。

诸多公共管理学者都认为(Pollitt,2008;Walshe,2002),英国的这些改革是公共部门领域新公共管理运动的典型代表,因为新公共管理运动的重点就是运用绩效测评与管理来提高公共服务的质量。尽管学界对公共管理绩效运动的前提假设及其执行困境多有著述(Heinrich,2007;Radin,2006),但鲜有针对公共服务视域下所倡导的具体绩效改革的实际效果进行实证评估,尤其像英国这样大规模的国民医疗服务改革。现有的评估多倾向于衡量产出和效率(Wollman,2003)。只有几篇研究是关于大规模新公共管理绩效行动对公民在公共服务绩效满意度方面所产生的实际影响[瑞登和莱曼的研究(Rieder and Lehmann,2002)除外]。

同时,在评估诸如英国这样的新公共管理和绩效导向的改革效果时,公民满意度是一项需要考量的重要结果。从一开始,公共行政领域的绩效管理运动就呼吁重新关注顾客服务和公民满意度(Barzeley,1992;Kettl,2005;Osborne and Gaebler,1992)。奥斯本和盖布勒(Osborne and Gaebler,1992)以及巴尔齐利(Barzeley,1992)出版的专著为公共组织提供了更为以顾客为导向的策略。后来,公共部门顾客导向的呼声被1993年开始的,由美国副总统戈尔(Gore)推行国家绩效评估所采纳。凯特(Kettl,2005:51)在对世界新公共管理改革进行评论时这样看待这一时期:"改善政府为公民所提供的服务——并运用这一策略重塑官僚机构——这一理念已经成为此次改革中最突出的特点之一。"确实,英国这一时期的医疗体系改革是这一趋势的重要典范。

强调医疗服务体系的绩效衡量以提升公民满意度,可以通过以下几种方式。首先,如果医疗服务提供者知道其绩效将被评估和报告,他们就有了改善医疗服务质量的动力。而这种质量上的改进转而就会提升医疗服务的公民满意度(Berwick et al. ,2003)。贝文和胡德(Bevan and Hood,2006a,2006b)认为衡量英国国民医疗服务绩效的方式,既可以促成在诸如等候时间方面的实质性改进(这是一项重要的绩效),但也可能会出现误导的数字报告。其次,绩效测评与管理的另一种机制也可以提升公民的满意度。即假如公民可以获得更完善的信息,那么公民就能作出更好的选择,选择那些业务突出且能够满足他们需求的医生和医院。想必公民为此会对医疗服务体系更为满意。最后,政府推动绩效测量及其报告通过媒体和其他途径形成的公共舆论,也会影响到公民对于医疗服务体系的看法。

因此,本研究主要论述以下问题:始于20世纪90年代末且受新公共管理运动启发的英国医疗体系的改革是否实现了预期的绩效目标,即公民的满意度是否更高和对该体系绩效的看法是否更积极? 就如吉瑞赛特(Jreisat,2002:157)所言:"只有通过比较研究的方法才能使问题得到满意的回答,比如哪些改革是有效的,哪些不是;并且在哪些条件下是有效的。"所以,我们将英国公民与同一时期欧盟其他国家的公民满意度和绩效认知进行比较分析,如下文所述。

三、数据与方法

为了评估20世纪90年代末英国医疗改革的效果,本文使用欧洲晴雨表中的数据以及混合横截面分析(pooled cross-sections)、双重差分分析(difference in differences,简写为 diff-in-diffs)方法,对1996年(欧洲晴雨表44.3)到2002年(欧洲晴雨表57.2)之间,不同国家公民对其医疗服务体系的态度变化进行了比较分析。欧洲晴雨表通过面对面调查,对年龄超过15周岁的人员进行调查,以每个欧盟国家中随机抽样的1 000人随机样本为基础。建于1973年并受欧盟委员会舆情分析中心(the Public Opinion Analysis Sector of the European Commission)指导,欧洲晴雨表主要测量不同时期欧盟成员国公民的态度变化。1996年和2002年欧洲晴雨表在特别模块中问及了一系列有关医疗方面的问题,使我们可以对20世纪90年代末英国改革前后的公民态度变化进行比较分析。

双重差分分析是一种统计策略,本文运用了混合横截面分析,对英国的变化和同一时期其他国家的变化进行比较,通过各类国家比对组合(解释见下文)检验结论是否确实。双重差分模型可以使用面板数据(panel data),或是如本文一样,在干预或事件发生前后使用混合横截面分析。运用回归分析公式,我们的模型可以表达为(基于 Remler and Van Ryzin,2011):

$$\hat{Y}=a+b_{uk}\mathrm{UK}+b_{yr}YR+b_{int}(\mathrm{UK}\times YR)+b_{c1}\mathrm{C1}+\cdots+b_{cj}\mathrm{Cj}$$

其中，$\hat{Y}$ 代表所要预测的结果；UK 是虚拟变量(dummy variable)，代表英国的调查对象(而不是其他作为参照的欧盟国家之一)；YR 是虚拟变量，改革之前(1996 年)取值为 0，改革后的阶段(2002 年)取值为 1；UK×YR 是交互项(interaction term)；C1 到 Cj 是(如前所述)加入模型中的各控制变量(control variables)。斜率 b_{uk}表示改革前的时段内英国和其他参照国家之间结果(Y)上的不同，而且假定在一定时期内是不变的。斜率 b_{yr}表示参照国家改革前、后的结果变化，并且假定如果没有实施改革，英国也会出现这一趋势。最后，交互项的斜率 b_{int}用于估计双重差分，或者说是英国的结果(Y)的净变化(net difference)(从趋势上看)。而该项被认为体现了改革对于英国公民满意度及其绩效认知的因果效应(causal effect)。

(一)因变量

本文研究中的因变量即预测结果(Y)是欧洲晴雨表中的两个问题。这两个问题是 1996 年和 2002 年均被问及的有关医疗服务体系的满意度以及对该系统绩效认知的题目。调查对象在这两年都被问到了满意度的问题：

对于你们国家的医疗服务体系，请回答你是(1)完全不满意；(2)不满意；(3)既满意又不满意；(4)满意；(5)非常满意。

调查对象在 1996 年和 2002 年被问及的有关绩效的问题如下：

以下四种有关(国家)医疗服务体系运行方式的陈述，哪一种最符合你的观点？(1)我们(国家)医疗服务体系运行得太差，需要完全重建；(2)我们(国家)的医疗服务在有些方面还不错，但只有根本性地改变才能使其运行得更好；(3)我们(国家)医疗服务在很多方面还不错，只需要做出一些小变动就能使其运行得更好；(4)总体而言，我们(国家)医疗服务体系运行得非常好。

因为这两个变量都是有序的(ordinal)，因此我们使用有序逻辑回归分析(ordered logistical regression analysis)，对调查对象的回应赋值就可以用较高的数值体现更高的满意度和对于系统绩效更为积极的看法。[由于有关绩效观点的问题涉及一系列较为复杂的序数回应，也许调查对象并没有理解它们的排序。所以我们还尝试着对测量结果二分化(dichotomizing)，并运用逻辑回归来测算相对于其他三类(赋值为 0)，做出医疗体系“运行良好”(赋值为 1)回答的概率。其测算结果与有序逻辑回归分析中的结果没有实质上的差别。]

(二)控制变量

如前所述,双重差分分析模型包括很多控制变量,用于解释可能影响对政府医疗服务的态度以及这些国家总体满意度和绩效认知发展趋势的个体特征。年龄被看作是一个控制变量,因为年龄与医疗服务及其使用有着显著关系。而且之前的一些研究发现,年龄越大的个体给政府服务的评价越高(Van Ryzin et al.,2008)。我们还将性别作为控制变量,因为女性和男性的医疗服务需求与经历不同,而且有些研究表明,在医疗服务的满意度方面也是男女有别的(Hall et al.,1994;Weisman et al.,2000)。欧洲晴雨表还询问每个个体是否具有在某种程度上或非常严重地影响他们工作与日常生活的长期疾病、健康问题或残障。对这个问题的回答也被囊括到控制变量之中,因为那些需要频繁使用医疗服务的人,可能与那些不经常使用的人抱有不同的态度。

对于政府福利计划和医疗服务体系,社会经济地位是一个非常重要的影响因素。尤其在假定医疗服务成本较高且不断攀升的情况下,这一影响更为突出。因此,我们将收入(被界定为处于国家低、高、中等的水平[1])和就业状况(被界定为在岗或失业)两个要素设为控制变量。那些失业率较高的国家在为医疗系统提供资金支持上的压力更大,不管是通过保险还是税收方式都是如此。另外,在有些国家,有工作的人能够购买额外的私人健康保险(Saltman and Figueras,1997)。由于以上原因,就业状态会影响公民对于他们国家的医疗卫生体系的态度。我们还将社区类型作为控制变量(社区类型包括乡村地区、城镇或是大城镇),因为这会影响到获取医疗服务的途径,而且已有研究表明对政府服务的满意度也会因社区类型而不同(Montalvo,2009)。除此之外,我们还将移民状态作为控制变量(移民被界定为调查对象的国籍与居住国不同)。因为这会影响医疗服务的获取和态度,也因为在本文研究期间一些欧盟国家在移民方面变化迅速。

政治意识形态是另一个因素,会影响公民的医疗服务满意度和改革需求。那些支持当局政府的公民更可能对医疗服务体系表示满意,而不管其真实的服务质量怎样,表示满意仅仅是因为他们接受调查时的政治偏好。我们通过带有10个值的量表对此进行测量,让个体指出他们自己在政治图谱上离左和右的位置有多远,以此获取宽泛意义上的政治偏好。因为现有研究发现,公众对于政府在提供医疗服务中的角色所持的态度,也会与公共服务的满意度相关(Blekesaune and Quadagno,2003;Gevers et al.,2000;Hasenfeld and Rafferty,1989)。我们为此设计了“同意-不同意”(agree-disagree)问题,问题表述为:“政府应当只为每一个人提供诸如大病服务这样的基本服务，并应当鼓励大家通过其他方面获取自己所需要的服务。”在欧洲晴雨表中可用的问题中，我们认为该问题能够更好地捕捉到关于政府提供医疗服务方面的普遍态度。[2]

(三)参照国家

1996 和 2002 两年的欧洲晴雨表中都包含的欧盟国家有奥地利、比利时、丹麦、芬兰、法国、德国、希腊、爱尔兰、意大利、卢森堡、荷兰、葡萄牙、西班牙、瑞典和英国。除了将英国和以上欧洲晴雨表中适用的全部其他国家进行比较外，我们还把英国和几个小组的国家进行比较，这些小组中的国家在医疗系统和人口方面与英国非常相似。第一组包括四个欧盟国家，这些国家都建立了完善的政府税收融资的医疗服务体系以及主要的公共医疗服务提供者，具体包括：丹麦、芬兰、爱尔兰和瑞典(Emmerson et al. ,2002)。第二组包括另外四个在人口和国内生产总值上规模都比较大的欧盟国家：德国、法国、西班牙和意大利。这些小组提供了与英国的情况更为相关的对比点，同时还提供了一种通过参照组不同的界定标准来检验结论可靠性的方法。同时需要指出的是，在本研究期间，有很多国家都采取了各自的医疗服务改革措施，其中也不乏强调绩效测量和质量提升的。所以，我们的模型可以看作是在估算英国与绩效相关的医疗改革的净效应(net effects)，并排除了其他参照组国家所实施的各种其他改革的效果。

表 1 是因变量的频率分布，表 2 显示出控制变量的最大值、最小值和加权平均数，两个表格都是 1996 年和 2002 年中，每一年英国与其他不同参照组国家之间的比较。虽然在这两个年度中，英国因变量的值比参照组的大部分国家更低(较低的满意度和比较消极的绩效认知)。但是正如下文将要论述的一样，本文更关注态度变化，而不是每一个因变量的水平。总体而言，英国与参照组国家控制变量上的比较结果只有细微差别。在这两年中，英国的平均年龄稍大，因此报告疾病的可能性也相对高些。同时，英国居住在大城镇的人口比其他参照组国家都高。1996 年，英国的就业率比其他国家稍高，但在 2002 年情况却恰好相反。同时 1996 年，英国的高收入群体比例某种程度上相对较低，但没有报告收入的人比例较高。除与其他四个规模较大的欧盟国家相比较外，在这两年里英国倾向左翼政治的人更多。与其他国家相比，1996 年英国人更多地倾向于赞同这样的观点，即政府在医疗服务中承担有限的责任，但在 2002 年比例稍有下降。在我们的统计模型中需要指出的是，所有这些国家的变化以及这些控制变量的水平随时间发生的变化，我们都将其作为有效常项。

表 1　　因变量的描述统计

		1996 年				2002 年			
		英国	14 个欧盟国家	4 个建有税收融资系统的国家	4 个大型国家	英国	14 个欧盟国家	4 个建有税收融资系统的国家	4 个大型国家
回应百分比(%)									
对医疗服务的满意度	完全不满意	15	7	4	8	14	14	13	12
	不满意	26	15	10	18	37	29	34	27
	既满意又不满意	10	19	11	24	17	22	17	28
	满意	41	45	51	42	27	30	30	30
	非常满意	8	13	23	8	5	5	5	3
对医疗系统运行绩效的看法	完全重建	14	11	6	12	16	15	14	13
	根本性改变	43	24	16	29	51	37	36	38
	小变动	28	37	42	35	24	34	36	34
	运转良好	15	28	36	25	8	15	15	15

表 2　　自变量的描述统计

			1996 年				2002 年			
			英国	14 个欧盟国家	4 个有税收资助系统的国家	4 个大型国家	英国	14 个欧盟国家	4 个有税收资助系统的国家	4 个大型国家
	最小值	最大值	均值	均值	均值	均值	均值	均值	均值	均值
男性	0	1	0.48	0.48	0.49	0.48	0.48	0.48	0.49	0.48
年龄	15	96	44.13	43.59	43.72	43.70	45.10	44.61	44.71	44.74
疾病	1	3	1.30	1.27	1.29	1.27	1.34	1.29	1.32	1.26
移民	0	1	0.02	0.03	0.02	0.02	0.01	0.03	0.02	0.01
就业	0	1	0.62	0.52	0.49	0.53	0.45	0.51	0.53	0.51
高收入	0	1	0.35	0.38	0.41	0.38	0.35	0.33	0.41	0.31
收入缺失数据	0	1	0.29	0.25	0.19	0.26	0.37	0.31	0.28	0.32

续表

	最小值	最大值	均值	均值	均值	均值	均值	均值	均值	均值
小城镇居民	0	1	0.42	0.39	0.43	0.44	0.40	0.39	0.45	0.43
大城镇居民	0	1	0.39	0.26	0.27	0.26	0.31	0.28	0.30	0.28
政治意识形态	1	10	5.09	5.20	5.53	4.95	5.04	5.22	5.44	5.01
政府医疗服务角色	1	5	3.98	3.55	3.61	3.60	3.57	3.65	3.69	3.69

四、研究发现

表 3 是测算英国改革对公民医疗服务满意度影响的回归分析。“年份”上的系数表明在 1996 年和 2002 年之间，所有欧盟国家医疗服务满意度的平均趋势都是下降的。但是相对于这种平均向下的趋势，英国在此期间的满意度下降幅度较小。结果如交互系数(年×英国)表明的一样，英国的净变化为正。换言之，如果与欧洲晴雨表所调查的其他欧盟国家的明显趋势相比，实施改革后英国公民对其医疗服务更满意了。这种净正效应(net positive effect)的结果就像统计上较为显著的交互项(年×英国)所得出的正值一样，这一结果也出现在回归分析中。这个回归分析是由 4 个具有税收支持系统的参照组国家构成的。如果将英国和其他四个人口和国内生产总值上规模较大的欧盟国家相比，交互项仍然为正，但在统计上不显著。

表 3　医疗服务满意度的有序逻辑回归分析

参照组	所有欧盟国家	建有税收融资系统的国家	大型国家
年	−0.899*** (0.024)	−1.620*** (0.047)	−0.643*** (0.040)
英国	−0.531*** (0.073)	−1.217*** (0.078)	−0.360*** (0.084)
年×英国	**0.370***** (0.093)	**1.128***** (0.100)	**0.121** (0.106)

续表

参照组	所有欧盟国家	建有税收融资系统的国家	大型国家
男性	0.091*** (0.023)	0.088*** (0.040)	−0.027 (0.038)
年龄	0.001 (0.001)	0.003** (0.001)	0.002* (0.001)
疾病	−0.151*** (0.023)	−0.109*** (0.040)	−0.112*** (0.040)
移民	0.527*** (0.070)	−0.309* (0.145)	0.346* (0.184)
就业	−0.165*** (0.024)	−0.238*** (0.041)	−0.093 (0.040)
高收入	0.112*** (0.027)	0.024 (0.045)	0.006 (0.045)
缺失数据	−0.143*** (0.028)	−0.423*** (0.053)	−0.244*** (0.046)
小城镇居民	0.030 (0.026)	0.119** (0.047)	0.227*** (0.044)
大城镇居民	−0.206*** (0.029)	−0.148*** (0.052)	0.248*** (0.049)
政治意识形态	0.008 (0.006)	0.032*** (0.011)	0.010 (0.011)
政府医疗服务角色	−0.104*** (0.009)	−0.081*** (0.016)	−0.121*** (0.016)
分割点 1	−3.227 (0.073)	−3.759 (0.134)	−2.951 (0.126)
分割点 2	−1.747 (0.071)	−2.081 (0.130)	−1.411 (0.122)
分割点 3	−0.882 (0.070)	−1.392 (0.129)	−0.417 (0.122)
分割点 4	1.404 (0.024)	0.932 (0.129)	2.097 (0.128)
观察	31 258	10 380	12 500

注：括号内的标准误差，*** $p<0.01$；** $p<0.05$；* $p<0.1$。

表 4 是测算英国改革对医疗体系绩效认知影响的回归分析。结果再次表明，在 1996 年和 2002 年间，所有欧盟国家的绩效认知平均都下降了。但是和其他欧盟国家的平均水平相比，就像交互项（年×英国）正值所表明的一样，英国在此期间的下降趋势较缓，这在统计上很显著。相对于其他 4 个有税收融资医疗服务的国家而言，英国人认为英国医疗体系的绩效更好，这点在统计上显著的交互项（年×英国）所得的净正结果中很明显。同样，英国相对于其他在人口和国内生产总值上规模较大的 4 个欧盟国家而言，比较结果再次体现为正效应，但是在统计上不显著。

表 4　　　　医疗系统运行绩效认知的有序逻辑回归分析

参照组	所有欧盟国家	建有税收融资系统的国家	大型国家
年	−0.899*** (0.024)	−1.190*** (0.046)	−0.409*** (0.0494)
英国	−0.531*** (0.073)	−1.313*** (0.075)	−0.584*** (0.070)
年×英国	**0.370***** (0.093)	**0.776***** (0.097)	**0.041** (0.092)
男性	0.091*** (0.023)	0.110*** (0.040)	−0.040 (0.039)
年龄	0.001 (0.001)	0.005** (0.001)	0.004*** (0.001)
疾病	−0.151*** (0.023)	−0.101*** (0.038)	−0.085** (0.038)
移民	0.527*** (0.070)	−0.362*** (0.147)	0.466** (0.189)
就业	−0.165*** (0.024)	−0.171 (0.042)	−0.081* (0.042)
高收入	0.112*** (0.027)	0.043 (0.044)	−0.016 (0.044)
缺失数据	−0.143*** (0.028)	−0.463*** (0.056)	−0.208*** (0.049)
小城镇居民	−0.030 (0.026)	0.0596 (0.048)	0.168*** (0.047)

续表

参照组	所有欧盟国家	建有税收融资系统的国家	大型国家
大城镇居民	−0.206*** (0.029)	−0.218*** (0.0585)	0.253*** (0.050)
政治意识形态	0.008 (0.006)	0.001 (0.012)	0.005 (0.011)
政府医疗服务角色	−0.104*** (0.009)	−0.049*** (0.016)	−0.075*** (0.016)
分割点 1	−2.671 (0.073)	−3.391 (0.1135)	−2.365 (0.125)
分割点 2	−0.907 (0.071)	−1.466 (0.131)	−0.444 (0.123)
分割点 3	0.709 (0.0)	0.321 (0.129)	1.133 (0.124)
观察	30 388	10 151	12 116

注：括号内的标准误差，*** $p<0.01$；** $p<0.05$；* $p<0.1$。

总而言之，回归分析的结论表明，尽管英国与其他欧盟国家在同一时期（此间控制了混淆变量）采取相同的运行轨道，但英国公民在改革实施后对其医疗卫生体系的满意度和绩效认知都有所提高。同时也必须说明，当英国与其他四个规模较大的欧盟国家相比时，这一结果就没那么确定。

我们没有过多讨论回归系数的大小及其政策意义，主要是因为有序逻辑回归系数不像一般回归系数那样具有直观的解释力。因此，为了说明回归系数自身及其政策意义，图 1 和图 2 表明了当控制变量的均值保持不变以及“年”和“英国”变量值都保持在 1 时的预期可能性。之后，为了预测英国没有实施改革（与现实相反）的可能情况，将交互项（年×英国）设为 0。为了预测英国实施改革后的情况（但是与参照组国家相关的控制变量保持不变），交互项设为 1。正如图 1 和图 2 表明的一样，如果与数据库中的 15 个欧盟国家相比，英国的医疗系统改革预计会提升 7.5%的满意以及非常满意度[置信区间（confidence interval）=3.9%，11.1%]，在医疗系统运行良好或只需要作出一些小改动方面可能会提高 5.9%（95%CI=2.3%，9.5%）。如果将英国和其他 4 个建立了健全税收融资医疗体系的欧盟国家对比，英国的医疗体系改革预计会在满意和非常满意方面提升 19.8%

(95%CI＝16.6%,23.1%),在医疗系统运行良好或只需作出一些小改动方面可能会提高15.6%(95%CI＝12.0%,19.4%)。如果将英国和其他4个规模较大的欧盟国家相比,英国医疗系统改革预计会在满意和非常满意方面提升2.5%(95%CI＝－1.7%,6.7%),在医疗系统运行良好或只需作出一些小改动方面提升0.9%(95%CI＝－3.2%,5.1%)。

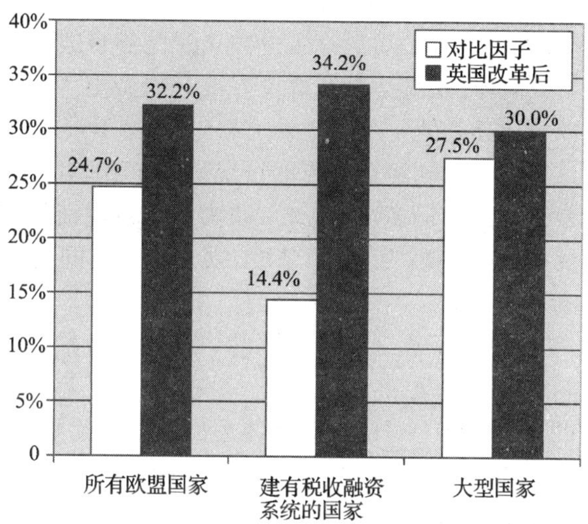

图1 预期对医疗系统表示满意和非常满意可能性上的回归调整变化

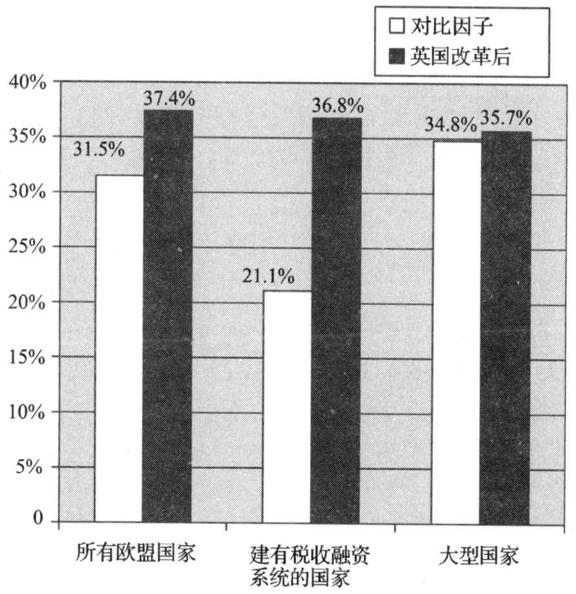

图2 预期对医疗系统绩效给出运行良好和只需做出小改动看法可能性的回归调整变化

为了在更有意义的政策环境中运用以上这些百分比，我们可以推算其在英国成年人（2002 年，英国大约有 4 860 万成年人）中的数据。根据英国与 15 个欧盟国家的比较结果，我们发现相对于没有实施改革的情况看，英国对医疗服务体系感觉满意或是非常满意的人数额外增加了 360 万。同样，英国增加了 290 万人认为医疗系统绩效运行良好或只需作出一些小变动。如果与其他四个建有税收融资系统的国家相比，相对于不实施改革的情况而言，英国在实施改革后对医疗服务体系感觉满意或是非常满意人的多出了 960 万，认为医疗系统运行绩效良好或只需做出一些小变动的人多出了 760 万。即使在和其他 4 个欧盟大国相比、作最不乐观的估计时，相对于英国采取与这些国家相同运行轨道的情况而言，英国对医疗服务体系感觉满意或是非常满意的人仍多出 120 万，认为医疗系统绩效运行良好或只需做出一些小变动的人多出 40 万。总之，以上这些不同的人数预估说明英国改革的影响不可小觑。

最后，有必要说明一下表 3 和表 4 中的一些控制变量。虽然运用 6 种研究模型得出的结论较为复杂，但也不乏一些具有广泛解释力的结论。年龄大的男性公民某种程度上对医疗服务体系的态度更为积极。不过，那些患疾或存在健康问题的人则对医疗服务没那么满意。在大部分的模型中（除了具有税收融资系统的模型呈现负相关外），移民对医疗服务都表现出较为满意的状态。虽然总体上有工作的人对医疗服务体系的态度并不太积极，但是收入与态度之间几乎没有什么直接关系（尽管在包含所有欧盟国家在内的模型中，收入与态度呈正相关且在统计上显著）。相对于那些居住在乡村地区的人们（标准类别），那些居住在小城镇的人表现得更为积极，而那些居住在大城镇或大城市的人则更为消极（除了规模较大的国家模型中，该组中呈正相关）。最后，那些认为自己在政治思想上更为保守的人在几个模型中都稍稍呈现出更为满意的倾向，但这种正相关不是特别明显，大多在统计上都不显著。而那些更偏好于有限政府职能的人对于医疗系统的观点更为负面。对这些关系进行实质性解释并不是我们的主要目的。相反，我们的目的是要说明以上很多变量都与公民医疗系统的满意度和绩效认知相关。但由于我们在研究中控制了以上变量，所以不同国家中这些变量随着时间推移而产生的变化，并不会扰乱我们对英国医疗改革在满意度和绩效方面的改革效果评估。

五、讨论及意义

总体而言，双重差分分析的结果表明，相对于没有实施改革的可能结果而言，英国改革实施后的公民满意度和绩效认知都更为可喜。如果以估测到的英国改革对英国人口规模的影响程度为判断依据，那么这里所估测到的满意度和绩效认知上的改进既具有统计显著性，又具有实质意义。因此，我们的研究结果能够证明，至少在某种程度上，英国的绩效框架改革是有效的，它提高了公民对于医疗体系的满意度。在本节，我们就将讨论本研究结果在政策和研究方面的意义。但首先必须说明我们研究方法以及结论中存在的局限性。

在双重差分分析中，除了参照组和控制变量的变化趋势能对实验组(treatment group，本文是指英国公民)的变化作出解释之外，实验组的很多变化都要归因于外在干预。由于我们无法控制国家方面的全部因素，因此公民满意度和绩效认知的变化也有可能是源于政策，而非与新公共管理的改革相关。尤其是莫斯亚罗斯(Mossialos，1997)研究认为，依据 1996 年的欧洲晴雨表数据，人均医疗支出与公民对医疗体系的满意度之间大体上呈正相关。所以，英国医疗体系的公民满意度变化，也可能只是因为加大了对医疗部门的投入而已。为了论证这种可能性，图 3 描述了 1996 年到 2002 年间，各国医疗支出所占国民生产总值比例的变化与公民医疗体系的平均满意度变化之间的关系。如果是医疗支出而不是绩效改革改变了公民满意度，那么二者之间预期应为正相关关系。但是，如图所示，图中并没有显示出明显的相关性。有些国家，如瑞典，在 1996 年到 2002 年间医疗投入虽多于其他国家，但是其医疗体系的公民平均满意度仍大幅下降。其他国家，如西班牙，减少了医疗服务方面的投入，但却只看到医疗服务平均满意度上相对的略微下降。这些为我们的结论提供了强有力的支持，也就是说英国医疗体系公民满意度的变化源于绩效改革，而不是医疗服务支出的变化。

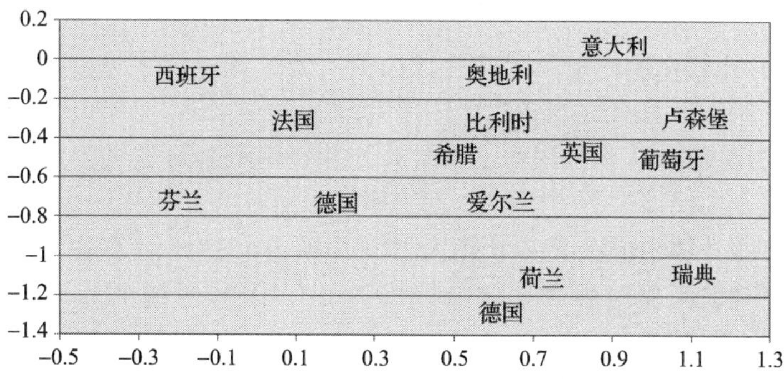

图 3 医疗卫生支出所占 GDP 的比例变化所引起的医疗体系满意度变化，1996—2002 年

尽管我们阐述了另一种影响医疗系统公民满意度变化的因素——医疗支出，但是还有些未观察到的变量仍然有可能使我们的测算出现偏差。比如，期望一不一致(expectation-disconfirmation)模型就是另一种评估公共服务满意度的概念模型(Van Ryzin,2004)。本文并没有控制期望要素,这一因素也有可能影响公民观点(Carvalho et al.,2010)。其次,本文没有解释各国在公共服务满意度差异上的变化趋势。已有研究结果已经表明,希腊、意大利、葡萄牙和西班牙的满意度趋向低于满意度的平均水平;奥地利、卢森堡、荷兰、芬兰和丹麦趋向高出满意度的平均水平;比利时、法国、英国、德国、爱尔兰和瑞典趋向接近满意度的平均水平(Clifton and Diaz-Fuentes,2010)。更进一步来讲,在本研究涵盖的时间段内,参照组中的很多国家本身都在进行改革,因而参照组(全部 14 个欧盟国家、4 个有税收支持系统国家、4 个大型欧盟国家)绝不是保持不变的。因此,我们对英国改革的评估也表明在此期间其他欧盟国家所发生的相关变化产生了混杂性的影响网络。

本文的另一局限体现在结果评估上。除了公民满意度和绩效认知之外,新公共管理改革还有其他的目标。公民对医疗体系的观点可能与专家观点和其他结果评估不相关(Blendon et al.,2001;Stipak,1979)。帕德玛等人(Padma et al.,2010)也发现,因为病人不具有评价服务技术质量的专业知识,所以他们将医疗服务中的医患互动看作是最重要的。尽管如此,这样的公民观点仍被看作是政策制定环节中的重要组成部分。尤其在英国医疗体系改革中,由于其更加强调病人体验,因此公民的医疗服务满意度即使不是最主要的,也应当是与政策相关的目标。我们对公民满意度的测量还有一些其他方面的局限。公共行政和工商管理的研究人员一般都更偏向使用多项满意测量尺度(比如,McMullan and O'Neil,2010),而我们模型中所使用的因变量只是单项调查。但这主要是受到欧洲晴雨表中的变量以及数据可用性上的限制。

尽管存在诸多局限,至少本研究是首次尝试评估,在医疗这样一个重要部门内,实行全国性的新公共管理改革对公民观点产生的影响。针对新公共管理及一般意义上的绩效评估与管理已多有论述,但却很少有人从实证分析的角度,并从全国层面上检验新公共管理策略对提供公共服务的实际质量以及公民体验等方面所产生的影响。而且我们始终认为,那些使用国家医疗服务体系的公民满意度及其对绩效方面的评估才是该体系核心价值的体现。不仅对公民如此,对政策制定者和该系统的管理者都是如此。还有一些其他的研究可用于完善本文,比如测量健康结果、成本和公平等其他医疗服务的绩效指标。未来的研究还可以对除了医疗部门之外的其他部门,如教育、警察、运输和环境保护等部门实施新公共管理改革的影响进行评估。而且,随着欧洲晴雨表这样可用且成熟的国际调查的增加,在世界范围内运用类似的双重差分分析对其他国家的治理改革影响进行研究已成为可能。

对公民体验和态度的实证分析有助于让研究人员、政策制定者和从业者了解公共管理改革的哪些特点可能会导致不同类型的效果。我们的研究结果表明，在本研究中，应用于英国医疗体系改革的新公共管理做法，在质量中心和顾客导向方面看起来确实是有效的。政策制定者和从业人员在测评、报告以及改进质量等方面付出的努力，也会对公民的体验和态度产生引人注目的影响。

注释

[1]因为很多调查对象没有填写他们的收入，所以我们还对缺失的收入数据设定了二分变量。

[2]我们使用均值替换法来处理政治意识形态/态度问题方面过度丢失的数据量。

参考文献

Barzelay M (1992) *Breaking through Bureaucracy: A New Vision for Managing within Government*. Los Angeles: University of California Press.

Berwick DM, James B and Coye MJ (2003) Connections between quality measurement and improvement. *Medical Care* 41(1): 130–138.

Bevan G and Hood C (2006a) Have targets improved performance in the English NHS? *British Medical Journal* 332(7538): 419–422.

Bevan G and Hood C (2006b) What's measured is what matters: Targets and gaming in the English public health care system. *Public Administration* 84(3): 517–538.

Blekesaune M and Quadagno J (2003) Public attitudes toward welfare state policies: A comparative analysis of 24 nations. *European Sociological Review* 19(5): 415–427.

Blendon RJ, Kim M and Benson JM (2001) The public versus the World Health Organization on health system performance. *Health Affairs* 20(3): 10–20.

Carvalho C, Brito C and Cabral JS (2010) Towards a conceptual model for assessing the quality of public services. *International Review of Public and Nonprofit Marketing* 7(1): 69–86.

Clifton J and Diaz-Fuentes D (2010) Evaluating EU policies on public services: A citizens' perspective. *Annals of Public and Cooperative Economics* 81(2): 281–311.

Directorate General for Research (1998) *Health Care Systems in the EU: A Comparative Study*. Luxembourg: European Parliament.

Emmerson C, Frayne C and Goodman A (2002) How much would it cost to increase UK health spending to the European average? IFS Briefing Notes, BN21.

Gevers J, Gelissen J, Arts W and Muffels R (2000) Public health care in the balance: Exploring popular support for health care systems in the European Union. *International Journal of Social Welfare* 9: 301–321.

Gore A (1993) *Creating a Government that Works Better and Costs Less*. Report of the National Performance Review. Washington, DC.

Green DC and Irvine B (2001) *Health Care in France and Germany: Lessons for the UK*. London: Civitas.

Hall JA, Irish JT, Roter DL, Ehrlich CM and Miller LH (1994) Satisfaction, gender, and communication in medical visits. *Medical Care* 32: 1216–1231.

Hasenfeld Y and Rafferty JA (1989) The determinants of public attitudes toward the welfare state. *Social Forces* 67(4): 1027–1048.

Heinrich CJ (2007) Evidence-based policy and performance management: Challenges and prospects in two parallel movements. *American Review of Public Administration* 37(3): 255–277.

Jreisat JE (2002) *Comparative Public Administration and Policy*. Boulder, CO: Westview Press.

Kettl DF (2005) *The Global Public Management Revolution: A Report on the Transformation of Governance*, 2nd edn. Washington, DC: Brookings.

Leichter HM (1979) *A Comparative Approach to Policy Analysis: Health Care Policy in Four Nations*. New York: Cambridge University Press.

McMullan R and O'Neill M (2010) Towards a valid and reliable measure of visitor satisfaction. *Journal of Vacation Marketing* 16(1): 29–44.

Montalvo D (2009) Citizen satisfaction with municipal services. *AmericasBarometer Insights* 14: 1–6.

Mossialos E (1997) Citizens' views on health care systems in the 15 member states of the European Union. *Health Economics* 6: 109–116.

NHS Executive (1997) *The New NHS: Modern. Dependable*. London: Department of Health.

Oliver A (2005) The English National Health Service: 1979–2005. *Health Economics* 14: S75–S99.

Osborne D and Gaebler T (1992) *Reinventing Government: How the Entrepreneurial Spirit is Transforming the Public Sector*. Reading, MA: Addison-Wesley.

Padma P, Rajendran C and Lokachari PS (2010) Service quality and its impact on customer satisfaction in Indian hospitals: Perspectives of patients and their attendants. *Benchmarking: An International Journal* 17(6): 807–841.

Pollitt C (2008) Performance blight and the tyranny of the light? Accountability in advanced performance measurement regimes. Paper presented at the Kettering Seminar, Dayton, OH.

Pollitt C and Bouckaert G (2004) *Public Management Reform: A Comparative Analysis*, 2nd edn. New York: Oxford University Press.

Radin BA (2006) *Challenging the Performance Movement: Accountability, Complexity, and Democratic Values*. Washington, DC: Georgetown University Press.

Remler DK and Van Ryzin GG (2011) *Research Methods in Practice: Strategies for Description and Causation*. Thousand Oaks, CA: Sage.

Rieder S and Lehmann L (2002) Evaluation of new public management reforms in Switzerland: Empirical results and reflections on methodology. *International Public Management Review* 3(2): 25–43.

Robinson R and Dixon A (1999) *Health Care Systems in Transition: United Kingdom*. Copenhagen: WHO Regional Office for Europe on behalf of the European Observatory on Health Systems and Policies.

Saltman RB and Figueras J (eds) (1997) *European Health Care Reform: Analysis of Current Strategies*. Copenhagen: World Health Organization Regional Office for Europe.

Stipak B (1979) Citizen satisfaction with urban services: Potential misuse as a performance indicator. *Public Administration Review* 39(1): 46–52.

Van Ryzin GG (2004) Expectations, performance, and citizen satisfaction with urban services. *Journal of Policy Analysis and Management* 23(3): 433–448.

Van Ryzin GG, Immerwahr S and Altman S (2008) Measuring street cleanliness: A comparison of New York City's scorecard and results from a citizen survey. *Public Administration Review* 68(2): 295–303.

Walshe K (2002) The rise of regulation in the NHS. *British Medical Journal* 324(7343): 967–970.

Weisman CS, Rich DE, Rogers J, Crawford KG, Grayson CE and Henderson JT (2000) Gender and patient satisfaction with primary care: Tuning in to women in quality measurement. *Journal of Women's Health and Gender-based Medicine* 9(6): 657–665.

Wollman H (2003) *Evaluation in Public-sector Reform: Concepts and Practice in International Perspective*. Northampton, MA: Edward Elgar.

Public management reform and citizen perceptions of the UK health system

Ashley L. Grosso and Gregg G. Van Ryzin
Johns Hopkins University, USA

Abstract
The United Kingdom (UK) instituted a performance framework for the National Health Service (NHS) in the late 1990s that, inspired by the New Public Management (NPM), employed performance measurement and management in an effort to improve the quality of health services to citizens, in addition to realizing efficiency goals. Using data from the 1996 and 2002 Eurobarometer and a difference in differences analytical approach, we evaluate the impacts of these performance reforms by comparing the UK to other European Union countries in terms of overall citizen satisfaction with the health care system and perceptions of how well the health care system performs. In general, our results suggest that citizen satisfaction and performance perceptions in the UK were more favorable after the reforms than what would have occurred, absent the implementation of the reforms. The estimated improvement in satisfaction and perceived performance is both statistically and substantively significant, and thus provides evidence that the UK's NPM-inspired performance framework did accomplish at least some of its goals.

Points for practitioners
The New Public Management and performance measurement movements in public administration have called for a focus on customer service and citizen satisfaction. We evaluate the effects of performance-focused reforms in the health care system in the UK over time in comparison to other EU countries. Our results suggest that the quality and customer-focused aspects of New Public Management that were applied through the UK's health system reforms seem to have improved citizen satisfaction with health care and perceived performance of the health system. Practitioners' efforts to measure, report, and improve quality may have noticeable effects on citizens' attitudes.

Keywords
citizen satisfaction, comparative, Eurobarometer, evaluation, New Public Management, performance

审校辅助人员:周燕萍　冀亚萍

国际行政科学评论

交替的改革浪潮与变化的海岸线：美国联邦官僚机构改革价值观的结构

朴成民[①] M. 艾尼塔·杰奎因[②]
Sung Min Park M. Ernita Joaquin
翻译：魏 鹏 刘少博 曹海军 审校：马永堂 于 欣

【摘 要】 学者们已经注意到，美国联邦政府的改革一波接着一波(Barley and Kunda，1992；Kettl，2002；Light，1998)，公共行政管理和服务中理性与规范的概念交替成为伴随这些改革的价值观念。概念的交替还意味着，当一次次改革如同滚雪球般积攒下来时，对新改革的效果进行及时评估(see Pollitt，2008)就显得极为重要。在实施改革的过程中，时间是个必需的变量；时间对于判定改革的价值观能否站稳脚跟至关重要。在扩展了保罗·莱特(Paul Light)于1998年提出的关于改革浪潮的隐喻说法[③]的同时，我们还研究了两个占主导地位的管理哲学在特定的一段时期内是否已经影响并重构了存在于联邦机构中的价值观。我们用经验主义的方

---

① 朴成民，博士。韩国成均馆大学(Sungkyunkwan University)治理研究生院公共管理系副教授。他主要的研究方向是公共管理、公共人力资源管理、组织行为学以及定量研究方法。他曾在《美国公共管理评论》《公共人事管理评论》以及《国际人力资源管理杂志》上发表论文。e-mail：sm28386@skku. edu

② M. 艾尼塔·杰奎因，博士，旧金山州立大学公共管理助理教授。她研究管理理论、官僚机构对财政压力的反应以及网络治理。她曾在《美国公共管理评论》《管理与社会》以及《公共管理评论》上发表论文。

③ 保罗·莱特(Paul Light，1998)指出，政府的改革就像潮汐一样存在着涨潮与退潮，一些改革和变化是很小的，就像潮汐波，而另一些较大的、长期的改革潮流则会形成运动。——译者注

法检视了新公共管理价值观以及与其对应的、在其中加入了人文主义色彩的后新公共管理价值观是如何在美国联邦机构中建立并站稳脚跟的。我们的调查遵循了三条主线:确定改革价值观在官僚机构中的存在;检视不同模式价值观的流行程度;调查价值观的“挤出效应”(crowding out)是否发生——随着新的改革浪潮接踵而来,在价值观的分布上是否存在一个可探测到的变化。我们的分析为某些新公共管理和后新公共管理价值观所占有的主流地位提供了证据,并且表明官僚机构中同时存在可能被认为是互相矛盾的价值观。在本文的最后一部分将会探讨研究的含义和未来的改革。

对实践工作者的启示

实践公共管理需要不断应对改革压力,因为它们会经常产生不同的、有时甚至是截然相反的价值观标准。新公共管理和后新公共管理在强调将理性主义价值观和人文主义价值观应用到政府工作中的程度有所不同。根据对联邦雇员的调查,新公共管理价值观起始于政府再造时期,流行于布什政府整个任期期间,这时一种更为人性化的观点开始出现。官僚主义的价值观充满活力,而变化则随网络结构而加快。遵循先前的调查,本研究认为改革是分层进行的;即使引入了更加新颖的组织与管理哲学,这些最强大的价值观还是被原封不动地保留下来了。研究结果表明,美国政府的专业工作人员可以奉行不同的价值观念,但是要观察这些价值观念是如何实际影响他们的工作的,那还需要进一步进行研究。

【关键词】 官僚主义价值观;联邦机构;新公共管理;公共管理;改革浪潮

一、引言

在过去的几十年里,人们见证了美国联邦官僚机构进行的几波改革。学者们承认,某些类型的改革具有交替或重复进行的趋势,虽然预测下一次改革会发生什么的方法会略有不同。保罗·莱特(Paul Light,1998)用潮汐的比喻将美国联邦机构改革分为四种类型——政府部门的科学管理;抵制浪费性支出;对政府机构之间的相互制衡保持警惕;行政部门的解放型管理。潮汐意味着潮涨与潮落,即确保先前的改革能够回归而且不可避免地会留下积淀物。其他学者认为,为了客观评估现有改革并且准确地预测出未来改革的方向,我们需要回顾随时间推移所发生的事情,并辨别出什么样的理论方法可以被用来解释一些特定公共政策的“时间维度”问题(Pollitt,2008:30)。[1]譬如,采用一个连续的视角来看,路径依赖理论框架解释了为什么某些特定的政策比其他的更具持久性与稳定性,“尽管它们周围的环境不断变化”(2008:42),但是周期理论或交替理论认为政府变革的浪潮及其原理可以用不同的方式加以观察和识别(see Pollitt,2008)。

虽然改革经常在其名称上贴上新标签,但它们有时就像一个有着明显相互作用的钟摆,在注重效率驱动型的改革举措与重视公共服务绩效的价值观而非效率的举措之间摆动。巴利和坤达(Barley and Kunda,1992:392)认为,美国的管理观念在规范性辞藻与理性辞藻的交替中被一波波地概念化了,“而不是稳步地从强制的到理性的再到规范的控制概念”(p.363)。近段时期以来,社团主义者和基于新公共管理的价值观向更加规范的、强调价值负荷、基于知识和团队的道德管理的后新公共管理转变,上述观点在这个过程之中得以体现(Christensen and Lægreid,2008)。

新公共管理改革强调个人主义、成果(生产率与绩效)、理性以及唯物主义(Fox and Miller,1995)。乔治·沃克·布什政府(2001—2008年)实施了一个管理主义议程,其主题与新公共管理相匹配。“布什政府迷恋那些被认为是在私营部门中常见的做法,这些私营部门的管理者通常在招聘、选拔、管理和留用员工方面比公共服务领域的管理者拥有更大的自由裁量权。”(Kellough et al.,2010:417)相反,后新公共管理改革追寻的是逻辑实证主义和基于后理性主义的社会科学方法的对立,并且与组织人文主义、后现代公共管理和组织发展价值观,甚至是新公共管理的旧概念持有相同的观点(Denhardt and Denhardt,2003;Frederickson and Smith,2003)。这些方法揭露出了理性与公共选择模型的局限(see Argyris,1973;Barley and Kunda,1992),暴露了新公共管理的内在矛盾性(Fox,1996),并且寻求途径以“扩大自主选择的领域……来增加个人自由”以及“在组织中营造一种开放的解决问题的氛围”(Denhardt and Denhardt,2003:37;Golembiewski,1967:305)。

20世纪80年代以来的许多改革举措,如私有化运动、全国公共审查、总统管理议程、精简管理以及绩效与人力资本评估,都促使我们探寻现今联邦官僚机构中价值观的结构。随着时间的推移,即使新的改革得以实施,先前的总统推动的几波改革很可能会产生持续的影响。如果价值观的结构被一个可视模型描绘出来,那么这种结构到底会是什么样子?有证据表明新公共管理中严格的、基于市场的价值观站稳脚跟了吗?如果有,在多大程度上站稳了脚跟?即使新公共管理改革已经实施,我们能够找到所谓的后新公共管理价值观存在的证据吗?这最后一点印证了波利特(Pollitt,2008)的研究:在对过去管理举措影响的评估中,时间是一个被忽视但有着精细影响的变量。我们在这里论述价值观交替的同时也注意到这样一种可能性——即便新的改革已经启动，之前的决定仍有持久的影响力。莱特(Light，1998)已经觉察到官僚机构多次修补过程中堆积起来的沉淀物。我们能够细究这些积淀物并区分它们的不同吗？

聚焦于布什政府时期，本文调查了美国联邦机构中最重要的价值观，正如这段时期雇员调查所反映的那样。我们证实了“挤出效应”是否会发生，即一些价值观是否取代另一些价值观的问题。我们还确定了是否随着时间的推移，价值观发生转换。本调查在实践和概念方面有着重要意义。从实践方面来讲，根据“改善”美国官僚机构的不断尝试：是否有证据表明一些原则比另一些原则更加受到重视？抑或是有更持久的影响力？随着更多流动性的制度安排出现，公共行政人员需要认识到，在官僚机构中的任意一个位置上，何种显著的价值观已经站稳脚跟。反过来，它随后会帮助我们确定新型的组织结构和治理安排是否匹配或支持现存的价值观。从理论方面来讲，本研究对于解决这一争论——如何准确地厘清新公共管理或后新公共管理改革思想——有所帮助。一些学者已经质疑新公共管理和后新公共管理是否表现出连贯的议题(Goldfinch and Wallis，2010)，以及那些打着标语旗号的“改革”事实上是否只是除了华丽辞藻之外没有什么实质内容的文字游戏(Pollitt，2001)。从我们检验的程度来看，在我们的研究方法中，某些像“新公共管理”的价值观，以及其他诸如“后新公共管理”的价值观，是我们主要研究的两种不同的价值观。虽然我们没有直接调查它们之间连贯性的问题——因为制度变化，新公共管理和后新公共管理议题因地而异(Goldfinch，2006；Goldfinch and Wallis，2010)，但是我们的调查结果，即两套价值观在美国联邦官僚机构中是相同的，为这样的解释打开了绿灯：改革是分层次进行的(Thelen，2003)，而不是彻底地取代或交替。

二、改革价值观的相互影响

斯通(Stone，1997)定义并比较了两种不同的社会模型——所谓的城邦模型和市场模型。城邦模型，以政治共同体和反理智分析的基本原理为基础，可以是一个用以思考政府改革的有用框架，尤其是当基于理性的市场模式不能为雇员提供显著的、现实的启示时。很多联邦管理改革背后两个有影响力的哲学理念是新公共管理和后新公共管理的原则，相对于新公共管理对待公共服务和官僚机构的管理采用更多经济分析的方法，后新公共管理有着更人性化的倾向。本节在分析城邦和市场社会之间张力的同时，还简要比较了这两种改革哲学的原则。

(一)新公共管理

从20世纪80年代开始,新公共管理改革就强调个人主义和经济理性的价值观。新公共管理以生产率提升、彻底改造、流程再造、企业家领导、私有化和绩效评估等制度和文化而闻名(Fox and Miller,1995; Kelly,1998;Lane and Woodard,2001; Osborne,2006; Pollitt,1995)。新公共管理在“我们如何思考公共行政人员这一角色和职业的本质,如何以及为何我们要这样做”等方面提供了转变(Denhardt and Denhardt,2000:550)。它把公民视为“消费者、纳税者和顾客”,并且“引导人们根据个人的收获而非共同体整体的收获来评估政府”(King and Stivers,1998:57)。新公共管理的关键性管理成分因地而异;根据海斯和科尔尼(Hays and Kearney,1997)的看法,这些关键的管理成分可以分为五种,而波利特(Pollitt,1995)则认为可以分为八种。从其核心看,我们可以将新公共管理改革的价值观分为三种:(1)绩效和结果导向型价值观(或者是管理主义和去科层化);(2)市场与消费者导向型价值观(缩小规模、私有化和分权);(3)目标与策略导向型价值观(战略与劳动力规划管理)。

新公共管理最近的典型案例发生在布什政府(2001—2008年)的人力资源改革中,该改革与罗纳德·里根就任总统以来所奉行的战略在一定程度上相协调(Milakovich,1988)。对乔治·沃克·布什政府公共服务的遗留产物进行深入反思(see Campbell et al.,2007; Durant et al.,2010b; Maranto et al.,2009),多半表明他从政治上、意识形态上以及技术上塑造官僚机构是在努力追寻保守主义的价值观。

布什的大政府保守主义(Durant et al.,2010a)的核心在于总统管理议程(PMA)、项目评估评价工具(PART)以及国防部(DOD)和国土安全部(DHS)的人事管理系统改革。例如,以基于市场的价值观为指导,总统管理议程集中于改善五个管理领域:(1)人力资本的战略管理;(2)政府服务的竞争性采购;(3)财务业绩的改善;(4)电子政务;(5)预算与绩效整合(US Office of Management and Budget,2004),而竞争性采购遭到了联邦雇员的反对(Joaquin,2009)。始于2003年的项目评估评价工具(PART),试图建立在早期政府绩效与成果法案(GPRA)的基础之上。它主要基于(1)项目目标与设计,(2)战略规划,(3)项目管理,(4)项目结果,(5)总评分数,对将近1 000个联邦项目进行了评估。由于白宫意图即是如此,项目评估评价工具便有机会检测与绩效有关的机构因素,其评估结果反过来还会反映出政府的预算过程,并将税款与项目改进或结果联系起来。

除了总统管理议程和项目评估评价工具,国土安全部和国防部还实施了影响深远的变革(例如,国土安全部的“最大人力资源和人力资本运行计划”以及国防部的“国家安全人员系统”)。国土安全部的举措旨在创造出一个灵活、现代、基于功绩与适当原则、同工同酬、平等就业机会的制度。出于国家安全的考虑,管理权的支配地位被视为重中之重,这因此使得管理能够在雇佣、薪酬、纪律、工作分类和劳动关系上保持最大的灵活性(see Ryan,2003:101—106)。国防部的“国家安全人员系统”也塑造出一个新的人力资源制度。它提出了一个绩效工资系统,一个职业分类、一个客观的绩效评价制度以及劳动关系、不良行为和雇员投诉制度(see Risher and Fay,2007:10)。然而,布什政府以带有挑衅意味与意识形态色彩的方式来实施这些改革(Kellough et al.,2010),遭到工会的抵制,并迫使管理部门用逐渐扩大的人力资源体系来修改其中的一些提议(Riccucci and Thompson,2008; Thompson,2010; Underhill and Oman,2007)。尽管如此,新公共管理哲学(一些作者评价其与公共管理中的传统原则差别明显)是这些改革的根基(Battaglio and Condrey,2006;Condrey,2005)。[2]

对新公共管理的批评包括:它忽视了“创造和发展个人与社区、宪政、民主价值观以及公共服务中更大议题之间的密切关系”(Perry,1996:7)。市场模型也修改了选拔过程和激励制度,并对雇员的态度和绩效产生了不利影响(Moynihan,2008a)。许多批评家已经注意到,缺乏令人信服的证据来表明政府机构先天在履行公共服务方面比私人企业效率低(Boyne,1998; Lowery,1998; Savas,2000; Sclar,2000)。20世纪90年代后期美国国税局的案例也表明实施激进的绩效评估制度并没有产生更加积极向上的组织文化,也没有带来劳动力生产效率的提高(Thompson,2006)。新公共管理运动据说还低估了民主与宪政价值观,也低估了使公务员在美国传统行政体制中发挥本质作用的“公共精神”(Berry et al.,1999; Thompson,2001)。

(二)超越效率:后新公共管理价值观

作为对新公共管理哲学的回应,更加新颖的公共管理概念兴起,它们与组织人文主义、后现代公共管理、组织发展价值观甚至新公共管理中的旧观念持有共同的观点(Denhardt and Denhardt,2003; Frederickson and Smith,2003)。后新公共管理的方法指出了理性和公共选择模型的局限性(see Argyris,1973; Barley and Kunda,1992),揭露了公共机构中新公共管理运动的内部矛盾(Fox,1996),并寻求方法来“扩大自由裁量权的领域……以增加个人自由”,并“在组织中创造一种开放的解决问题的氛围”(Denhardt and Denhardt,2003:37; Golembiewski,1967:305)。

目前规范性研究方法将其基础追溯至切斯特·巴纳德(Chester Barnard,1938)及其后来者道格拉斯·麦格雷戈(Douglas McGregor,1960)的著作以及组织人文主义者身上(Roethlisberger and Dickson,1939)。在20世纪60年代后期，规范性方法使得新公共行政的思想被人们熟知。弗雷德里克森（Frederickson，1996）认为，与新公共管理不同，新公共行政拥护人文主义和民主管理、专业化以及最重要的一点——社会公平。在新公共行政之后，丹哈特和丹哈特（Denhardt and Denhardt，2000，2003）将新公共服务（NPS）——一场强调民主治理和公民参与的运动——概念化了。该模型不仅仅将公务员视为渴求官僚工作安全与结构的雇员（这是旧公共行政的典型特征）或市场的参与者（正如他们在新公共管理中被视为的那样），更将他们看成是工作动力与获得的报酬超出了物质或货币的一群人（Perry and Wise，1990）。摩尔（Moore，1995）和波兹曼（Bozeman，2007）将公共价值观的概念定义为“通过代议政府表达出的个人的欲望和观念……公民的愿望”（Moore，1995：52），以及“公民选择权的具体内容，一方面，涉及公民享有的权利、义务和利益；另一方面，涉及公民及其指定代表们的预期义务”（Bozeman，2007：14），该定义承认公共物品和服务被提供来实现公共价值观。一个支持采用后现代参与和人文主义方法进行公共行政改革的类似论述认为，公共行政人员的角色是充当组织结构范围之外的论述与交流的推动者，并优先考虑社会团体之间的平等、工作场所中的人性化、内部工作的参与、赋予权利以及扩大的政治和社会参与（Box，2002；Wise，2002）。此外，社会公平的原则进一步包含分配公平、就业机会平等、待遇公平以及价值观的多样性，与此同时还要禁止工作场所的歧视。最后，民主化的价值观包括员工授权、更多的员工参与以及协同管理的实践活动（Wise，2002）。

这些新的视角引发了对组织中更好的工作生活质量的希冀以及其他广泛的社会变化（Ingelhart，1997；Ingraham and Jones，1999）。这些视角为观察公共机构中的管理改革提供了可供选择的框架。根据最近进行的对布什政府对联邦人力资源管理的影响的评估（Kellough et al.，2010），研究一下那些年的价值观结构还是有用的，其目的是为能够找出研究结果对于未来改革的建议。改革，根据其定义，将永不会停止，无论是行政还是立法行动。为了有效处理公共管理中的新问题，未来的治理形式可能需要官僚机构克服效率价值观和更规范价值观之间严格的分裂。

三、研究问题

根据先前的文献综述，本研究旨在确定过去几年的时间跨度中联邦官僚机构中改革价值观的结构。我们构建的研究问题如下。

问题1：在美国联邦官僚机构中什么样的管理改革价值观（与新公共管理或后新公共管理有关）是突出的？我们能够确定这些价值观吗？

问题2：有一套改革价值观比其他价值观更有影响力吗？存在一套价

值观取代其他价值观从而出现某种价值观的“挤出效应”吗?

问题 3:由不同改革哲学引起的价值观在某时段的变化的趋势能被检测到吗?

我们旨在捕获随着时间推移的价值观的存在和力度。根据对以新公共管理为导向的价值观和后新公共管理价值观的描述文献,我们制成图 1,用以指导我们发现和分析联邦机构调查结果中体现出的价值观。

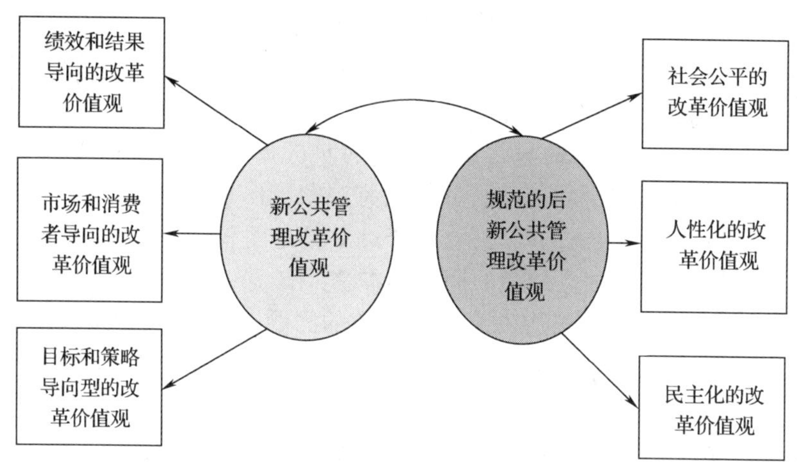

图 1　新公共管理价值观和规范改革价值观的概念框架

四、研究方法

本研究的对象是那些代表美国联邦官僚制度的机构,而这些机构的雇员参与了联邦人力资本调查(FHCS)。美国人事管理局在 2002 年、2004 年和 2006 年实施的联邦人力资本调查项目由问卷调查组成,这些问卷调查包括了 2004 年至 2006 年问卷调查中的 71 个常见问题以及 2002 年至 2006 年问卷调查中的 59 个常见问题。2006 年的样本包括来自 29 个机构和 59 个小的/独立的机构(共 88 个机构)的 390 657 名全职常任制公务员,是联邦政府层级中最大规模的调查。调查的回应率大约是 57%(大约有 221 479 人回应)。最初的问卷包括 84 个问题,这些问题涉及雇员工作满意度和工作态度、领导能力、知识管理与多样化管理、绩效文化以及其他的人事和管理改革议题。

本研究需要三个阶段的数据分析来回答我们的调查问题。我们的研究方法包括:(1)探索性因子分析法;(2)验证性因子分析法;(3)潜在增长曲线模型。通过这些方法来操作变量,揭示并确认潜在构造和重要因子,并用结构方程建模(SEM)来调查联邦机构的增长过程。结构方程建模是在多变量环境中检验变量间的相互关系并评估每一个变量间相对优势的有效工具(Jöreskog and Sörbom,1996)。

为构建因子结构基数,我们用记分的方式将联邦人力资本调查三年以来的数据制成一个单一的数据库。这些调查问卷用 5 分制的李克特量表来测量被调查者对给定调查陈述的意见。本研究用 14 个问题来测量新公共管理改革价值观的因子架构;用 21 个问题测量后新公共管理改革价值观的因子架构(见附录)。我们可以看出,该工具揭示了新公共管理和后新公共管理改革价值观的各种次级因子,这些次级因子尤其遵循了怀斯(Wise,2002)提出的对改革价值观的分类。

我们将这些数据中的异常值和极端的非正态分布模式筛去。平均值和所有变量的标准差参见表 1。我们没有观察到出现问题的偏态情况,所有的数值都展现出很高的峰态值(大于 2.0 的绝对值)。丢失的数据通过缺失值函数来排除,并且最终的调查样本总计有 74 505 个有效样本数据。因为结构方程建模受制于缺失数据所导致的问题,所以我们用最大期望算法来完成额外的丢失数据分析。除此之外,从使用 KMO 测量样本充分性的结果来看,数值的充分性是 0.970,表明该数据集的模型是很容易被接受的。换言之,该模型中的变量在很大程度上有着共同的因子。[3]

五、结果与讨论

(一)界定现有的价值观

首先,为了建立在管理机构中呈现的改革价值观的结构,探索性因子分析法在一些最先发展的项目上被使用。主轴因子提取法也被采用。为了确定提取因子的数量,碎石图、特征值大于 1 的 Kaiser 准则、Velicer 的最小平均偏微商检测、平行分析法都从未经处理过的数据中生成。结果显示 6 个因子应该被保留。

在"这些官僚机构的价值观构建相互关联"这一假设下,我们采用了倾斜互变异数最小旋转法和一种名为变量增量的参数相结合来产生因子。表 2 显示出旋转的结果。将这 6 种因子计算在内的方差百分比是53.153%。为了确保内部一致性,我们采用了克朗巴哈系数计分法(Cronbach's alpha scores),该方法显示出分量表的分数与 6 种因子中的每一个都有较高的内部一致性(都大于 0.7)。

根据这个分析,我们发现了回答第一个研究问题的证据:在最近几年中,联邦官僚机构中多样化的改革价值观的确存在并可以被识别。新公共管理和后新公共管理的价值观并存。这些结果表明六因子解决方法根据那些最高因子负荷量(等于或大于 0.50)抽出了 6 种最具特色的价值观。这些价值观是市场价值观、工作—生活平衡的价值观、绩效价值观、社会平等价值观、知识管理价值观和民主化的价值观。这些因子负荷量符合我们的假设:一些与不同哲学相符合的价值观可以在联邦官僚机构中被发现。这些价值观的分布情况如下。

因子 1——以联邦机构、客户服务和服务改进的使命以及目标为依据的被称为市场和策略导向型的价值观,占变量的 39.99%。

表 1　　描述性的统计数据(FHCS 2002 年、2004 年和 2006 年)
(项目平均值、标准偏差和样本大小)

项目	*N*	最小值	最大值	平均值	标准差
新公共管理价值观 1	97 080	1	5	3.12	1.254
新公共管理价值观 2	98 528	1	5	3.29	1.209
新公共管理价值观 3	98 097	1	5	3.21	1.212
新公共管理价值观 4	98 405	1	5	3.30	1.162
新公共管理价值观 5	98 133	1	5	3.19	1.166
新公共管理价值观 6	99 657	1	5	2.83	1.168
新公共管理价值观 7	94 546	1	5	2.75	1.181
新公共管理价值观 8	100 159	1	5	4.00	0.816
新公共管理价值观 9	97 085	1	5	3.61	1.057
新公共管理价值观 10	96 645	1	5	3.74	0.982
新公共管理价值观 11	98 172	1	5	3.57	1.068
新公共管理价值观 12	100 089	1	5	4.27	0.791
新公共管理价值观 13	96 800	1	5	3.44	1.105
新公共管理价值观 14	98 816	1	5	3.69	1.217
规范价值观 15	95 531	1	5	3.69	0.965
规范价值观 16	96 881	1	5	3.73	0.977
规范价值观 17	98 093	1	5	3.76	0.976
规范价值观 18	92 839	1	5	3.314 7	1.137
规范价值观 19	99 639	1	5	3.062 5	1.197
规范价值观 20	95 689	1	5	3.339 9	1.214
规范价值观 21	93 012	1	5	3.526 6	1.121
规范价值观 22	97 629	1	5	3.67	1.065
规范价值观 23	99 485	1	5	3.24	1.098
规范价值观 24	100 420	1	5	3.54	1.025
规范价值观 25	100 210	1	5	3.83	0.979
规范价值观 26	98 949	1	5	3.37	1.140
规范价值观 27	100 571	1	5	4.00	0.868

续表

项目	N	最小值	最大值	平均值	标准差
规范价值观 28	100 571	1	5	3.56	1.033
规范价值观 29	100 571	1	5	3.78	0.896
规范价值观 30	100 571	1	5	2.99	0.967
规范价值观 31	100 571	1	5	3.65	1.089
规范价值观 32	100 571	1	5	2.95	0.607
规范价值观 33	100 571	1	5	3.25	0.721
规范价值观 34	100 571	1	5	3.26	0.841
规范价值观 35	100 571	1	5	3.02	0.544
有效样本	74 505				

表 2　　旋转后总体变量解释

因子	初始特征值			平方负荷抽取数			平方负荷旋转量
	总计	占方差的百分比	累加百分值	总计	占方差的百分比	累加百分值	总计
1	13.999	39.996	39.996	13.580	38.801	38.801	10.231
2	2.344	6.698	46.694	1.770	5.056	43.857	4.711
3	1.428	4.079	50.773	1.078	3.079	46.936	10.474
4	1.256	3.589	54.362	0.849	2.426	49.362	10.035
5	1.217	3.478	57.840	0.764	2.183	51.544	7.793
6	1.031	2.945	60.785	0.563	1.608	53.153	7.297

注:六因子维度的因子组型矩阵,如果需要的话可以从作者处获得。

因子 2——官僚机构中反映出的被称为工作一生活相平衡的价值观,占变量的 6.69%。

因子 3——与绩效管理、奖励机制、结果问责以及考核制度相关的被称为绩效与结果导向型的价值观,占变量的 4.07%。

因子 4——与具有代表性的官僚体制、管理与文化的多样性以及组织公平和程序正义相关的被称为社会公平的价值观,占变量的 3.58%。

因子 5——工作绩效中体现出来的学习与训练、信息与知识有关的被称为以知识管理为依据的价值观,占变量的 3.47%。

因子 6——以授权、知识共享和合作交流为代表的价值观以及被称为民主化的价值观,[4] 占变量的 2.94%。

(二)区分突出的新公共管理价值观与后新公共管理价值观

我们试图去确定哪些价值观在这些价值观中占主导地位。一种类型的验证性因子分析通常用于测试某一种被实施的工具的要素结构。整体拟合指数与修正指数被用于确定一种最适合的模型。我们在几个指标间增加了一个误差协方差,并且指定了模型以减少卡方值。然后我们重复测试了所有的替代模型。在我们的二阶验证性因素分析(second-order CFA)模型中,新公共管理和后新公共管理(二阶因子)这两种联邦机构改革价值观被 6 种不同的改革价值(一阶因子)解释。结果显示,新公共管理和后新公共管理的改革价值观是独特的、显著的,并且呈正相关(协方差系数是 0.88)。几个拟合优度指数(goodness-of-fit indices)表明,整个模型契合度良好(见图 2)。卡方值是 1 434.06($p<0.05$)。

结果显示了每个一阶因子呈中度到高度的 R^2 值(从 0.68 到 0.82)。就因素负荷而言,联邦机构中两种改革价值观脱颖而出:(1)在新公共管理方面,绩效和以结果为导向的改革价值观($R^2=0.78$),以及(2)在后新公共管理方面,工作—生活相平衡的价值观($R^2=0.82$)。这些在联邦机构改革价值观中占主导地位的价值观,部分地回答了我们的第二个研究问题。因此,强调绩效和问责文化的新公共管理价值观以及注重员工自由裁量权和灵活性的后公共管理价值观可能是未来任何改革举措的显著组成部分。这也许表明了联邦机构已经找到了平衡具体而短期的目标与长期目标之间冲突的途径(Lasseter,2002)。这还支持了这样的观点:后新公共管理改革并非与新公共管理改革截然相反;事实上,后者是对前者的一种改进(Christensen and Lægreid,2007;Hood and Peters,2004)。

T 检验(临界值是±2)表明,所有 6 个一阶因子拥有有效负荷。二阶因子分析证实了新公共管理和后新公共管理价值观与每一个潜在的一阶因子有着独特的、协变的、显著的关联。这意味着虽然不同的管理改革的特征在官僚机构中混杂并被保留,但它们在联邦雇员中依然是与众不同并且是显著的,这正如先前研究所预测的那样(例如 Barley and Kunda,1992;Denhardt and Denhardt,2003; Kaufman,1969;Wise,2002)。改革的相互作用与更迭在官僚机构的海岸线上产生了沉积层(Light,1998)。尽管我们的结果没有提供一套价值观对另一套价值观产生完全的“挤出效应”的证据,但是分析表明,相冲突的哲学阵营的价值观对官僚机构有着双重影响,而且它们可能增强彼此力量。将此拓展为一个符合逻辑的论断,我们可以说,改革留下了它们最好的和最强大的特征作为遗产,而弱点和缺陷则被随后的改革运动所弥补。

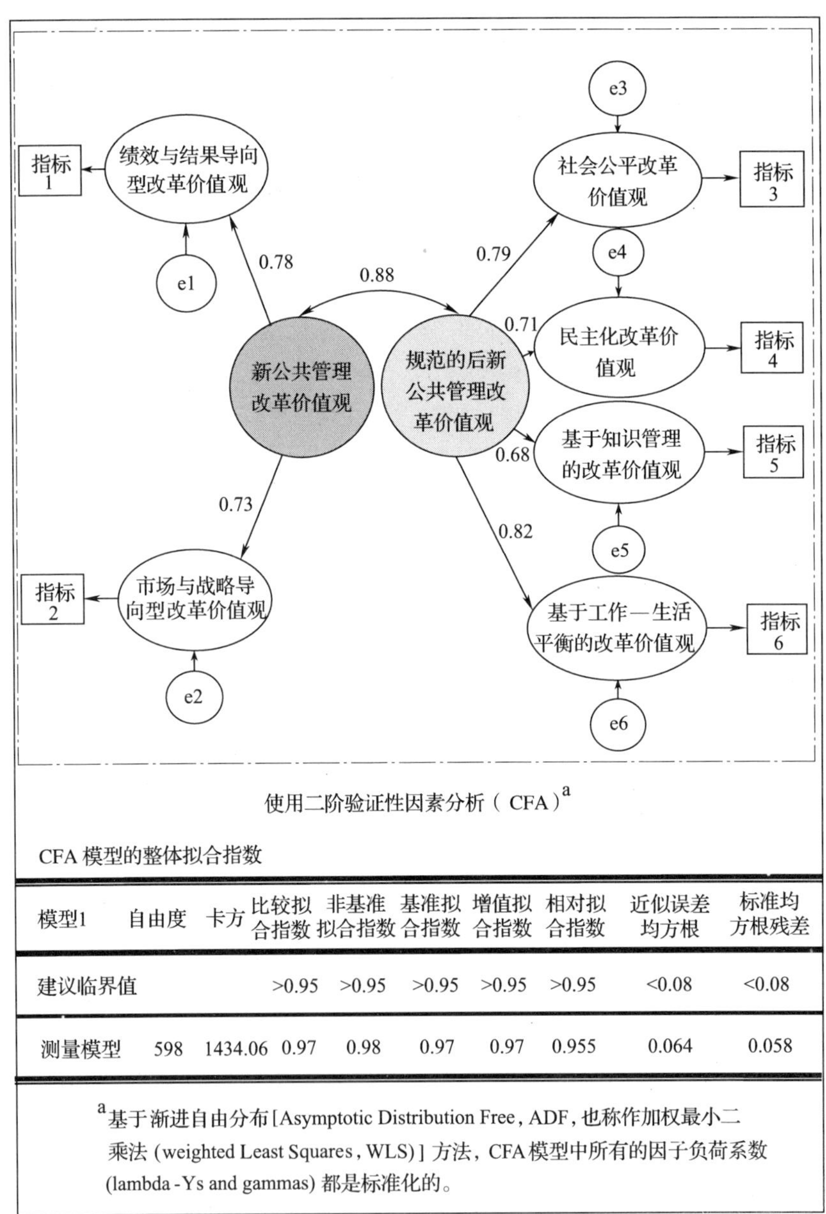

模型1	自由度	卡方	比较拟合指数	非基准拟合指数	基准拟合指数	增值拟合指数	相对拟合指数	近似误差均方根	标准均方根残差
建议临界值			>0.95	>0.95	>0.95	>0.95	>0.95	<0.08	<0.08
测量模型	598	1434.06	0.97	0.98	0.97	0.97	0.955	0.064	0.058

[a] 基于渐进自由分布[Asymptotic Distribution Free，ADF，也称作加权最小二乘法（weighted Least Squares，WLS）]方法，CFA模型中所有的因子负荷系数（lambda -Ys and gammas）都是标准化的。

图 2　新公共管理改革的结果以及规范的管理改革价值观结构（综合横断面次数分配法）

（三）探究官僚主义价值观的转变

接下来，由于时间在评价改革影响上的作用（Pollitt，2008），纵向分析被用于处理我们的第三个研究问题，在进行研究的这段时期，官僚主义价值观是否会发生转变以及如何发生转变,并且有可能的话,当转变发生时能够准确地描述它。在潜在的增长曲线模型中,截距与斜率被视为潜在的变量(因素)。这种方法使我们能够获得对主要结果变量的初始水平以及随着时间的推移变化速率的评估,并且将增长变量和随时间变化以及不随时间变化的变量关联起来。最大似然法被应用到其中。为了评估测量模型和全结构模型,协方差矩阵被用来输入到结构方程模型软件 LISREL 8.72中。

斜率(线性变化)和截距(初始状态)变量在三个时间点中的每一处都被测量:2002 年、2004 年和 2006 年。由此产生的非基准拟合指数(0.960)、基准拟合指数(0.960)、增值拟合指数(0.965)、相对拟合指数(0.955)、近似误差均方根(0.07)以及标准均方根残差(0.06)表明这个模型拟合度良好。截距和斜率系数被固定在这个方程式上。唯一的变量估计是误差方差,它显示三个时间点上变量的数量没有得到截距和斜率变量的解释。新公共管理和后新公共管理的误差方差在时间点 1(2002 年)、时间点 2(2004 年)、时间点 3(2006 年)分别是 0.15、0.04 和 0.58。以上所有的方差在统计学上都是没有重要意义的。

结果表明,在同一时期,联邦机构新公共管理改革价值观的水平随着时间的推移降低了(负斜率),而后新公共管理改革价值观则持续增长(正斜率)(见图 3)。然而,在官僚机构内,一种强调民主、平等和其他规范性原则的价值观方兴未艾,伴随着它的兴起而衰落的是注重理性和效率驱动的价值观。它是在何时发生的?当我们考虑这个研究所关注的时期时,以新公共管理为基础的价值观在 2002 年更具影响力(在政府再造运动高潮之后),并且在联邦机构中的地位更加突出。布什政府推出的改革推动了这些价值观继续向前。然而,正如图 4 所展示的那样,这些改革的增长轨迹表明,2002 年以后,随着越来越多的规范性举措在联邦层次上获得普及,新公共管理价值观出现轻微但持续的减弱。无论如何,新公共管理改革价值观仍然是目前公共管理改革理念的支柱。我们能够期望这两派价值观依据政治和社会经济的偶然情况而持续变化吗?或者说,在非传统安排开始之前,这种趋势意味着随着新的治理形式被采用,公共管理正在回归它的传统以及被长期重视的规范性原则?

六、结论

在 2002 年至 2006 年间,美国联邦官僚机构被淹没在新公共管理启发下的行政命令、指示和国会行动中。在本研究中,通过分析三个连贯的关于雇员对其所在机构的认知的调查结果,我们试图确定某些价值观的流行程度。大多数观察者根据其市场导向价值观的优先度来区分新公共管理

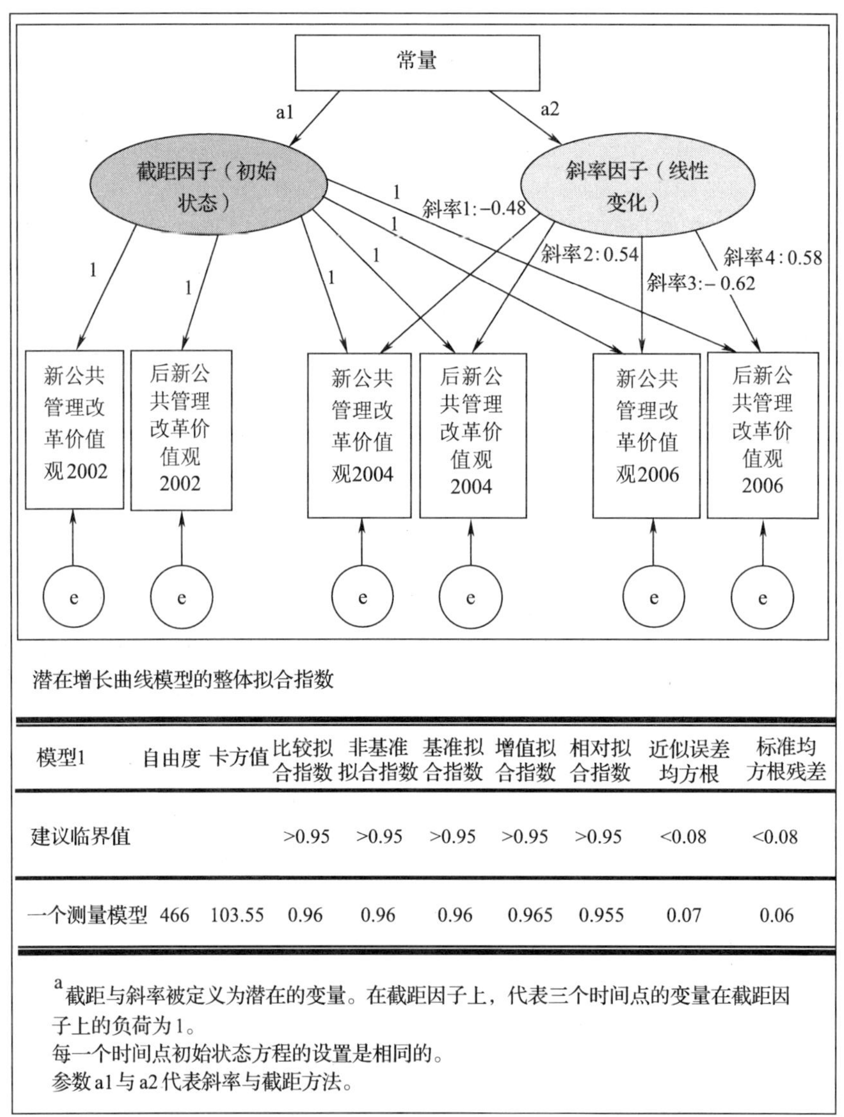

潜在增长曲线模型的整体拟合指数

模型1	自由度	卡方值	比较拟合指数	非基准拟合指数	基准拟合指数	增值拟合指数	相对拟合指数	近似误差均方根	标准均方根残差
建议临界值			>0.95	>0.95	>0.95	>0.95	>0.95	<0.08	<0.08
一个测量模型	466	103.55	0.96	0.96	0.96	0.965	0.955	0.07	0.06

[a]截距与斜率被定义为潜在的变量。在截距因子上，代表三个时间点的变量在截距因子上的负荷为1。
每一个时间点初始状态方程的设置是相同的。
参数a1与a2代表斜率与截距方法。

图3　新公共管理和规范性改革价值观结构的结果(综合横截面时间序列模型):运用潜在增长模型(LGM)[a]

改革和后新公共管理改革的举措。随着改革不断地从行政或立法行动中涌现,新的治理方式也许要求官僚机构克服在效率价值与规范价值之间徘徊的严格的二分法,去有效地应对不断变化的公共行政问题。就像研究结果揭示的那样,官僚机构事实上能够很好地融合那些在文献中通常被描述为截然不同的两种议题。我们将结论集中到两个关注点上:从调查中发现的重要价值观以及联邦机构不断进行的改革。我们发现的主流价值观认

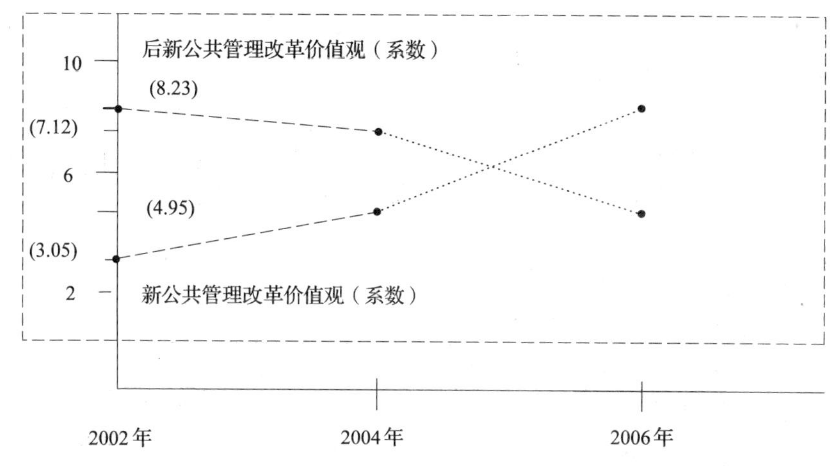

图 4 联邦机构中两种改革价值观的平均得分

为,涉及社会公平的多样性管理在不久的将来是极其重要的。拥有许多不同特性的劳动力将会持久地影响组织绩效。并且,组织的公正程度以及雇员对它的认知方式,也许关系到雇员的工作态度和工作行为,因此应加以研究。

从人力资本的视角来看,知识管理建设中得出的结果表明,很多学者(Swanson and Holton,2001;Werner and DeSimone,2009)强调过的基本的人力资源开发举措对于实现建立人性化、民主化和公正的官僚机构的目标依然是不可或缺的。雇员在战略管理中的直接参与、以人为本的发展文化、灵活性和适应性也许有助于增强雇员的工作动机,提高雇员有效与规范承诺的水平。

官僚机构以工作一生活平衡为价值导向的政策,使我们有必要去分析伴随新公共管理而来的对官僚主义的无情批判而给机构带来的压力。工作一生活平衡政策也许已经缓和了来自官僚机构的一些压力,这些官僚机构与私营部门相比,通常被指责为无能且“搭便车”。这一政策有助于雇员形成对其工作以及他们所服务的公民的积极认识(Ezra and Deckman,1996;Facer and Wadsworth,2008;Saltztstein et al.,2001)。正如弗雷德里克森(Frederickson,1996)所指出的那样,如果期望公务员忠于他们的工作,官僚机构也必须忠于他们,并且保障有利于雇员的价值观和原则。莫伊尼汉(Moynihan,2008b)在回应这一政策时指出,政府必须将绩效评估与内在价值观结合起来。卓越的工作一生活平衡的价值观与绩效价值观处于同一水平必须被视为一件好事。今后的工作应遵循这些原则,尽管古典组织原则已经暗示绩效合理性应当以一种珍视工人的激励机制得到调和。

这些结果表明了发现规范性价值观以及代表那些价值观的机构与雇员的核心特征之间关系的重要性(see Rainey et al.,2008)。譬如,从个体角度看,公共服务动机(PSM)通常和提供公共产品或为公共利益服务联结在一起(Perry and Wise,1990)。公共服务动机被期望去影响公共组织的某些价值观(例如理性的或外在的、规范的或内在的价值观)、行为(例如亲社会行为和以制度为根基的行为)和文化(例如群体或发展文化)(Park and Rainey,2012)。有必要去确定观念以及动机模式的变化是否和个体层面上的公共价值有关并在组织中起着重要作用。

改革的相互影响以及镶嵌在改革中的价值观是怎样的?首先,我们发现,在美国不同的年代同时存在着各种类型的改革价值观的证据。其次,官僚机构会更多强调某些改革价值观,一些改革价值观更占主导地位。前者陷入到对于后新公共管理与新公共管理如何相互排斥这一争论是否恰当的讨论中。结果显示,一种混合的价值观说明了西伦(Thelen,2003)所主张的伴随着几十年改革刚性产生的"分层"。旧的政策举措也许会让位于新的,但是,作为一种价值,它们不可能完全被替代,或者说,它们能够以一种新的改革者不易发现的方式继续影响新的政策(see Pollitt,2008)。官僚结构可能是一个有适应能力的有机体;新公共管理改革和后新公共管理改革就像它们的"前任"一样被扔进杂物中,而新兴的改革图景将警告我们关于新公共管理改革已经死亡的断言。

结果显示,一些改革价值观在一些时间点占优势。退潮和涨潮都是暂时的。再者,一种价值观对于另一种价值观的优势并没有呈现出完全的"挤出效应"。从方法论意义上讲,可以说,因子分析模型是格式化的和探索性的,而不是反映性的,因为这一模型并不是被事先指定的。我们承认这种限制。然而,结果表明,尽管随着潮起潮落,海岸线也许确实在被推移(Kettl,1997,2002)(有些改革的方式是新公共管理或后新公共管理原则中所不包含的,每一次当这样的改革实施时,官僚机构都会发生变化),但是为使官僚机构能够更好地迎接 21 世纪的挑战,逐渐减少的公共行政规范价值观的摇摆不定也许不得不被超越。尽管这一研究有局限性,但它在做进一步的探讨方面是必要的。例如,哪些预测显著地影响着价值观的任何转变?改变会导致更好的结果吗?采用的是何种标准(规范性的或理性的)?我们的研究并没有解决变化的价值观是否能反映执政党的变化(从共和党到民主党),或者说,基本价值观的变化与政党控制脱钩的问题。现有文献充斥着对"不做什么"的描述。人们公认"一刀切"的改革战略或政策从来都是无效的。非渐进性方法也是不可行的(Mazmanian and Sabatier,1989)。小心翼翼的规划对翻天覆地的改革是无用的(Maranto,2002:188)。由于政府的工作是复杂的,并且随着时间的推移会愈发复杂,所以任何改革都应该能够指导公共管理者,以能够有效率地行动和有效地利用资源。在笔者看来,部门目标(降低成本)在管理者、项目评估师、政治家以及公众眼中应该是合格的,以至于每一个人都承认效率只能在一定限度内得到满足。正如一些学者所指出的那样(如 Rainey and Steinbauer,1999),一个官僚机构也许没有危机,但是危机将会时而产生,于是改革就要被启动。同时,官僚机构也许会有效,但是当我们用非逻辑的方式评价效率时,问题将会出现。

依据这项研究的结果,我们知道尽管在语言层面(see Pollitt,2008)或关于改革内容方面存在着冲突原则,但官僚机构包含着规范的和管理学家的价值观。个别改革中的弱点,随着时间的推移,政治以及公共行政的两难境地可能导致机构同时采用两种互相冲突的价值观。虽然我们不确定,但是数据表明,最佳的改革要素处于上升阶段并且为雇员和机构留下了持久的遗产,即使当经验主义方法不能测试这些价值观在实践中是如何被采用,或者说是如何反映在官僚机构的行动上的。但是,这对公共行政的未来举措意味着什么?公共管理改革已经并将继续是一个艰巨的任务,如果不同的改革价值观被设想为是相互排斥的。改革公共官僚机构的挑战是日益复杂与内容广泛的,因为政府必须同时认识到政治领导与管理职责,他们必须围绕和平衡公民之间的竞争与对立的价值观,同时,他们也必须公正地评价政府绩效(Breul,2007)。这个结果促使我们审视那些随网络系统和其他形式的治理结构而产生的标准,例如,新公共治理(see Osborne,2006)。网络治理能容纳这些改革价值观,或者说为了一些全新的事物而回避它们吗?已经习惯了评价官僚机构在效率或民主化方面的改进,当评价那些可能从根本上将官僚机构改变成空心网络结构的改革时,我们将维护这些相同的价值观吗?目前包括传统公务员、承包商、受赠者和/或合作伙伴的多部门服务机构,将会发现这些相同的价值观的意义吗?我们不知道这些问题的答案。然而,随着官僚机构的演变,在一切再次改变之前,是值得记住价值观的历史结构的。

注释

这篇论文得到 2010 年度韩国成均馆大学 SEOK CHUN 研究基金资助。

[1]波利特(Pollitt,2008)指出,通过六种主要的方法或框架(即所谓的时空飞船),我们能够进行探索以便将时间维度的重要性进行理论化:(1)传统的历史研究方法;(2)路径依赖框架;(3)行政理论的循环与交替;(4)时间与管理的社会学研究;(5)组织生态

学或组织演化视角；(6)对认知过程和决策者偏见的分析。

[2]譬如，康德立(Condrey,2005)确认和划分了四种提供人力资源管理服务的模型：传统模式、改革模式、策略模式、私有化模式。传统模式被描述为集权的、基于业绩的自上而下的管理、统一实施的规则、政策和程序，在这种模式下，人力资源管理者通常被认为是“业绩实施者”。另一方面，后新公共管理原则可以包括其他三种模式，它们主要关注如下价值：分权、多方位交流与合作、基于战略与效率的外包系统，以及效率管理模式。

[3]当 Kaiser-Meyer-Olkin (KMO) 值大于 0.9 时通常被认为是极好的；在 0.8～0.9 之间是值得称赞的；在 0.7～0.8 之间是中等的；在 0.5～0.7 之间是平庸的；小于 0.5 时则是不可接受的。此外，巴特利特(Bartlett)的球形检验确定了相关矩阵是否就是单位矩阵。H0：R＝I(这个变量与对方完全没有关联)；在这种情况下，我们可以拒绝零假设，因为卡方值(595)是 1 478 131.365，$p<0.0001$。因此，我们可以得出如下结论，变量并非完全与其他变量无关，并且在它们之间有着有意义的关联。这两种方法都表明，相关矩阵是经得起因子分析检验的。

[4]怀斯(Wise,2002)认为，民主价值观包括民主问责、雇员授权、雇员更多的参与以及合作管理实践。组织民主化价值的一些例子是：“努力增进领导者接触更多的社会组织，包括指导；参与决策风格；利用工作团队和无领导团队等。”(2002：558)

附录

指标变量的构建：选择有代表性的调查项目

新公共管理改革价值

1. 绩效和结果导向型改革价值观量表(克朗巴哈系数＝0.913)

- 在我的工作单位，晋升对象是择优选拔的。
- 在我的工作单位，员工的奖励取决于他们的工作表现。
- 在我的工作单位，表现出色的员工会及时地得到认可或奖励。
- 员工因向顾客提供优质的产品和服务而受到奖励。
- 我对实现的结果负责。
- 在我的工作单位，我们采取措施来处理那些不能或不愿意提高工作绩效表现的员工。

2. 市场和战略导向型改革价值观量表(克朗巴哈系数＝0.821)

- 在我的工作单位，人力资源管理战略的目标是实现我所在机构的任务和目标。
- 管理者检验和评估组织在实现其目标方面所做的努力和取得的成就。
- 在我的工作单位，产品和服务质量的提高基于顾客或公众意见。
- 我相信我的组织能向任何私人部门供应商一样有效地发挥作用。

注：所有的克朗巴哈系数基于标准化的项目。指标完整的项目列表可以从作者处获得。

续表

规范的后新公共管理改革价值观
1. 社会平等改革价值观量表(克朗巴哈系数=0.892)
·在我的工作单位，主管或领导愿为代表社会各阶层的劳动者承担责任。
·政策和程序提升了公共场所的多样性。
·经理、主管或与团队领导与不同背景的员工工作相处融洽。
·在我的工作单位，抱怨、纠纷或委屈得到了公正的解决。
·出于党派政治目的的武断行动、个人偏好和强制行为都是不能容忍的。
2. 知识管理改革价值观量表(克朗巴哈系数=0.828)
·员工在办公室可以随时通过电子资源获得学习和培训项目。
·我接受与我完成工作有关的培训。
·在我的组织里，我确实拥有提高我工作技能的机会。
·我拥有足够多的使我做好工作的信息。
3. 工作一生活平衡改革价值观量表(克朗巴哈系数=0.730)
以下的工作一生活平衡项目对你有多重要?
·远程办公
·可选择的工作时间表
·婴儿保育补贴
·员工援助项目
·主管支持我平衡工作与家庭事务的需求
4. 民主化改革价值观量表(克朗巴哈系数=0.770)
·员工对于工作流程有一种主人翁的感觉。
·在我的工作单位，员工们互相分享他们的知识。
·管理者推动不同工作部门之间的交流。
注:所有的克朗巴哈系数基于标准化的项目。指标完整的项目列表可以从作者处获得。

参考文献

Argyris C (1973) Some limits of rational man organization theory. *Public Administration Review* 33(3): 253–267.

Barley SR and Kunda G (1992) Design and devotion: Surges of rational and normative ideologies of control in managerial discourse. *Administrative Science Quarterly* 37: 363–399.

Barnard C (1938) *The Function of the Executive*. Cambridge, MA: Harvard University Press.

Battaglio RP and Condrey SE (2006) Civil service reform: Examining state and local government cases. *Review of Public Personnel Administration* 26(2): 118–138.

Berry FS, Chackerian R and Wechsler B (1999) Reinventing government: Lessons from a state capital. In: Frederickson HG and Johnston JM (eds) *Public Management Reform and Innovation: Research, Theory, and Application*. Tuscaloosa: University of Alabama Press, 329–353.

Box RC (2002) Pragmatic discourse and administrative legitimacy. *American Review of Public Administration* 32(1): 20–39.

Boyne GA (1998) Bureaucratic theory meets reality: Public choice and service contracting in US local government. *Public Administration Review* 58(6): 474–483.

Bozeman B (2007) *Public Values and Public Interest: Counterbalancing Economic Individualism*. Washington, DC: Georgetown University Press.

Breul JD (2007) Three Bush administration management reform initiatives: The President's Management Agenda, Freedom to Management Legislative Proposal, and the Program Assessment Rating Tool. *Public Administration Review* 67(1): 21–26.

Campbell C, Rockman BA and Rudalevige A (2007) *The George W. Bush Legacy*. Washington, DC: CQ Press.

Christensen T and Lægreid P (2007) The whole-of-government approach to public sector reform. *Public Administration Review* 67(6): 1059–1066.

Christensen T and Lægreid P (2008) NPM and beyond: Structure, culture and demography. *International Review of Administrative Sciences* 74(1): 7–23.

Condrey SE (2005) Toward strategic human resource management. In: Condrey SE (ed.) *Handbook of Human Resource Management*, 2nd edn. San Francisco, CA: Jossey-Bass, 1–14.

Denhardt RB and Denhardt JV (2000) The new public service: Serving rather than steering. *Public Administration Review* 60: 549–559.

Denhardt RB and Denhardt JV (2003) *The New Public Service: Serving, not Steering*. New York: M.E. Sharpe.

Durant RF, Stazyk EC and Resh W (2010a) Introduction: Symposium on HRM, 'big government conservatism', and the personnel legacy of George W. Bush. *Review of Public Personnel Administration* 30(4): 372–378.

Durant RF, Stazyk EC and Resh W (2010b) Faithful infidelity: 'Political time', George W. Bush, and the paradox of 'big government conservatism'. *Review of Public Personnel Administration* 30(4): 379–403.

Ezra M and Deckman M (1996) Balancing work and family responsibilities: Flextime and child care in the federal government. *Public Administration Review* 56(2): 174–179.

Facer RL and Wadsworth LL (2008) Alternative work schedules and work–family balance: A research note. *Review of Public Personnel Administration* 28: 166–177.

Fox CJ (1996) Reinventing government as postmodern symbolic politics. *Public Administration Review* 56(3): 256–262.

Fox CJ and Miller HT (1995) *Postmodern Public Administration: Toward Discourse*. Thousand Oaks, CA: Sage Publications.

Frederickson HG (1996) Comparing the reinventing government movement with the new public administration. *Public Administrative Review* 56(3): 263–269.

Frederickson HG and Smith KB (2003) *The Public Administration Theory Primer*. Boulder, CO: Westview Press.

Goldfinch S (2006) Rituals of reform, policy transfer, and the national university corporation reforms of Japan. *Governance* 19(4): 585–604.

Goldfinch S and Wallis J (2010) Two myths of convergence in public management reform. *Public Administration* 88(4): 1099–1115.

Golembiewski RT (1967) *Men, Management, and Morality*. New York: McGraw-Hill.

Hays SW and Kearney RC (1997) Riding the crest of a wave: The National Performance Review and public management reform. *International Journal of Public Administration* 20(1): 11–40.

Hood C and Peters G (2004) The middle aging of New Public Management: Into the age of paradox? *Journal of Public Administration Research and Theory* 14(3): 267–282.

Ingelhart R (1997) *Modernization and Postmodernization*. Princeton, NJ: Princeton University Press.

Ingraham PW and Jones VD (1999) The pain of organizational change: Managing reinvention. In: Frederickson HG and Johnston JM (eds) *Public Management Reform and Innovation: Research, Theory, and Application*. Tuscaloosa: University of Alabama Press, 211–229.

Joaquin ME (2009) Bureaucratic adaptation and the politics of multiple principals in policy implementation. *American Review of Public Administration* 39(3): 246–268.

Jöreskog KG and Sörbom D (1996) *LISREL 8 User's Reference Guide*. Chicago, IL: Scientific Software International.

Kaufman H (1969) Administrative decentralization and political power. *Public Administration Review* 29(1): 3–15.

Kellough JE, Nigro LG and Brewer GA (2010) Civil service reform under George W. Bush: Ideology, politics, and public personnel administration. *Review of Public Personnel Administration* 30(4): 404–422.

Kelly RM (1998) An inclusive democratic polity, representative bureaucracies, and the new public management. *Public Administration Review* 58: 201–208.

Kettl DF (1997) The global revolution in public management. *Journal of Policy Analysis and Management* 16(3): 446–442.

Kettl DF (2002) *The Transformation of Governance: Public Administration for Twenty-first Century America*. Baltimore, MD: The Johns Hopkins University Press.

King CS and Stivers C (1998) *Government is Us: Public Administration in an Anti-government Era*. Thousand Oaks, CA: Sage Publications.

Lane LM and Woodard CA (2001) Merit without the system. In: Condrey SE and Maranto R (eds) *Radical Reform of the Civil Service*. Lanham, MD: Lexington Books, 127–149.

Lasseter RW (2002) Georgia's merit system reform 1996–2001: An operating agency's perspective. *Review of Public Personnel Administration* 22: 125–132.

Light PC (1998) *The Tides of Reform: Making Government Work, 1945–1995*. New Haven, CT: Yale University Press.

Lowery D (1998) Consumer sovereignty and quasi-market failure. *Journal of Public Administration Research and Theory* 8(2): 137–172.

McGregor D (1960) *The Human Side of Enterprise*. New York: McGraw-Hill.

Maranto R (2002) Praising civil service but not bureaucracy. *Review of Public Personnel Administration* 22: 175–192.

Maranto R, Lansford T and Johnson J (eds) (2009) *Judging Bush*. Stanford, CA: Stanford University Press.

Mazmanian D and Sabatier P (1989) *Implementation and Public Policy: With a New Postscript*. Lanham, MD: University Press of America.

Milakovich GT (1988) *With the Stroke of a Pen: Executive Orders and Presidential Power*. Princeton, NJ: Princeton University Press.

Moore M (1995) *Creating Public Value: Strategic Management in Government*. Cambridge, MA: Harvard University Press.

Moynihan DP (2008a) The normative model in decline? Public service motivation in the age of governance. In: Perry JL and Hondeghem A (eds) *Motivation in Public Management: The Call of Public Service*. Oxford: Oxford University Press, 247–267.

Moynihan DP (2008b) *The Dynamics of Performance Management: Constructing Information and Reform*. Washington, DC: Georgetown University Press.

Osborne SP (2006) The new public governance? *Public Management Review* 8(3): 377–387.

Park SM and Rainey HG (2012) Work motivation and social communication among public managers. *The International Journal of Human Resource Management* 23(13): 2630–2660.

Perry JL (1996) Measuring public service motivation: An assessment of construct reliability and validity. *Journal of Public Administration Research and Theory* 6: 5–22.

Perry JL and Wise LR (1990) The motivational bases of public service. *Public Administration*

Review 50(3): 367–373.

Pollitt C (1995) Justification by works or by faith? Evaluating the new public management. *Evaluation* 1(2): 133–154.

Pollitt C (2001) Convergence: The useful myth? *Public Administration* 79(4): 933–947.

Pollitt C (2008) *Time, Policy, Management: Governing with the Past*. Oxford: Oxford University Press.

Rainey HG and Steinbauer P (1999) Galloping elephants: Developing elements of a theory of effective government organizations. *Journal of Public Administration Research and Theory* 1: 1–32.

Rainey HG, Koehler M and Jung C (2008) Public values and public service motivation: How do public values relate to patterns of public service motivation? A paper proposed for the workshop on public values and public interest: Normative questions in the evaluation and development of the public sector. University of Georgia, Athens, GA.

Riccucci NM and Thompson FJ (2008) The new public management, homeland security, and the politics of civil service reform. *Public Administration Review* 68(5): 877–890.

Risher H and Fay CH (2007) *Managing for Better Performance: Enhancing Federal Performance Management Practices*. IBM Center for the Business of Government (Human Capital Management Series).

Roethlisberger FJ and Dickson WJ (1939) *Management and the Worker*. Cambridge, MA: Harvard University Press.

Ryan RW (2003) The Department of Homeland Security challenges the federal civil service system: Professional lessons from a department's emergence. *Public Administration & Management: An Interactive Journal* 8(3): 101–115.

Saltzstein AL, Ting Y and Saltzstein GH (2001) Work–family balance and job satisfaction: The impact of family-friendly policies on attitudes of federal government employees. *Public Administration Review* 61(4): 452–467.

Savas ES (2000) *Privatization and Public–Private Partnership*. New York: Chatham.

Sclar E (2000) *You Don't Always Get What You Pay For: The Economics of Privatization*. Ithaca, NY: Cornell University Press.

Stone D (1997) *Policy Paradox: The Art of Political Decision Making*. New York: W.W. Norton & Co.

Swanson RA and Holton EF (2001) *Foundations of Human Resource Development*. San Francisco, CA: Berrett-Koehler.

Thelen K (2003) How institutions evolve. In: Mahoney J and Rueschmeyer D (eds) *Comparative Historical Analysis in the Social Sciences*. Cambridge: Cambridge University Press, 208–241.

Thompson JR (2001) The civil service under Clinton. *Review of Public Personnel Administration* 21: 87–113.

Thompson JR (2006) The federal civil service: The demise of an institution. *Public Administration Review* 66(4): 496–503.

Thompson JR (2010) Toward 'flexible uniformity'? Civil service reform, 'big government conservatism', and the promise of the intelligence community model. *Review of Public Personnel Administration* 30(4): 423–444.

Underhill J and Oman R (2007) A critical review of the sweeping federal civil service changes: The case of the Departments of Homeland Security and Defense. *Review of Public Personnel Administration* 27(4): 401–420.

US Office of Management and Budget (2004) *Competitive Sourcing: Report on Competitive Sourcing Results Fiscal Year 2003*. Washington, DC: Author.

Werner JM and DeSimone RL (2009) *Human Resource Development*, 5th edn. Mason, OH: Mason.

Wise LR (2002) Public management reform: Competing drivers of changes. *Public Administration Review* 62: 555–567.

Of alternating waves and shifting shores: the configuration of reform values in the US federal bureaucracy

Sung Min Park
Department of Public Administration/Graduate School of Governance, Sungkyunkwan University, Korea

M. Ernita Joaquin
San Francisco State University, USA

Abstract

Scholars have noted that United States federal government reforms come in waves (Barley and Kunda, 1992; Kettl, 2002; Light, 1998), often accompanied by values that alternate between rational and normative conceptions of public administration and service. The idea of alternation also suggests the importance of time in gauging the effect of new reforms when previous reforms have accumulated from the past (see Pollitt, 2008). Time is a necessary variable in implementing reforms; time is crucial to know if reform values have taken hold. Extending Paul Light's (1998) reform waves metaphor, we investigate here whether two predominant management philosophies have influenced and reconfigured the shoreline of values found among federal agencies over a particular period of time. Using empirical methods, we examine how the values of New Public Management and its humanist (post-NPM) counterpart have settled and taken hold among US federal agencies. We followed three lines of inquiry: determining the existence of reform values in the bureaucracy, examining the prevalence of different sets of values, and investigating whether 'crowding out' of values occurred, that is, whether there was a detectable shift in the distribution of values as a new wave came on top of others. Our analysis yields evidence for the predominance of certain NPM and post-NPM values and indicates that bureaucracy concurrently holds what may be regarded as competing values side-by-side. Implications for research and future reforms are suggested in the final section of the article.

Points for practitioners

Practicing public administration requires constantly navigating reform pressures that espouse different, sometimes opposing, value sets. NPM and post-NPM reforms differed in their emphasis on applying rationalistic and humanistic values to the work of government. Based on federal workforce surveys, NPM values appeared ascendant from the reinvention period till the end of the Bush administration, when a more humanist outlook began to emerge. Bureaucratic values are dynamic and change could go faster with network structures. Following previous research, this study suggests that a 'layering' of reform occurs; the strongest values are held intact even as newer philosophies of organization and management are introduced. Results suggest that government professionals can adhere to differing values, but further study is required to see how those values actually influence their work.

Keywords

bureaucratic values, federal agencies, New Public Management, public management, waves of reform

审校辅助人员:孙　旭　常　征

国际行政科学评论

香港政府资助型社会服务类非营利组织的新公共管理改革与不断变化的福利政治

伊利莎 W. Y. 李[①]
Eliza W. Y. Lee
翻译：周秀平　　审校：杨　柳　李云晖

【摘　要】 新公共管理改革对香港地区的社会服务类非营利组织具有何种政治影响和政治意义？作为香港地区“混合福利”体系的一个重要组成部分，社会服务类非营利组织已经有很长的历史了，这不仅体现为它们在服务供给上扮演国家代理人，更因为它们在殖民时代就扮演了影响社会政策制定的政治角色和社会角色。历史上，香港地区在旧福利政治的特定情境下形成了自己的治理体制，通过这一治理体制，这些代理人能够在威权背景下开展活动。随着旧社会契约的瓦解，新福利政治得以形成，新公共管理改革及相关治理体制的变化是新福利政治的重要组成部分。新福利政治推动了治理体制的转型，从战略合作伙伴关系转变为行政主导，这一转型最大限度地增加了政府的灵活性，使其能够控制社会支出，应对日益增长的社会关怀需求。

对实践工作者的启示

社会服务类非营利组织的新公共管理改革与福利体系的变化紧密相

① 伊莉莎 W. Y. 李，香港大学(the University of Hong Kong)公民社会与治理中心主任，香港大学政治与公共管理系副教授。联系人：伊莉莎 W. Y. 李，中国香港特别行政区香港大学公民社会与治理中心主任，香港大学政治与公共管理系副教授。e-mail：ewylee@hku. hk

连，并对这些组织所在的环境产生了重要影响。政府与非营利组织的历史关系和政治制度的特点也影响了社会服务类非营利组织新公共管理改革的作用和意义。非营利组织扮演着多个角色，如国家代理人、政治代理人及社会代理人。在香港，新公共管理改革对非营利组织的社会代理人角色产生了消极影响。对资源的激烈竞争进一步制约了新组织的成长空间。

【关键词】 公民社会发展；香港；市场化；新公共管理改革；福利政治；社会服务类非营利组织

一、引言

这篇文章讨论了香港地区政府资助型社会服务类非营利组织(nonprofit organizations，NPOs)[1]的新公共管理改革的政治影响和政治意义。香港是亚洲主要福利体系的代表，该福利体系广泛使用非营利组织提供社会服务，同时政府提供大量资助。事实也证明，社会服务类非营利组织已成为了香港规模最大的、最完善的非营利组织；而且，社会福利署[2](Social Welfare Department，SWD)72%的年度预算都用于资助社会服务类非营利组织(以资助与合同的形式)。在非营利组织管理中进行新公共管理改革，香港也是亚洲的代表性案例。受到一份咨询报告的启发，社会福利署在20世纪90年代中期形成了这些改革的思路。那份咨询报告建议政府改革补贴系统，建立新的监测机制，以及引入竞争。2001年，社会福利署正式实施了如下改革措施：(1)通过分权式一线预算增加非营利组织的财政灵活性；(2)采用绩效监测体制，将资助制度由投入控制转变为产出控制；(3)通过合同和招标程序引入竞争；(4)鼓励引入商业部门的管理实践(如创业)。从研究公共管理的文献里可以发现，这些改革措施正是新公共管理改革趋势的一部分。这一趋势的特点是高度认可商业管理实践的优越性与产出导向的问责方法(Hood，1991，1995)。在非营利管理的研究文献中，这些问题通常在“市场化”的题目下进行讨论(Gronbjerg and Salamon，2002；Young and Salamon，2002)。所有这些术语不过是一套行政学说的缩影。这套行政学说开始于20世纪70年代晚期，受到了新自由主义的广泛影响，其目标是通过引入市场与商业的实践，以提高公共部门的效率和节约程度。

尽管近期一些新公共管理文献认为，在“一些‘先锋’国家”中，“新公共管理运动已经大范围停滞或出现了逆转”(Dunleavy et al.，2006：467)，但在非营利部门中还较少出现类似的消退现象。与此相反，有证据显示：对于很多改革的“先锋”和“后来者”而言，新公共管理方面的改革措施依然充满活力，效果也不错，改革实践继续深化政府与非营利部门之间的关系（Alexander et al.，2010；Bode，2006；Smith，2006）。新公共管理措施的持续说明，在资源紧缺、社会关怀需求与日俱增的时代，政府更加依赖非营利部门（作为“第三方政府”）提供服务。特别地，人们关心这些改革将如何影响非营利组织实现其社会使命的能力，如何影响公民社会的发展（Alexander et al.，1999；Eikenberry and Kluver，2004）。本篇文章的核心问题是：在对社会服务类非营利组织进行新公共管理改革方面，香港是一个后来者，市场化会产生什么影响？

国际上关于新公共管理改革的研究强调这一改革趋势的政治性本质，以及这一改革是如何在不同的社会背景下发生，并在不同的政治体制下产生差异化的影响（Cheung and Scott，2003；Lee and Haque，2006）。尽管30年来非营利部门的新公共管理改革已经成为一种趋势，但它的政治影响和政治意义还没有得到充分的研究，特别是基于比较视角的研究还很不够。在对非营利部门进行新公共管理改革时，只要影响到非营利部门与政府的权力关系，改革就具有高度的政治性。同样重要的是，由于非营利部门被广泛认为是“混合福利”体系的组成部分，非营利部门的新公共管理改革的意义就与福利政治的重建密切地联系在一起。在这篇文章中，我们将阐述，历史上，在香港福利体制的形成时期，作为亚洲威权型政府的一个典型代表，香港政府与社会服务类非营利部门建立了战略合作伙伴关系；为了应对经济全球化和社会经济变革带来的挑战，通过新公共管理改革，香港建立一个凌驾于非营利部门之上的行政主导体制，而不是将其福利体制升级为一个更为综合的体制。简而言之，我们将讨论香港政府强力推行的新公共管理改革是如何改变它与社会服务类非营利部门、非营利组织代理人的关系，及其如何与福利政治的变化相关联。

二、社会服务类非营利组织的新公共管理改革和不断变化的福利政治：国际经验

在西方福利国家中，社会服务类非营利组织一直广泛参与社会关怀的供给。研究也表明，无论在哪个福利体制中非营利组织都广泛应用了新公共管理的改革思想。阿斯科利和兰奇（Ascoli and Ranci，2002）认为，市场化在很大程度上反映了福利社会中社会关怀日益重要。新社会风险的扩散，如人口的老龄化、无家可归、失业及其他社会问题，或多或少都与经济全球化、后工业社会相关，这些都需要增加社会关怀，而传统福利项目未能有效满足这些需求。在此情形下，对非营利组织进行新公共管理改革，与其说是借此急剧削减开支，不如说其反映了在有限资源的约束下，政府更

加依赖非营利组织提供更多的社会关怀。在舒伊特(Schuyt,2010:785)关于"布莱尔政府的福利体系范式(第三条道路)"的讨论中,他从更加广泛的意义上将其概括为一种"文化转型","将私人的努力整合到公共领域中"。新公共管理改革可以理解为过去几十年来实现这一整合的一种主要的制度化机制。

一方面,国际经验似乎都表明:新公共管理改革不过是以牺牲非营利组织的自主权为代价,换来政府管理权的增强(Ascoli and Ranci,2002;Gronbjerg and Salamon,2002)。特别是在服务的购买者和提供者之间的古老的信任和互惠关系被更加正式的合约关系所取代时,作为服务购买方的政府能够单方面决定资源在非营利组织间的分配,协同治理的基础就遭到了破坏。另一方面,新公共管理改革——用阿斯科利和兰奇(Ascoli and Ranci,2002)的解释来看——是一个"有着很强的路径依赖型政策转型过程"。改革前政府与非营利部门间的关系组合与政治体制特点,都可能影响改革的作用和意义。德国的例子就能很好地说明市场化的影响具有明显的背景特点。在德国,一直以来政府与非营利部门之间就保持着社团关系。社会部门组织如合作社、共同体(互助保险公司),以及福利协会对福利体制有很大的影响力。按照"辅助性原则"的规定,由天主教来运行的福利协会享有特殊地位,是指定的社会和医疗服务的提供者,由政府提供大量资助(Bode,2003a)。博德(Bode,2003c)指出,随着新服务供应者(无信仰基础)涌现,福利协会的特权地位逐渐丧失,这与非营利组织的市场化改革有关。由于现在政府资助更多地以合同和绩效为基础,天主教福利协会感到更大的竞争压力了。其他社会组织,像共同体和合作社,也同样不同程度地受到了市场化的影响。尽管如此,"国家文化"坚持传承"常模性遗产(normative legacy)"(Bode,2003c),也就是说,非营利组织理应作为公民社会的积极分子,去"挑战政府当局,提醒他们要对社会福利负有责任"(Bode,2003b)。

后续的分析将说明,对香港非营利组织进行新公共管理改革,也与资源约束情境下社会关怀需求的增长有关。但是香港福利政治的重建与西方存在差别。在西方,制度化福利国家面临的问题是持久的财政紧缩,而香港地区政府面临的难题是:持续增长的社会关怀需求要求建立起制度化的福利体系,但香港政府却希望维持保守的公共财政政策。更重要的是,一些西方民主自由体制下的社会,有很强的政府与社会的权力共享传统,相比之下,香港在港英政府时代和特别行政区时代都一直是威权型政府。尽管历史上在旧福利政治的背景下形成了政府一社团治理体制(下文将做详细阐述),这一体制也允许一定程度的合作治理和社会参与,但是,新公共管理改革还是反映了特别行政区时代香港政府的意图,这个意图就是在新福利政治中主张其行政主导权。

三、香港的非营利组织与旧福利政治

(一)港英政府后期旧社会公约的形成

早期的港英政府在社会服务的供应方面仅仅扮演了配角,这有据可查。20 世纪 60 年代晚期发生了两次社会动乱,反映了社会不满广泛存在,之后到 20 世纪 70 年代的早期,后期的港英政府在社会项目上才开始承担比较积极的角色(Jones,1990;Tang,1998)。通过这次社会服务的扩展,政府主要提供财政资助,提供公共卫生保健、公共住房与社会援助服务(Lee,2005a,2005b)。通过大量资助非营利组织,能够扩展教育和社会服务,这些非营利组织作为这些服务的主要提供者的历史已经很长了。尽管与西方国家中社会服务的公共财政支出(按照社会服务支出占 GDP 的百分比而言)标准相比,香港地区的社会服务投入仍然较低,但是从 20 世纪 70 年代早期以来,香港地区的社会福利支出在总公共支出中的比例已经不小了。[3]在社会项目的资助和供给(而不仅仅是管制)[4]上,香港政府高度参与,其福利体制的特点为剩余福利体制①(Lee,2005a)。鉴于港英政府在经济上的不干预主义及财政政策的保守主义,这一福利支出的增长主要通过经济的持续增长来实现,这要求通过税收提高公共收入。这样就形成了独特的东亚福利体制,其特点是强调自我依赖和家庭帮助,与此同时,政府在低税率的财政政策下,大量参与社会项目的资助和提供。

(二)政府一社团治理体制、非营利组织代理人和旧福利政治

正是在这个社会福利需求急剧增长的时期,社会服务类非营利组织才获得殖民政府的大量资助。本土化的志愿机构(他们的前身为在香港开展活动的国际非营利组织)、传统教会组织、中国志愿者协会以及自助组织都被纳入到政府的资助体制内(Lee,2005a)。在其后的 20 年里,政府资助型社会服务类非营利组织发挥着积极作用,它们不仅提供社会服务而且影响着社会关怀的政策,促进了公民社会的发展。社会服务类非营利组织的这些多重角色可能与特定治理制度的形成高度相关,这一治理制度架构了政府与非营利组织间的关系。具体来说,在政府科层控制的基础上,建立政

---

① 剩余福利体制(residual welfare state)是指,在福利提供方面,政府扮演的是剩余的角色。这种体制的提倡者认为,家庭和自由竞争的市场是两个在社会中自然形成的福利提供渠道,个人的需要可以通过它们得到满足,只有当这两个渠道无法发挥自己的作用,或是某些福利需要不能从这两个渠道得到满足的时候,政府的社会福利服务才应介入,并且这一介入也应该是暂时的。——译者注

府与非营利部门之间的社团关系，形成政府一社团治理体制。这一体制在一定意义上是政府性质的，因为在这一关系中，政府掌握着大量主导权，政府选择非营利组织进行资助。这一体制在一定意义上也是社团性质的，因为非营利组织被正式列入伞状组织中，通过这一伞状组织，政府雇佣了非营利部门（Lee，2005a）。在这种制度设计中，非营利组织扮演着多种角色，如政府代理人、政治代理人及社会代理人。[5]

作为政府代理人，在政府的大量资助下，非营利组织提供了香港90%的社会服务。对于它们中的大部分组织来说，超过90%的资金是从政府那里获得的。依据政府需要的服务类型，社会福利署决定哪些非营利组织可以接受政府的资助。拥有这一威权，政府能够排除那些不与政府持同样使命和价值观的非营利组织，尤其是那些被认为过于激进的组织（因此可能威胁到港英政府）。香港政府主要采用标准单位成本模式，来确定对合格非营利组织的资助水平。这一模式基于投入和历史，通过项目预算来实施。非营利组织职员的薪资水平与其同等级别的公务员一样。因此，非营利组织在本质上也具有准公共性，实际上是政府官僚体系的延伸。

这一由独裁港英政府控制的资源配置模式使得非营利组织一旦不是完全服从于政府时，政府能够限制其自主权。尽管如此，通过参与政府主导的政策制定，非营利组织能够在一定程度上发挥政治代理人的功能。作为大量慈善工作先行者的国际非营利组织，以及在这些组织间发展起来的联系网络，为构建政府和非营利部门之间的合作伙伴关系奠定了基础。1947年，为了协调各类非营利组织的救济工作，成立了香港社会服务委员会（Hong Kong Council for Social Service，HKCSS），该委员会就是面向社会服务类非营利组织的伞状组织。20世纪70年代，香港政府为了提供社会服务，加大了对非营利组织的资助力度，可是香港社会服务委员会缺乏专业知识，需要依靠非营利部门提供政策咨询。对于非营利部门来说，这为他们提供了机会，使其能够发挥政治代理人的作用。香港社会服务委员会乐于接受这种咨询地位，被指派为社会福利政策制定过程中的政府合作“伙伴”。从1973年开始，香港开始编撰社会福利方面的白皮书（书名为《香港的社会福利：发展之路》），香港社会服务委员会主动签约港英政府，制定社会服务的五年发展规划，开发新的社会服务项目，例如：安置、家庭、青年以及老人等服务（HKCSS，1987）。在这一过程中，人们经常会举办各种论坛来讨论什么类型的非营利组织可能提供何种形式的服务（并由此得到政府的资金资助）。比如，在1977年，邻居层面社区发展项目委员会（Committee on Neighbourhood Level Community Development Projects，CNLCDP）启动邻居层面社区发展项目（Neighbourhood Level Community Development Project，NLCDP），该委员会由非营利组织的代表和政府官员构成，服务于贫困区（Ho，2000）。香港社会服务委员会接受委托，按照设计好的程序对各个项目进行遴选（Wong，1993a）。

尽管严重依赖港英政府的资助，非营利组织的自主权依然明显，表现在其能够承担社会代理人的职责。实际上，在港英政府向非营利组织增加资助的同时，社会工作者的社会活动也在增加。这些政府资助的非营利组织为那些年轻的社会工作者实现他们关于公正社会的理想提供了实践的舞台。在社区层面开展各项社区服务活动，使得年轻的社会工作者们有机会渗透到基层，发起各种社区活动（Wong，1993b）。其中在20世纪70年代，社会工作者与住房运动的活动者和其他社区活动者共同发起的，旨在改善公共住房设施和其他生活服务的活动，尤为值得一提。这些活动者常常采取破坏性和对抗性的方式来推进他们的事业。邻居层面社区发展项目受政府资助，服务于贫困区，如棚户区和临时房屋区等。它原本是为了中和压力日益增强的团体活动（Wong，1993a）。相反，这些项目吸引了执意变革的社会工作者，他们组织其客户，采取对抗性的方式，唤起公众对其困境的关注。

黄（Wong，1993a）指出，在香港的邻居层面社区发展项目中，与其他地方类似项目的不同之处在于，即使参与该项目的社会工作者发动其客户，采取对抗政府的行为，香港政府也不能撤回资金。“自该项目设计之初，香港政府批准了一套项目遴选程序，委托香港社会服务委员会按此程序遴选项目并提供政府资助，获得了这些资助，即使是具有社会改革思想的代理人也能够运行这些项目。”（1993a：256）此外，港英政府也能容忍这类活动，他们知道，在一个缺乏民主制度的社会中，这样的活动是社会不满的安全阀门。实际上，黄阐述道，在政府—社团治理体制下，依赖“政府资助未必会导致社会改革的放弃”（Wong，1993a：256）。相反，“在政府资助的社会改革项目中，自主权和控制权能够共存”（Wong，1993a：257）。

在港英政府后期，福利政治的发展使这个治理体制的产生具备了可能性，因为快速的工业化和城市化引发了大量的社会问题，政府不得不迅速建立一个福利体制加以解决。由于港英政府的能力有限，需要非营利组织的参与，不仅作为服务提供的代理人，还是协同治理的合作伙伴。良好的财政状况促使经济持续增长，也创造了“成长政治”的环境，使得政府能够较为慷慨地资助非营利组织。

四、香港的新公共管理改革和新福利政治

（一）特别行政区时代旧社会公约的瓦解

如前所述，20世纪70年代经济的持续高增长是剩余福利体制出现

的基本背景。到了20世纪80年代，这一剩余福利体制的可持续性面临挑战，因为社会经济发展、经济重建和人们日益增长的预期，都要求增加社会支出。1997年，香港特别行政区（Hong Kong Special Administrative Region，HKSAR）成立，紧接着亚洲金融危机爆发，这一年标志着经济增长奇迹的正式结束，也成为香港社会政策发展的分水岭。经过30年的经济增长之后，亚洲金融危机带来了前所未有的经济衰退、创纪录的高失业率和财政赤字。经济奇迹的结束也摧毁了剩余福利体制赖以存在的背景条件。

这场危机暴露了剩余福利体制各方面的不足，包括缺乏一个更为综合的社会保障系统，以满足后工业社会的需求，应对经济全球化带来的挑战。面对这个不足，需要综合评估现行的社会服务供给体制及其资助模式，将剩余福利体制升级为一个更加制度化的福利体制。的确，一些亚洲国家和地区如韩国和台湾地区是这样做的（Kwon，2009）。可是，香港特别行政区政府认为，香港应该保持其固有的保守财政政策。削减预算、缩减剩余福利体制的规模，以此来应对危机（Lee，2005b）。

（二）新公共管理改革及其对非营利组织代理人的影响

2001年，香港特区政府正式颁布了一系列新的资助和服务监控制度。社会福利署采用了一次性总资助制度（Lump Sum Grant System，LSGS），取代了标准单位成本模式，一整笔款项拨给各个非营利组织，非营利组织可以完全自主地决定人员报酬、设备和其他一般性支出。原来员工的职级、工资和福利待遇都与公务员相关联，现在二者的关联打破了，每个非营利组织都可以自行设计其薪酬体系。为了在非营利组织间引入市场竞争，社会福利署还开放新服务，在他们之间竞标。原本受限制的服务领域，如老人之家，现在也向商业公司开放，进行公开招标。为了监控非营利组织的绩效，提升问责的水平，社会福利署还要求非营利组织与其签订一个资助和服务协议，标明其预期产出，并达到服务质量标准（Service Quality Standard）所指定的具体标准。[6]

如前所述，政府改革的目标是：改革资助体制，从基于投入的体制转变为基于产出的体制，以提高管理非营利组织的效率和有效性。无论改革的最初意图是怎样的，改革措施的实施确实与亚洲金融危机的爆发和“旧社会公约的瓦解”同时出现。从1998年到2003年，政府采取了大量削减公共开支的措施，其中就包括在2000年推行的提高生产效率项目（Enhanced Productivity Programme），这一项目要求所有的公共机构，在2000年到2002年间，在其一般性支出上提高5%的生产率。2002年，政府又颁布了一项削减公共开支的政策，全面削减预算，到2007年，将占GDP 22%的公共支出降低到20%。因此,只要2001年大部分非营利组织采取一次性总资助制度,这些非营利组织的管理就面临着一个削减开支的局面。在这样的情形下,改革措施尤其是一次性总资助制度,成为紧缩和控制社会服务支出的政策工具。

从整体上,改革措施无异于在某种意义上引进了准市场机制(Le Grand,1991)。虽然说引入了类似于市场的机制,如竞争,非营利组织还需要政府的大量资助,并接受其管理(Means et al.,2002:129—130)。对政府资源的高度依赖和新公共管理改革措施的结合,增强了政府对非营利组织的控制力。从非营利组织作为政府代理人、政治代理人和社会代理人的角度,可以进一步分析这种影响。

(三)"私人化的"政府代理:放弃公众问责

新的资助模式迫使非营利组织不得不调整其人事和财务管理策略,这深刻影响他们作为向公民提供服务和分配资源的代理人的角色。新的资助模式给非营利组织带来了财政上的不确定性,如果绩效评估不能令人满意,资助可能被削减;或者如果短期合同不能接续,资助也不能确定。在一些较老的非营利组织中,在一次性总资助制度实施之前,雇佣了一些长期员工,为了履行雇佣合同,仍需使这些员工的薪资水平和福利保持原来公务员的标准,组织的负担也就增加了。

为了解决这些财政问题,现在几乎所有的非营利组织都只招聘短期合约的新员工,这些新员工的薪资水平较低,资格要求也较低。一些组织正尝试通过提前退休计划、停职停薪或暂停招聘来进一步降低人工成本。一般而言,所有这些措施都会导致员工—客户比的降低,即使不考虑员工的资格能力和素质的影响,上述措施也一定会对公民服务的质量产生负面的影响。非营利组织也在开辟新创收渠道,包括更加努力地筹款、竞标新的服务合同、启动自力更生项目以及申请其他渠道的资金。可实际上,这些创收措施收效甚微,未能改变非营利组织对政府高度依赖局面。相反,这些创收措施产生了负面影响,从服务提供转到创收,消耗了非营利组织宝贵的人力资源。有些组织还削减免费服务项目,提高服务使用者的收费标准。本文后面还将提到这样一个案例,据报道,一些为老年人提供膳食服务的非营利组织,转而使用较为便宜的食材。[7]

总之,通过打破非营利组织雇员的雇用条件与公务员之间的关联,政府已经基本消除了这些员工的公共地位。与此同时,这些非营利组织与他们的员工们扮演起了"私人化的"政府代理者角色。当他们通过其服务为公民分配公共资源时,拥有了自由裁量权。因为政府在这些非营利组织的资金使用上没有任何直接的权威了,所以也就没有足够的公共问责机制去监督这些私人化了的政治权力。从上述削减老年人膳食标准的这些案例中,可以看到公众问责的消失:当这个案例被曝光时,福利司长仅仅作出道德呼吁,希望这些组织承担其对老年人福利的责任。

(四)去政治化的代理人:政策制定中伙伴地位的缺失

在非营利组织里实施的新公共管理改革措施正好伴随着政策制定中合作伙伴地位的缺失。自最近一本社会福利的白皮书于1991年出版以来,社会福利署不仅暂停了与香港社会服务委员会在制定五年计划上[8]的合作,而且从实质上终止了非营利部门在政策制定进程中的参与。此外,新的市场机制更利于社会福利署避开香港社会服务委员会。由于现在社会福利署就服务合约问题能够逐个与非营利组织进行谈判,香港社会服务委员会因此也丧失了中间人的角色,原来的香港社会服务委员会在许多情况下能够对资金在哪些类型的社会服务、哪些非营利组织间进行分配发挥影响。合约的竞争性供给激发了非营利组织间的竞争,他们更多地视彼此为资源的竞争者而不是为了共同承担广泛社会使命的合作者了。香港社会服务委员会不仅在众多的非营利组织中失去了其中间人角色,也失去了在政府与非营利部门之间的中间人功能。总之,在社会福利政策制定中,作为社会服务部门的代表和政府合作伙伴的香港社会服务委员会已经被边缘化了。

(五)弱化了的社会代理人:政策制定中网络的侵蚀及政府控制力的增强

在旧的社团体系中,非营利组织有一些自由开拓的空间来扮演其社会代理人的角色,开展倡导性工作和社区活动。由于现在的社会福利署能够与非营利组织进行逐个的讨价还价,他们能够更为直接地“奖赏”那些温顺的非营利组织,“惩罚”有争议的组织。非营利组织现在感觉自己更加屈从于社会福利署的权力,与政府保持良好的关系会直接影响资源的获得。在非营利组织部门内普遍出现了这样的看法:能否获得新的服务合同,往往取决于非营利组织与社会福利署是否维持良好的关系。近期一个演变为政治事件的案例就说明了这一现象。2008年,邻居层面社区发展项目的一名社会工作者,在大澳(大屿山的一个偏远小村)组织当地村民参与一次重大洪灾后的恢复重建。在这个过程中,他们批评了民政事务局在救灾中的不称职行为。他们的行为遭到了农村委员会(Rural Committee)的驳斥,该委员会是一个地方村民组织,具有保守的、亲当局的倾向。据说,民政事务局局长通过口头评论,对这名社会工作者所在的非营利组织施加压力。该组织书面警告了这名社会工作者,批评他没有维护好与政府的和谐关系。该组织还将这名社工调动到另外的地区。社会工作学界普遍认为,这是对社会工作者的专业自主性的公然露骨的政治性干扰和管理干预。这一事件说明,在新的资助制度下,一些非营利组织的管理者在如何与政府维持一个良好关系上是何其焦虑。[9]

(六)新公共管理改革与公民社会的发展

新公共管理改革也影响非营利部门持续发展的大环境。自20世纪90年代开始,新的非营利组织激增。研究结果显示,大约40%的社会服务类非营利组织是在1990年后成立的(CCSG,2010:24)。这些组织的服务领域非常广泛,包括为各类肢体伤残人士、性工作者、少数民族、学习不良者、癌症患者、艾滋病患者、家庭暴力的受害者、性暴力的受害者等争取权利。他们众多的使命反映了社会需求的变化,这些变化正朝后工业化的方向急剧发展。这些专注于社会关怀需求的后来者是不太可能从社会福利署获得定期的资助的,它们一般资助不足,而且规模较小。它们获得的资金主要来自于国际机构、公司、私人捐赠和中介基金会(CCSG,2010:25)。

出现这一现象的原因可能有如下几个。第一,在资源有限的情况下,新成立的机构很难与成立较早的、和政府联络过并有过合作记录的组织进行竞争。第二,随着中止实施五年规划、暂停与香港社会服务委员会的合作伙伴关系,综合规划社会服务供给的正式机制就不存在了。决定对哪些项目进行资助,主要是社会福利署官员们的官僚判断,而不是社会服务部门的投入。因此在这样的情况下,社区中出现的许多新需求得不到认可。第三,由于社会福利署的新资助大多以短期合同的形式进行提供,资历较浅的非营利组织自然很难有机会进入到资助系统之内。甚至就合同而言,在同资历较老的非营利组织进行竞争时,新成立的非营利组织往往也处于一个不利的境地。这一状况在近期出版的一份报告中得到证实,该报告由政府资助的一家独立委员会出版。这份报告显示:从2000年到2008年,在社会福利署提供的236个新合同中,只有3个合同给了小型非营利组织(绝大部分新的非营利组织都属于小型非营利组织)(LSGIRC,2008)。

在这样的情景下,当面临资金竞争时,那些与香港特区政府在服务方法上持不同意见的新非营利组织是处于极其不利地位的。如下是一个典型案例:1997年,一群关心性别平等和被施暴妇女的公民,成立了关注性暴力的女性受害者协会(Association Concerning Sexual Violence Against Women),该协会为性暴力的受害者提供咨询服务。这个机构非常积极地开展了大量倡导性工作,包括为大众提供性别平等教育、唤醒公众对性暴力受害者的关注、推动立法改变等。该组织实施了一个开创性的服务项目,名为“风雨兰”。该项目设立了一个危机中心,为性暴力受害者提供24小时的一站式服务。[10] 2001年到2005年期间,这个协会从香港赛马俱乐部(Hong Kong Jockey Club)得到一笔短期的资助,他们得以用这笔资助设计了这一创新的项目。这个项目还得到了香港社会服务委员会的奖励，以表彰其创新性。然而，这个协会难以获得社会福利署的长期资助，因为社会福利署认为，该署提供资助的家庭服务已经包含了该协会所能提供的服务。在社会团体和政界人士的强大压力下，社会福利署最终同意设立一个新的项目，建立起一个多目标的危机介入及支持中心，并对这个项目进行公开招标。关注性暴力的女性受害者协会认为社会福利署的项目设计与其危机中心的最初目标存在偏离。他们感觉即使他们参与竞标，社会福利署也不太可能接受其投标，所以该协会拒绝了社会福利署的项目招标邀请。后来这个项目由一家与香港特区政府有良好关系的机构中标了。[11]

由此，通过新公共管理改革，香港特区政府能够单方面进行资源分配，排除有改革意识的机构，进而影响公民社会的发展。虽然社会关怀的需求越来越多元化，但新公共管理改革已经无法适应这一多元化的发展了。

（七）新治理体制与新福利政治

按照香港特区政府意图建立的新福利政治，是为了控制增加社会支出的要求，民主化进程加剧了对这一要求的表达。与此同时，新福利政治还需要平复日益增长的社会不满和阶层冲突。在经历了亚洲金融危机后，未来的社会政策制定越来越需要借用新自由主义的方法。自 2005 年以来，经济已经回升，香港特区政府每年都能实现预算盈余。然而，香港特区政府似乎更加坚信，要应对经济开放可能带来的波动，保守财政才是最好的防范与补救措施。此外，日益崛起的中国内地城市，使人们担心香港被边缘化，这也使人们对香港的长期经济发展前景持怀疑态度。由此，香港特区政府也不情愿去提供那些需要长期的、一般性的支出的社会服务。能够额外提供的社会服务只能是那些一次性的支出，如额外支付给符合补助标准的家庭一个月的社会福利津贴。

一方面，面对后工业社会的问题，香港特区政府无意将其福利体制升级到一个更加制度化的福利体制。另一方面，当香港特区政府不能承受集体行动带来的政治压力时，就不得不作出让步。在这种情形下，香港特区政府的策略是，在保持支出控制权的同时，最大限度地增大其应对民众需求的灵活性和空间。

采用新公共管理改革措施建立的新治理体制，可以看作是香港特区政府着手新福利政治的一种方式。这些改革措施综合起来，最大限度地增大了香港特区政府应对日益增长的公众消费需求的灵活性和空间。其实现方式是：在将资源分配给公民（服务使用者）的过程中保护政府不被问责；帮助香港特区政府重新垄断了政策制定的权力；削弱社会工作者的动员能力。改革所带来的财政灵活性使得政府能够管理日益增长且多元的社会关怀需求。把批评香港特区政府政策的非营利组织排除在香港特区政府资助体系外,也抑制了民间社会组织的成长,而这些组织能够影响公民的政治意识。

五、结论:新公共管理改革和不断变化的福利政治

香港的案例说明,在福利政治不断变化的背景下,我们应该怎样理解新公共管理改革对于非营利组织的影响和作用。从比较的视角来看,能够概括的是,资助模式是治理体制的一个组成部分,治理体制架构了香港特区政府与非营利部门之间的权力关系。资助模式的变化由此也体现了治理体制和权力关系的变化,这转而又与该国或地区的福利重构政治高度相关。

旧的福利政治的特点是,在一定阶段社会支出高速增长,而香港特区政府提供社会服务的政策能力十分薄弱。在香港特区政府科层控制的基础上,建立香港特区政府与非营利部门之间的社团关系,由此形成了香港特区政府一社团治理体制。随着后来香港政府与非营利部门建立起战略合作伙伴关系,非营利组织就在某种程度上承担政治代理人和社会代理人的角色。实际上,从比较研究的视角来看,香港是一个独特的案例,即在一个威权型的环境中,得到大量香港特区政府资助的非营利组织及其社会工作者,可以在一定程度上承担政治代理人和社会代理人的角色。

“控制”社会支出的时代决定了新福利政治的特点。面对不断增长的社会福利供给压力,香港特区政府最大限度地增加其财政灵活性,控制社会支出,回应民众需求。通过新公共管理改革,在加强行政主导权的同时,终止了政府与非营利部门之间的战略合作伙伴关系。通过建立准市场机制,建立起新治理体制。新资助模式使香港特区政府能够控制支出的上限,而把成本削减的难题留给了非营利组织。随着非营利组织失去其政策制定的合作伙伴地位,它们更加屈从于香港特区政府的权力,服务客户权利和利益的能力也逐渐弱化。

香港特区政府在应对新出现的社会需求时,也逐渐采取了行政主导的方式。许多成立于 1990 年以后的新非营利组织,反映了社会关怀的新需求和社会权利的新意识。通过新公共管理改革建立的准市场机制,没能进行资源的重新分配。特别地,新成立的、更为进步的非营利组织很少有机会获得政府的资助。

总之,香港作为亚洲发达经济体的代表,通过新公共管理改革,在最大限度增加其财政灵活性的同时,保持其保守的财政政策。这一预算策略的实施具有官僚体制的特色,但缺乏社区层面的基础。新公共管理改革确实

增加了政府财政的灵活性，但是，在后工业社会，各类社会项目都需要更高层次的公共消费，这也将香港特区政府置于后工业社会的尖锐对立面。在社会服务领域，当政府不能满足公民社会不断出现的新需求时，一个社会关怀的新政治就将出现。

注释

本文中描述的工作得到了中国香港特别行政区研究资助局的大力资助(项目号：HKU4133/04H)。

[1]社会服务类非营利组织在这里指那些提供广泛的社会关怀服务的志愿者机构。他们的社会关怀项目领域覆盖青年和小孩、家庭、老龄人、残疾人、单亲、失业者、康复者、少数民族、社区发展以及其他服务项目。

[2]关于社会福利署最新预算与社会服务类非营利组织补助水平的详细信息请登录网站：http://www.swd.gov.hk/en/index/site_aboutus/page_socialwelf/。

[3]在 20 世纪 70 年代早期，社会支出在总公共支出里面占了 40%，然而在世纪之交时，这个比例已经增长到将近 55%。依据从 20 世纪 60 年代末以来的数据进行统计，参见 Lee(2005c)。

[4]学者如权(Kwon，2009)认为在亚洲的福利体制中政府一般是扮演管理者的角色，而不是直接做投资者或者供应者。

[5]本文中"代理人"具有如下几个方面的含义：将非营利组织界定为"政府代理人"时，他们仅仅是政府的代表。当他们作为"政治代理人"和"社会代理人"时，他们是能够引起变化的行动者。相对的，"政府代理人"意味着给非营利组织得到政府授权的权威组织地位，"政治代理人"和"社会机构"则意味着该组织处于行动状态或在行使权力时的情形。

[6]关于一次性总资助制度，详情请登录社会福利署网站：http://www.swd.gov.hk/en/index/site_ngo/page_subventions/sub_modesofsub/id_lsgmanualc/。关于拨款与服务协议，以及服务质量标准，请登录网站：www.swd.gov.hk/en/index/site_ngo/page_serviceper/。

[7]媒体广泛报道了这些案例。例如可以参阅 2008 年 5 月 8 日的《华南早报》，第 2 版。

[8]最近的《五年计划评论》于 1998 年出版，这是一个对五年计划实施效果进行评估的常态化机制。

[9]社会工作者联盟已经发起一系列的抗议活动，抗议政府对他们专业自治权的政治干预。事件的详细报道可参阅《部长对和谐的关注，社会工作者调动的"一个因素"》，《华南早报》，2009 年 9 月 11 日，第 2 版。

[10]若想了解详情请登录关注性暴力的女性受害者协会的网站：http://www.rapecrisiscentre.org.hk/indexE.html.

[11]若想了解报道详情，请参阅《来吧，风雨无阻》，《华南早报》，2008 年 2 月 18 日，第 5 版。

参考文献

Alexander J, Nank R and Stivers C (1999) Implications of welfare reform: Do nonprofit survival strategies threaten civil society? *Nonprofit and Voluntary Sector Quarterly* 28(4): 452–475.

Alexander J, Brudney JL and Yang KF (2010) Symposium: Accountability and performance measurement: The evolving role of nonprofits in the hollow state. *Nonprofit and Voluntary Sector Quarterly* 39(4): 565–570.

Ascoli U and Ranci C (eds) (2002) *Dilemmas of the Welfare Mix: The New Structure of Welfare in an Era of Privatization*. New York: Kluwer: Academic/Plenum Publishers.

Bode I (2003a) A new agenda for European charity: Catholic welfare and organizational change in France and Germany. *Voluntas: International Journal of Voluntary and Nonprofit Organizations* 14(2): 205–225.

Bode I (2003b) Flexible response in changing environments: The German third sector model in transition. *Nonprofit and Voluntary Sector Quarterly* 32: 190–210.

Bode I (2003c) The creeping disorganization of welfare capitalism or what is the future of Germany's social sector? *Review of Social Economy* 61(3): 341–363.

Bode I (2006) Disorganized welfare mixes: Voluntary agencies and new governance regimes in Western Europe. *Journal of European Social Policy* 16(4): 346–359.

CCSG (Centre for Civil Society and Governance) (2010) *Serving Alone: The Social Service Sector in Hong Kong*, Annual Report on the Civil Society in Hong Kong 2009. Hong Kong: The University of Hong Kong.

Cheung ABL and Scott I (eds) (2003) *Governance and Public Sector Reform in Asia: Paradigm Shift or Business as Usual?* New York: RoutledgeCurzon.

Dunleavy P, Margetts H, Basatow S and Tinkler J (2006) New Public Management is dead – long live digital-era governance. *Journal of Public Administration Research and Theory* (16): 467–494.

Eikenberry AM and Kluver JD (2004) The marketization of the nonprofit sector: Civil society at risk? *Public Administration Review* 64(2): 132–140.

Gronbjerg KA and Salamon LM (2002) Devolution, marketization, and the changing shape of government–nonprofit relations. In: Salamon LM (ed.) *The State of Nonprofit America*. Washington, DC: Brookings Institution Press, 447–470.

HKCSS (Hong Kong Council for Social Service) (1987) *40th Anniversary: A Commemorative Issue*. Hong Kong: The Hong Kong Council of Social Service.

Ho DKL (2000) The rise and fall of community mobilization: The housing movement in Hong Kong. In: Chiu SWK and Liu TL (eds) *The Dynamics of Social Movement in Hong Kong*. Hong Kong: University of Hong Kong Press, 185–208.

Hood C (1991) A public management for all seasons? *Public Administration* 69(1): 3–19.

Hood C (1995) The 'New Public Management' in the 1980s: Variations on a theme. *Accounting, Organizations and Society* 20(2/3): 93–109.

Jones C (1990) *Promoting Prosperity: The Hong Kong Way of Social Policy*. Hong Kong: The Chinese University Press.

Kwon HJ (2009) The reform of the developmental welfare state in East Asia. *International Journal of Social Welfare* 18: S12–S21.

Lee EWY (2005a) Nonprofit development in Hong Kong: The case of a statist-corporatist regime. *VOLUNTAS: International Journal of Voluntary and Nonprofit Organizations* 16(1): 51–68.

Lee EWY (2005b) The renegotiation of the social pact in Hong Kong: Economic globalisation, socioeconomic change, and local politics. *Journal of Social Policy* 34(2): 293–310.

Lee EWY (2005c) The politics of welfare developmentalism in Hong Kong. Social Policy and Development Paper No. 21. Geneva: United Nations Research Institute for Social Development.

Lee EWY and Haque MS (2006) The New Public Management reform and governance in Asian NICs: A comparison of Hong Kong and Singapore. *Governance* (19): 605–626.

Le Grand J (1991) Quasi-markets and social policy. *The Economic Journal* 101(408): 1256–1267.

LSGIRC (Lump Sum Grant Independent Review Committee) (2008) *Review Report on the Lump Sum Grant Subvention System*. Hong Kong.

Means R, Morbey H and Smith R (2002) *From Community Care to Market Care? The Development of Welfare Services for Older People*. Bristol: The Policy Press.

Pierson P (2001) Coping with permanent austerity: Welfare state restructuring in affluent democracies. In: Pierson P (ed.) *The New Politics of the Welfare State*. Oxford: Oxford University Press, 410–456.

Schuyt TNM (2010) Philanthropy in European welfare states: A challenging promise? *International Review of Administrative Sciences* 76: 774–788.

Smith SR (2006) The government–nonprofit relationship in the United States. *Journal of Turkish Weekly*, 22 December. Available at: http://www.turkishweekly.net/article/158/the-government-nonprofit-relationship-in-the-united-states-.html (last accessed 1 April 2010).

Tang KL (1998) *Colonial State and Social Policy: Social Welfare Development in Hong Kong, 1842–1997*. Lanham, MD: University Press of America.

Wong CK (1993a) State-funded social work projects for social reform: Reflections from community organizing in Hong Kong. *International Social Work* 36: 249–260.

Wong CK (1993b) Social work and social change: A profile of the activist social workers in Hong Kong. Hong Kong Institute of Asia-Pacific Studies Occasional Paper No. 27. Hong Kong: The Chinese University of Hong Kong.

Young D and Salamon LM (2002) Commercialization, social ventures and for-profit competition. In Salamon LM (ed.) *The State of Non-profit America*. Washington DC: Brookings Institution Press, 423–446.

The New Public Management reform of state-funded social service nonprofit organizations and the changing politics of welfare in Hong Kong

Eliza W.Y. Lee
The University of Hong Kong, Hong Kong

Abstract
What are the political impact and significance of New Public Management (NPM) reform on social service nonprofit organizations (NPOs) in Hong Kong? Social service NPOs have a long history as a significant part of Hong Kong's 'welfare mix', not only in their role as state agents in the provision of service, but also because of their political and societal roles in affecting social policy making during the colonial era. The exercise of such agencies under an authoritarian setting was made possible through a governance regime historically formed under the peculiar situation of the old politics of welfare. The NPM reform and the associated governance regime change is a significant part of the new politics of welfare that has arisen with the dissolution of the old social pact. It facilitates the transition of the governance regime from strategic partnership to executive dominance, which maximizes the flexibility of the state in containing social spending and maneuvering the new distributive politics arising from the increasing societal demand for social care.

Points for practitioners

The NPM reform of social service NPOs is closely tied to the change in the welfare system and has significant impact on the environment within which these NPOs operate. The impact and significance of reform is also affected by the characteristics of the political system and the preexisting relationship between the state and the nonprofit sector. Social service NPOs assume multiple roles as state agents, political agents, and societal agents. In Hong Kong, NPM reform unfavorably affects the space for NPOs to exercise their societal agency. The fierce competition for resources also stifles the development of newer organizations.

Keywords

civil society development, Hong Kong, marketization, New Public Management reform, politics of welfare, social service nonprofit organizations

审校辅助人员:马 啸 李 娜

国际行政科学评论

坦桑尼亚多部门艾滋病项目协调的模式与挑战

西丽·比杰克瑞姆·赫勒维克①
Siri Bjerkreim Hellevik
翻译:孙春晖　　审校:杨　阳　张锐昕

【摘　要】 自21世纪初以来,在人类免疫缺陷病毒/艾滋病(HIV/AIDS)项目以下简称"艾滋病项目"工作上进行多部门协调已成为大多数撒哈拉沙漠以南非洲国家的主导性治理策略,在机构设置上表现为在中央政府内部设置全国性多部门协调机构。本文描述了坦桑尼亚在这方面所做的实践努力。文章基于组织理论,对援助协调、全球健康协调等方面的政策和战略文献进行理论分析,提出了一个评估框架,在此基础上进行资料收集和结果呈现。本文发现,坦桑尼亚在协调中的模式和挑战可以归结为在协调上的一种政治妥协,其优先选项取决于全球健康项目,而其全国艾滋病委员会缺乏政治权威。这种环境与其他因素一起给多部门协调带来

---

① 西丽·比杰克瑞姆·赫勒维克博士,是挪威城市与地区研究所(Norwegian Institute for Urban and Regional Research,NIBR)的高级研究员。本文是她的政治学博士论文的一部分,其博士论文聚焦于非洲国家在国家和地区层面上的人类免疫缺陷病毒/艾滋病的治理,于2012年在奥斯陆大学完成。她的研究兴趣包括分权改革、公共行政理论和治理改革、全球健康治理等。她近期发表的另一作品是《让金钱发挥作用:非洲在人类免疫缺陷病毒/艾滋病项目协调中的全球艾滋病参与者和挑战》,收于麦克莱恩SJ,布朗SA和福里P(MacLean SJ,Brown SA and Fourie P)编辑的《一部分人的健康:全球健康治理的政治经济》(Palgrave Macmillan,2009),国际政治经济丛书。

通信地址:Norwegian Institute for Urban and Regional Research(NIBR),Gaustadalléen 21,0349 Oslo,Norway。e-mail:siri. hellevik@nibr. no

了严峻挑战。

对实践工作者的启示

在援助依赖型国家中,要在艾滋病项目和全球健康的多部门协调上获得成功,必须仔细考虑各参与者之间的工作分工和协调,这些参与者包括中央政府、双边/多边的捐赠者、非政府组织等。

在跨部门协调中,无论是内部横向、纵向协调还是外部协调,政府的最高办公室必须为各协调机构提供持续的政治支持,否则,跨部门的问题就不会引起各部门的重视,结果就会导致失败。而且,了解跨部门协调所涉及的部门及其更庞大的政治经济体,有助于解释坦桑尼亚在跨部门协调中所面临的严峻挑战。

【关键词】 协调;全球健康项目;艾滋病项目;跨部门;坦桑尼亚

一、引言

自 2000 年以来,出现了一些新型的全球健康项目(GHIs),为全球低收入国家,尤其是撒哈拉沙漠以南非洲国家的健康干预提供了大量资金。GHIs 可以被定义为"至少跨越世界上一个地区以上的多个国家的资金、资源、协调和/或实施疾病控制的蓝图"(Brugha,2008:74)。这些项目得到普遍的重视和资助,在其中一些项目中,艾滋病项目作为全球性健康议题,所获得的总资助从 1996 年的 3 亿美元,增长到 2009 年的 159 亿美元(UNAIDS,2010:149)。

自 2000 年以来,艾滋病项目的资助者主要有三个纵向的、疾病方面的全球健康项目:抗击艾滋病、肺结核和疟疾的全球基金会(the Global Fund to Fight AIDS,Tuberculosis,and Malaria)(全球基金会是一个国际资助机构,提供项目援助,成立于 2002 年),世界银行多国艾滋病项目(the World Bank Multi-country AIDS Programme,MAP)是一个多边项目,成立于 2000 年,在坦桑尼亚叫作 T-MAP)和缓解艾滋病的美国总统紧急计划(the US President's Emergency Plan for AIDS Relief,PEPFAR)(是一双边项目,成立于 2003 年)。

此外,在机构设置上,多部门协调机构设置在国家和地方两个层面,被称为"三个一"原则(Three Ones principles):一个国家艾滋病委员会(National AIDS Commission,NAC)、一个多部门战略框架(multisectoral strategic framework)、一个多部门监控和评估系统(multisectoral monitoring and evaluation system，M&E 系统）（UNAIDS/WHO，2004）。如此，艾滋病项目的协调工作提供了一个有趣的案例，以帮助我们分析和理解全球健康项目在国家层面上满足受援国需求所发挥的作用。

本文的目标就是要确定全国性的多部门艾滋病项目协调的模式和挑战，以及上述三个全球健康项目对这种协调的作用和影响，此外，本文还要解释为什么会出现这一模式和这些挑战。为了确定多部门协调的模式和挑战，作者基于组织理论（Christensen and Lægreid，2008），提出了一个评估框架，通过将评估框架应用于艾滋病项目，本文亦对组织理论做出了贡献。为了解释为什么会出现这一模式和这些挑战，本文再次应用了组织理论（Benson，1982）。在艾滋病项目协调、全球健康协调、援助协调等方面，本文提出的评估框架可以很容易地应用于其他国家，这样，本文也对相关的学术文献做出了自己的贡献。最后，本文展示了坦桑尼亚在多部门协调中所做的实践努力，揭示了在协调上的政治妥协，对于援助协调特别是多部门协调的政策制定者，本文的发现具有一定的参考价值。

在讨论艾滋病项目全国性协调时，只限于缓解艾滋病的美国总统紧急计划，抗击艾滋病、肺结核和疟疾的全球基金会，坦桑尼亚一世界银行多国艾滋病项目等外部项目，因为在坦桑尼亚，只有这些主要的外部捐赠者，才能从组织结构、经济、政策上影响艾滋病项目全国性协调。缓解艾滋病的美国总统紧急计划是美国政府的艾滋病项目项目，也是全球最大的双边艾滋病项目项目。抗击艾滋病、肺结核和疟疾的全球基金会是一个国际金融机构，也是一个公私合营机构，不仅接受双边和多边捐赠，而且接受企业和慈善基金的资助（Hellevik，2009）。

坦桑尼亚一世界银行多国艾滋病项目是世界银行艾滋病项目项目的坦桑尼亚部分，该项目资助了坦桑尼亚和其他 34 个非洲国家（World Bank，2011）。该项目资金主要用来设立和资助艾滋病项目全国性和地方政府协调机构，也资助民间社会组织的工作（World Bank，2011）。因此，从机构设置上，坦桑尼亚一世界银行多国艾滋病项目在促成坦桑尼亚政府设立其国家艾滋病委员会上，发挥了决定性作用（Harman，2009）。同样，抗击艾滋病、肺结核和疟疾的全球基金会（以下简称全球基金会）也对机构设置产生影响，它要求受赠国家建立国家协调机构（Country Coordinating Mechanisms，CCMs）。申请全球基金会资助的国家，其国家协调机构要协调其申请过程以及其他相关资助事项。在大多数国家，国家协调机构的代表包括政府部委、捐赠者、民间社会组织、学术机构、私营部门等。

在经济上，坦桑尼亚一世界银行多国艾滋病项目的资助主要在早期协调中提供，而全球基金会和美国总统紧急计划在近些年提供的资助则更为重要。以 2009 年为例，这两个项目的资助金额占到坦桑尼亚所获艾滋病项目资助的90%(TACAIDS,2010)。在政策上,这些全球健康项目占主导地位,因为它们在决定受资助的服务和服务提供者方面具有优先权,这影响到坦桑尼亚艾滋病项目的服务提供。本文没有涉及其他全球健康项目,如全球疫苗和免疫联盟(the Global Alliance for Vaccines and Immunization,GAVI)等。

坦桑尼亚全国性的艾滋病项目协调的发展可以分为两个阶段:第一阶段,从大约2002年至2004/2005年,全国性的艾滋病项目协调始于2002年建立国家艾滋病委员会,即坦桑尼亚艾滋病委员会(Tanzania AIDS Commission,TACAIDS),世界银行是主要捐赠者。第二阶段,从2004/2005年至今,随着艾滋病护理和抗逆转录病毒治疗的增加,美国总统紧急计划和全球基金会成为了主要捐赠者。

本文首先对艾滋病项目协调、全球健康协调、援助协调等方面的文献进行综述,这些早期文献是本文写作的基础。其次,介绍了所要应用的理论框架。再次,运用这一理论框架,介绍本文的评估框架。然后,描述所要运用的方法。接着,呈现并讨论本文的研究发现,即协调的模式和挑战,我们认为,在坦桑尼亚,这一模式和这些挑战反映了在协调上的一种政治妥协。最后,运用班森(Benson,1982)关于协调的理论框架,解释了这一在协调上的政治妥协,即这一模式和这些挑战为什么会出现。

二、全球健康协调、艾滋病协调和一般性援助协调等方面的实践努力

在与艾滋病的战斗中,乌干达和塞内加尔提出了“三个一”原则,被视为是成功的(Putzel,2004),此外在一般性援助协调方面,也做了一些实践努力。多部门的方法意味着艾滋病项目不仅是卫生部门的问题,而且还是其他部门的问题;另外,非政府组织和私营部门也都应参与其中。

在非洲国家努力协调艾滋病项目工作的同时,也出现了一些其他类型的援助协调,例如:广部门方式(Sector Wide Approach,SWAp)、一般性预算支持、一揽子资助等。这三种协调形式意味着,在资金的使用上,捐赠者在其内部并与政府达成统一战略之后,继续寻求统一的一揽子资助方式。广部门方式和一揽子资助通常用于资助某一具体部门,而一般性预算支持用于资助一般性政府预算。

学者们认为,自从2005年捐赠者和受赠国宣布遵守《巴黎宣言》以来,在援助协调上几乎没有取得进展(Hydén,2008;Whitfield and Fraser,2009)。一些学术文献也讨论了在艾滋病项目协调和/或全球健康项目协调上的进展(Gostin and Mok,2009;Harman,2009;Hellevik,2009;Spicer et al. ,2010;Sridhar,2009;Sundewall et al. ,2009;Walt et al. ,2009)。这些文献证明,在全球健康项目之间的协调上,通过建立全球实施解决团队,还是取得了一些进展(Hellevik,2009)。

为了与受赠国的艾滋病项目战略保持一致,全球基金会和美国总统紧急计划最近对其项目进行了一些调整:全球基金会开始支持国家战略申请(National Strategy Applications),美国总统紧急计划建立了伙伴框架。而且,特别值得一提的是,全球基金会在其协调机构,即大多数受赠国都有的国家协调机构(Country Coordinating Mechanism,CCM)中,提高了透明度,引进了民间社会组织(Spicer et al. ,2010)。

然而,尽管做出了这些努力,最近一项关于全球健康项目和全国性协调的七国研究发现,在 2004—2005 年的研究和评论中,协调问题仍然存在,表现为在非洲国家大范围存在,而在非洲以外国家要少得多(Spicer et al. ,2010)。协调方面还有一些其他挑战,散见于各种单一国家研究、比较研究以及各类评论、评估之中,包括平行的重复报告、重叠的协调机构设置、国家所有权的受限、国家艾滋病委员会的能力不足以及这些委员会与卫生部之间的紧张关系等(Dickinson et al. ,2008;Harman,2009;Morah and Ihalainen,2009;Putzel,2004;Sherry et al. ,2009;Spicer et al. ,2010)。

从全球健康的更大领域来看,还包括本文未涉及的各类全球健康项目,例如,全球疫苗和免疫联盟、比尔和梅林达·盖茨基金(Bill and Melinda Gates Foundation)等。戈斯廷和莫(Gostin and Mok,2009:12)总结道,在协调方面我们走得并不远。他们将这一环境描述为:“在全球健康领域,充满着各类资助、项目和活动,其中碎片化和重复问题泛滥。”在这一状况下,不仅有人研究全球健康项目对国家卫生体制的作用(Biesma et al. ,2009),还有人研究全球健康项目对全国性的艾滋病项目协调及其以下层面协调的影响(Spicer et al. ,2010)。然而,正如斯派塞等人(Spicer et al. ,2010)最近所作的总结,研究全球健康项目如何影响艾滋病项目国家层面上的协调,与研究全球健康项目如何影响艾滋病项目国家层面上的一般性工作之间,仍然是有差距的。本文通过检视上述三个全球健康项目对坦桑尼亚全国性协调的影响,尽力弥合这种差距。在本文中,我们在协调问题上引入了组织理论,来解释为什么会出现这些挑战,这是以往的文献所没有做到的。本文从组织理论中引入一个理论框架,并进行理论阐释,不仅增加了艾滋病项目协调方面的学术文献,而且增加了全球健康协调和援助协调方面的学术文献,这样有助于我们分析和解释协调的模式、协调的挑战以及为什么会出现这些模式和挑战。

三、理论方法

本文从组织理论出发，采用演绎的方法，分析坦桑尼亚艾滋病项目多部门协调的实践。因为“三个一”原则针对的是公共部门的协调，所以我们选取的理论视角也是针对公共部门的协调。而且，“三个一”原则针对的是正式的艾滋病项目协调机构，因此，我们也就采用组织理论中的“工具性—结构性视角”(instrumental-structural perspective)，这意味着“公共组织的正式结构将贯通和影响思维模式和实际的决策行为”(Christensen and Lægreid，2008:101)。

我们认为，全国性的艾滋病项目协调反映的正是上述这样一个视角，因为捐赠者和受赠国都认为，通过设立正式的协调机构，例如国家艾滋病委员会，不仅能够加强艾滋病项目多部门战略，而且能够改善监控和评估系统。因此，我们选取了克里斯滕森和莱格瑞德(Christensen and Lægreid，2008)的协调框架，该框架是他们在古利克(Gulick，1937)的基础上提出的，因为该框架选取的是工具性—结构性视角，针对的是公共部门的协调，我们用其来分析坦桑尼亚的协调实践。按照克里斯滕森和莱格瑞德(Christensen and Lægreid，2008:97)的理论，“分工和协调这两组变量决定了大多数公共部门组织的结构”。分工是指在一个组织内部或组织之间分解任务。分工又与协调紧密相关，因为“在一个公共组织中，分工越细，需要协调的压力就越大”(Christensen and Lægreid，2008:101)。在本文中，我们并不会深入讨论分工，因为我们只是运用克里斯滕森和莱格瑞德(Christensen and Lægreid，2008)的框架，来确定协调的模式和挑战。协调有以下四种类型：横向—内部型、纵向—内部型、横向—外部型和纵向—外部型(Christensen and Lægreid，2008:101；见表1)。

表1　协调的四种类型

	横向	纵向
内部协调	不同的部委(和部门)之间的协调或不同的政策部门之间协调	上级部委与本领域的下级部门和机构之间的协调
外部协调	与民间社会组织、私营部门利益相关组织的协调	(a)向上与国际组织的协调；(b)向下与地方政府的协调

资料来源：Christensen and Lægreid，2008:102。

横向—内部协调是指中央政府内部的协调，纵向—内部协调是指“上级部委与本领域的下级部门和机构之间的协调”(Christensen and

Lægreid,2008:102)。横向一外部协调是指政府与民间社会组织、私营部门组织之间的协调,本文没有涉及私营部门组织,因为在坦桑尼亚的协调中,它们不是主要参与者。纵向一外部协调是指政府"(a)向上与国际组织的协调;(b)向下与地方政府的协调"(Christensen and Lægreid,2008:102),其中向下与地方政府的纵向一外部协调是指跨越政府管理层级的协调,本文没有讨论这一协调形式,本文作者在另一篇文章中专有论述(Hellevik,2012)。

表1概括了克里斯滕森和莱格瑞德(Christensen and Lægreid,2008)关于协调的四种类型,我们用其来确定坦桑尼亚的协调模式和挑战。这四种协调类型采用的是组织理论中的工具性一结构性视角,构成了协调的正式组织要素。

四、评估框架

克里斯滕森和莱格瑞德(Christensen and Lægreid,2008)概括了四种协调类型(见表1),要将这四种协调类型应用于实际,必须使其具有可操作性。为此,我们提出了一个评估框架(见表2),该评估框架来源于克里斯滕森和莱格瑞德(Christensen and Lægreid,2008)的四种协调类型。

在评估框架中,除了克里斯滕森和莱格瑞德(Christensen and Lægreid,2008)的四种协调类型(见表1)外,我们还增加了一些其他要素,这些要素来自于:(a)在2009年实地调查之前,有关多部门协调的文献综述(例如,Ainsworth et al.,2005;Dickinson et al.,2008;Putzel,2004;Sherry et al.,2009);(b)为了确定坦桑尼亚协调方法的主要构成要素,对坦桑尼亚政策文件进行系统广泛的综述,例如,这些政策要素包括全球健康项目的一致性和协调性、中央政府的一致性等。

我们发现有必要将这些政策文件中的要素纳入评估框架之中,因为人们很少从理论上探讨艾滋病项目工作的多部门协调问题。克里斯滕森和莱格瑞德(Christensen and Lægreid,2008)概括了四种协调类型,我们在此基础上提出了评估框架,这些使我们能够确认坦桑尼亚国家层面上艾滋病项目工作多部门协调的模式,以及这种协调所面临的挑战。

(一)纵向一内部协调

按照克里斯滕森和莱格瑞德(Christensen and Lægreid,2008:102)的分类,纵向一内部协调是"上级部委与本领域的下级部门和机构"层级之间的协调。具体到坦桑尼亚的全国性的艾滋病项目,这一协调是指坦桑尼亚艾滋病委员会与其上一级部委——总理办公室之间的协调,因为坦桑尼亚

艾滋病委员会是总理办公室之下的一个独立部门。我们评估以下要素(见表 2):

1. 对坦桑尼亚艾滋病委员会的授权
2. 报告关系和总理办公室的反馈
3. 总理办公室参加坦桑尼亚全国协调机构会议
4. 中央政府的政治承诺

表 2　　四种协调类型的评估框架

协调类型	评估的要素
纵向一内部协调	1. 对坦桑尼亚艾滋病委员会的授权 2. 报告关系和总理办公室的反馈 3. 总理办公室参加坦桑尼亚全国协调机构会议 4. 中央政府的政治承诺
横向一内部协调	1. 各部委在艾滋病项目上的重点、战略和主流工作 2. 所有部委都使用同一套监控和评估系统 3. 卫生部参加坦桑尼亚艾滋病委员会会议 4. 所有部委都使用同一套政策方法
纵向一外部协调	1. 全球健康项目的一致性和协调性 2. 全球健康项目的特征和项目设计 3. 中央政府工作的一致性
横向一外部协调	1. 民间团体与政府之间的关系 2. 民间团体对政策过程的参与和影响 3. 民间团体的协调

(二)横向一内部协调

按照克里斯滕森和莱格瑞德(Christensen and Lægreid,2008)的分类,横向一内部协调是部委之间的协调。克里斯滕森和莱格瑞德(Christensen and Lægreid,2008,见表 1)认为还包括部门和专门委员会,但是为了使分析更为明晰,在我们的评估框架中并没有包括这些。我们关注的是有关艾滋病项目的部委职责和组织要素,这些在坦桑尼亚政府文件中都要求被列出。这些职责和组织要素包括(见表 2):

1. 各部委在艾滋病项目上的重点、战略和主流工作
2. 所有部委都使用同一套监控和评估系统
3. 卫生部参加坦桑尼亚艾滋病委员会会议

4. 所有部委都使用同一套政策方法

(三)纵向一外部协调

关于纵向一外部协调，克里斯滕森和莱格瑞德(Christensen and Lægreid,2008)认为，不仅包括中央政府与国际组织之间的协调，还包括中央政府与地方政府之间的协调。在我们的评估框架中，只包括中央政府与国际组织之间的协调，也就是说，我们评估的是坦桑尼亚政府与三个全球健康项目之间的协调，即缓解艾滋病的美国总统紧急计划，抗击艾滋病、肺结核和疟疾的全球基金会，坦桑尼亚一世界银行多国艾滋病项目。下面是我们评估的要素，因为在政府文件中，要规定这些参与者如何进行协调，这些要素是十分关键的(见表 2)：

1. 全球健康项目的一致性和协调性
2. 全球健康项目的特征和项目设计
3. 中央政府工作的一致性

(四)横向一外部协调

在本文中，横向一外部协调涉及坦桑尼亚艾滋病委员会与坦桑尼亚民间社会组织之间的协调。评估要素关注民间团体参与协调的程度(包括全国性和区域性非政府组织)，因为“三个一”原则认为，民间团体的参与能够保证艾滋病项目全国性多部门协调。评估要素见表 2。

1. 民间团体与政府之间的关系
2. 民间团体对政策过程的参与和影响
3. 民间团体的协调

五、数据与方法

要研究全国性的艾滋病项目协调，坦桑尼亚是一个很好的案例，因为捐赠者认为，坦桑尼亚在捐赠协调方面做得富有成效(Harrison et al.，2009:271)。本文的发现来自于另一个更大的研究项目(Hellevik,2009,待发表)，涉及多层面的协调和地方层面的协调。本文作者承担了全部数据采集工作，并从坦桑尼亚当局获得研究和工作许可。这些发现基于三类不同的数据源。首先，我们从学术的角度进行了系统广泛的文献综述，不仅综述了全世界有关全球健康项目协调和艾滋病项目协调的评价文献，而且综述了坦桑尼亚这方面的文献，包括有关艾滋病项目、健康及相关问题的政府政策、计划、战略等。

在文献综述的基础上，我们确定了评估框架的构成要素，按照评估框架，我们又设计了半结构化访谈的题目，之后本文作者对坦桑尼亚的 59 人进行了访谈。实地访谈工作分为三个不同的阶段，这样就能够跟踪受访者在不同时间上对访谈问题的反应，因此，有些受访者被访谈的次数就不止一次，但在计算时仍然算作一次。本文作者来自坦桑尼亚之外的一家研究机构，是一个训练有素的独立研究人员，与受访者之间没有隶属关系，也没有一起工作过。

受访者为在坦桑尼亚全国性的艾滋病项目协调工作中的主要利益相关者，机构包括坦桑尼亚艾滋病委员会、卫生部、总理办公室、美国总统紧急计划、世界银行、其他双边和多边捐赠者、慈善基金会、非政府组织网络，以及接受全球基金会、美国总统紧急计划或坦桑尼亚一世界银行多国艾滋病项目资助的当地或国际非政府组织，受访者为这些机构的现任或前任职员，此外，受访者还包括坦桑尼亚全国协调机构（Tanzania National Coordinating Mechanism，TNCM）委员会成员，坦桑尼亚全国协调机构是国家协调机构在坦桑尼亚的机构，处理全球基金会相关的所有事务。

受访者都会收到一封介绍信。为了保护受访者的身份，本文作者在征得其同意的前提下，在提及他们时使用一般称谓，例如，捐赠者、政府雇员等，这样就能保证受访者信息的保密性。访谈过程没有录音，但做了笔记，全部访谈除了本文作者做了笔记外，还会安排另一个人对访谈全过程做笔记，以保证记录下受访者提供的所有信息。在大约 2/3 的访谈中，除了本文作者之外，还有一研究助理参与其中并做记录。在另外 1/3 的访谈中，有一高级研究人员参与了本项目多个层面的工作，随后对访谈记录进行了比较和讨论。作者与该高级研究人员一起阅读并讨论了所有访谈记录。

本文作者还获取了一些坦桑尼亚政府文件，包括预算数据、有关协调方面未公开的报告、会议记录、几份关于坦桑尼亚一世界银行多国艾滋病项目和全球基金会的报告。为了消除本研究的偏颇和局限，本文的初稿在多个论坛上呈现给相关研究者，他们都了解坦桑尼亚和/或艾滋病项目协调工作。

本文的一个局限是，没有坦桑尼亚一世界银行多国艾滋病项目的结项评估，据本文作者所知，迄今为止该项目还没有进行结项评估。然而，我们获得了几份有关该项目的进展报告和简要评述。另一个局限是，没有得到坦桑尼亚全国协调机构委员会的会议记录，但是本文作者获得了大量文件弥补了这一局限，这些文件包括对该委员会几位成员的访谈、几份报告（例如，Foster et al.，2008；OIG，2009；TACAIDS，2010）和所有资助的进展报告。

六、评估坦桑尼亚在协调方面所做的努力

（一）纵向一内部协调

关于纵向一内部协调的第一个评估要素，坦桑尼亚艾滋病委员会是总

理办公室下设的一个独立部门，但是它在调节和控制自身事务方面做得并不成功，因为其职员的能力不足，同时承担太多的项目实施职能，这样几乎没有能力进行协调（Berlin，2008：14；Harman，2009；Mutembei，2008；OIG，2009）。

一位捐赠方代表这样说："坦桑尼亚艾滋病委员会的一个缺点是具体实施和战略协调之间的角色冲突，他们一直试图在全国范围内举办各种研讨会和会议——这是问题所在。"然而，坦桑尼亚艾滋病委员会的一位高层人士反驳这一说法，认为坦桑尼亚艾滋病委员会不具有具体实施的职能："我们不实施，我们也没打算要实施。"但是，大多数受访者、报告和一些学术文献都证实，坦桑尼亚艾滋病委员会涉及了具体实施（访谈；Foster et al.，2008；Harman，2009）。最后，坦桑尼亚艾滋病委员会没有得到清晰的授权，按照"三个一"原则，它承担的任务太多，例如，实施项目、管理全球基金会资助等（Harman，2009；OIG，2009）。

坦桑尼亚艾滋病委员会虽然设立了法案（GOT，2001a，2001b），却没有规定它如何进行协调，这给它的角色定位预留了相当大的自由空间。理论上，作为总理办公室内设的一个独立部门，坦桑尼亚艾滋病委员会在层级上位于其他部委之上，所以它可以规定它自身与其他部委之间的工作分工。但实际上，坦桑尼亚艾滋病委员会并不能利用好这一职位，因为并没有分配给它与其层级相对应的必要的权力，也就是说，它并没有得到法律上的授权，去监督或监控其他部委和部门的政策（访谈）。此外，各部委和各部门也没有义务向坦桑尼亚艾滋病委员会报告，这在该委员会看来是一个问题（Mutembei，2008：6，18）。

第二个评估要素是报告的关系和总理办公室的反馈。据来自坦桑尼亚艾滋病委员会和总理办公室的受访者透露，坦桑尼亚艾滋病委员会定期向总理办公室报告，但是并没有收到关于报告的反馈。一位捐赠者代表说："坦桑尼亚艾滋病委员会缺乏政治领导力和权威……我认为总理没有给予支持。"

第三个评估要素是总理办公室是否参加坦桑尼亚全国协调机构会议。总理办公室的常任秘书是坦桑尼亚全国协调机构委员会的主席，然而，作为委员会成员的各部委常任秘书，却很少参加该委员会的会议，对此，委员会的主席未能做出解释。正如一位该委员会成员所说："（坦桑尼亚全国协调机构会议）代表性很低，不仅没有代表总理办公室，也没有代表其他所有部门。"另一位该委员会成员说道："但是，他们未必出席坦桑尼亚全国协调机构会议；他们派一个职位较低的人员参加，在政府系统中，职位越低，影响力越小，会议上的信息可能传递不到委员会成员那里。我们曾经说过，在会上应该发生一些事情，结果什么事情也没发生，决定不能得到执行。

当你施加压力后，常任秘书们下次就能到会。”

根据上述三个评估要素，我们可以评估坦桑尼亚政府在全国性艾滋病项目协调上的政治承诺。对坦桑尼亚艾滋病委员会的授权不清，坦桑尼亚艾滋病委员会与总理办公室之间的联系受限，委派低级职务官员参加坦桑尼亚全国协调机构会议，所有这些都表明，在艾滋病项目协调上，中央政府的政治承诺十分有限。此外，全球基金会的资助资金从财政部转移到各个实施组织的过程十分缓慢，也说明了政治承诺的有限性，这些都得到各种报告和访谈的证实(Foster et al. ,2008;OIG,2009;TACAIDS,2010)。

坦桑尼亚全国协调机构委员会负责资助资金的监管，总理办公室管理坦桑尼亚全国协调机构委员会，这样的设置在实践中造成了十分有限的政治承诺。在坦桑尼亚艾滋病项目协调中，对坦桑尼亚艾滋病委员会的授权不清，坦桑尼亚艾滋病委员会与总理办公室之间的关系松散，等等，这些都是对纵向一内部协调的挑战，也代表了在协调上的一种政治妥协。

在赋予坦桑尼亚艾滋病委员会正式协调职能方面，总理办公室的政治承诺十分有限，这种在协调上的政治妥协，削弱了坦桑尼亚艾滋病委员会作为艾滋病项目主要协调机构的作用。正如该委员会的一位前职员所说："在艾滋病项目上存在表面文章——很多政客不想谈论艾滋病，艾滋病项目还没有成为主流工作。”

坦桑尼亚艾滋病委员会在协调方面没有足够高的地位，这对横向一内部协调产生负面影响，在下一部分我们将会看到，没有总理办公室的支持，该委员会就没有足够的权威以多部门的方式整合各个部委，这一问题在其他非洲国家也能见到(Morah and Ihalainen,2009)。全球健康项目也是对横向一内部协调的挑战，因为坦桑尼亚全国协调机构和坦桑尼亚艾滋病委员会是按照该项目的要求设立的。

(二)横向一内部协调

关于横向一内部协调的第一个评估要素，我们发现，大多数部委都有一个艾滋病项目的关注点和战略，都在其部委内开展活动，这些活动由坦桑尼亚一世界银行多国艾滋病项目资助，大都在工作场所进行(Mutembei,2008;TACAIDS,2010;访谈)。虽然各部委都有艾滋病项目的关注点，但是在实践中似乎不能得到落实，也不能得到持续加强，因为落实这些关注点的职员资历较浅，在部委内的职务较低(访谈)。马尔福德和罗杰斯(Mulford and Rogers,1982:22)认为，“在一个跨组织的系统中，参与者的类型通常与其承诺的水平相一致”，这似乎是对坦桑尼亚情况的贴切描述。

而且，这些关注点还缺乏艾滋病项目工作方面的能力，并且包括其他任务；同时，关注点还经常变换，难以得到持续加强(Berlin,2008;GOT,

2007;Mutembei,2008;TACAIDS,2010)。一位捐赠者代表说:“然而,存在的问题是,你们有研讨会、论坛和管理上的承诺,他们有自己的关注点,然后就没有下文了。”文献表明,在其他国家,各部委在艾滋病项目工作中也不是很积极(Morah and Ihalainen,2009;Spicer et al.,2010)。

第二个评估要素是各部委是否使用同一套监控和评估系统——目前他们并未这样做——因为迄今为止这样的系统还没有发挥作用。正如一位捐赠者说:“世界银行的技术支持机构为评估和监控系统提供技术支持,但是他们提供的技术支持太复杂了。”全球基金会和美国总统紧急计划要求单独的报告渠道,不同于其他捐赠者,这大大增加了政府职员的负担(OIG,2009;TACAIDS,2010;访谈)。

第三个评估要素是卫生部——特别是国家艾滋病控制项目(National AIDS Control Programme,NACP)的职员——是否参加由坦桑尼亚艾滋病委员会召集的会议。据受访者说,在大多数情况下,他们不参加由坦桑尼亚艾滋病委员会召集的会议。一位前卫生部职员说:“不,在坦桑尼亚艾滋病委员会召集的会议上,看不到卫生部职员的身影,没有他们会议仍然举行。”而且,一位捐赠者代表说:“多年以来,卫生部与坦桑尼亚艾滋病委员会之间的老问题一直存在,而且变得越来越糟,因为卫生部的事情越来越多,他们之间紧张的工作关系随处可见。”这种紧张关系在其他非洲国家也明显存在(Morah and Ihalainen,2009;Spicer et al.,2010)。

第四个评估要素是是否有一套关于艾滋病项目的政策方法。在多部门战略框架中,虽然有超过 135 个具体战略,但是大多数参与者采用一套政策方法。在理论上,卫生部门的艾滋病项目战略应该在该战略框架内制定,但是,在实际中,坦桑尼亚艾滋病委员会和卫生部有两套各自独立的政策方法,这是因为:(a)在共同参与的多部门工作(例如,预防)中,坦桑尼亚艾滋病委员会和卫生部没有进行工作分工;(b)美国总统紧急计划和全球基金会的优先资助直接指向卫生部门的抗逆转录病毒治疗,这样,相对于坦桑尼亚艾滋病委员会,卫生部在艾滋病项目工作中的作用就更为重要。

正是由于这两套政策方法,“在卫生部门和多部门协调机构之间存在着大量重复”(卫生部前职员)。然而,少数受访者并不认为坦桑尼亚艾滋病委员会和卫生部之间存在问题:“在坦桑尼亚艾滋病委员会成立之初,人们疑惑它的职能是什么,谁将要来担任领导,但随后在 2002 年或 2003 年,这些问题很快就解决了。”(卫生部职员)这里所描述的坦桑尼亚艾滋病委员会和卫生部之间的紧张关系,恰恰解释了这两套政策方法产生的原因。此外,作为绝大部分的资助来源,美国总统紧急计划和全球基金会的资助主要指向卫生部门的艾滋病项目工作,可能在实际中保持了这种分离,这也解释了这种紧张关系产生的原因。这样,全球基金会和美国总统紧急计划的优先资助，加剧了坦桑尼亚艾滋病委员会和卫生部/国家艾滋病控制项目之间分离，因为这两个项目支持两套政策。

由于要支持两套政策，在协调实践中，这些项目催生了双重政治妥协：一方面，这些项目支持多部门协调政策；另一方面，这些项目又优先资助卫生部门，将绝大多数资助投向卫生部门相关的艾滋病项目服务上，使得在艾滋病项目工作的实际协调上，卫生部比坦桑尼亚艾滋病委员会更为重要。正如一位坦桑尼亚艾滋病委员会的受访者所说："随着全球基金会的资金投向卫生部门——相应地——卫生部门的协调也多起来了。"

在这一局面下，坦桑尼亚艾滋病委员会和卫生部之间的关系持续紧张，正如美国总统紧急计划的一位实施伙伴所评论的："坦桑尼亚艾滋病委员会一直在抱怨，他们不知道美国总统紧急计划在做什么，也不知道美国总统紧急计划与其接受者之间的区别。不知道的原因是：他们不想与国家艾滋病控制项目合作。他们应该召开会议……协调机构应该与技术人员携手工作。他们在批评国家艾滋病控制项目。"

全球健康项目优先选项的设置，造成了艾滋病项目资助的目前局面，这在一些国家都有记载（Brugha，2008；Morah and Ihalainen，2009；Spicer et al.，2010）。在这种局面下，在协调上出现了政治妥协，明显表现在卫生部和坦桑尼亚艾滋病委员会之间的紧张关系中，随着全球基金会和美国总统紧急计划的资助优先投向卫生部门，进一步强化了这种政治妥协，这也证明了正是这些全球健康项目，使得坦桑尼亚艾滋病委员会很难成为主要协调机构。而且，正如克里斯滕森和莱格瑞德（Christensen and Lægreid，2008）指出的，跨部门协调是难度最大的协调，因为很难保证能够进行适当的工作分工。正如本文的纵向一内部协调部分所揭示，对坦桑尼亚艾滋病委员会的授权不够清晰，在此不清晰授权的基础上，该委员会承担了很多工作任务，由此产生了工作分工的重叠和缺失。

总之，横向一内部协调很糟糕。近年来，随着护理与治疗的增加，卫生部门的职能得以加强，但是对于坦桑尼亚艾滋病委员会来说，协调的难度进一步增大。

（三）纵向一外部协调：捐赠者对全国性协调的承诺

关于纵向一外部协调的第一个评估要素——一致性，三个全球评估项目的情况各不相同。坦桑尼亚一世界银行多国艾滋病项目在政府预算方面保持了一致性，编入了政府预算。但是，在选择受赠者类型和输送资助的组织形态上，坦桑尼亚必须遵循世界银行的政策，这意味着，一部分资助要留给社区组织，要在地方政府体系之外建立区域性办事处，由这些办事处输送资助，并确定接受资助的组织。

至于全球基金会，坦桑尼亚的利益相关者认为，全球基金会资助的活动与政府的优先选项或多或少地保持一致（访谈；Foster ct al.，2008）。然而，全球基金会却未能与国家预算保持一致，因为坦桑尼亚受赠组织的报告既不充分又不及时，这使得全球基金会推迟其资助，因为全球基金会是基于绩效的（OIG，2009；访谈）。谈到绩效，我们需要进行第二个要素的评估，即这三个捐赠者的项目设计和特征是如何影响纵向一外部协调的。全球基金会推迟其资助表明，其项目设计在实践中阻碍了纵向一外部协调。

与此同时，美国总统紧急计划——在坦桑尼亚与在其他大多数国家一样——是三个捐赠者中在一致性上表现最差的（Oomman et al.，2010）。它没有被列入预算，其资助信息披露得也很少。最近，为了提高一致性，该计划与一些非洲国家政府，包括坦桑尼亚政府，签署了合作框架，与受赠国一起制定了一个共同计划。

由于横向一内部协调很糟糕，即各部委没有将其计划纳入国家战略框架的预算——阻碍了捐赠者们与预算保持一致。正如美国总统紧急计划的一位职员所说的："如果我们能够了解年度计划资金的花费过程（有关预算和优先选项的计划），就能增进我们与政府之间的透明度和交流。"

然而，美国总统紧急计划仍然需要遵循其总体资助要求，这些要求是美国国会规定的，这意味着其一致性的协调是有限的。这也涉及第二个评估要素——特征和优先选项。无论是全球基金会还是美国总统紧急计划，都将治疗作为其优先选项，在所有与坦桑尼亚资助水平相同的国家中，这让卫生部比国家艾滋病委员会在协调中更为重要，这是第二个要素所要评估的另一个方面。

在21世纪初国家艾滋病委员会成立之时，尽管各非洲国家的卫生部似乎都担心被边缘化（Ainsworth et al.，2005；Putzel，2004），但是在坦桑尼亚，情况明显地反过来了：坦桑尼亚艾滋病委员会被边缘化了。正如一位捐赠者代表所观察的："伴随着护理与治疗，卫生部获益了——这很明显。"这种现象在其他国家很可能已经发生，因为资助的优先选项是一样的，这些在最近的联合国艾滋病报告中都有记录（UNAIDS，2010）。坦桑尼亚全国协调机构——全球健康项目设计的另一机构——更加阻碍了协调。

虽然全球基金会的资助管理在过去几年得到改善，但是在资金及其使用过程的监管上，问题仍很严重，受访者和近期的报告都指明了这一点（OIG，2009；访谈）。斯派塞等人（Spicer et al.，2010）发现，其他国家有国家协调机构，即"它们最初同意并签署全球基金会提议"——似乎也是对坦桑尼亚全国协调机构的描述。

关于坦桑尼亚全国协调机构与坦桑尼亚艾滋病委员会职能重叠问题——该议题在非洲国家及非洲以外国家早期有关协调的综述中讨论

过——意见完全相左。一些坦桑尼亚艾滋病委员会职员认为，坦桑尼亚全国协调机构没有重复坦桑尼亚艾滋病委员会的职能，因为坦桑尼亚艾滋病委员会构成了坦桑尼亚全国协调机构的秘书处(访谈)。一位捐赠者代表说:“这不重复，因为没有其他机构处理全球基金会问题。”然而，在机构设置上，坦桑尼亚全国协调机构复制了坦桑尼亚艾滋病委员会的结构，因为坦桑尼亚艾滋病委员会也协调这个国家的艾滋病项目工作，包括全球基金会的资助。正如一位受访者所说:“它们(坦桑尼亚艾滋病委员会)并不想把坦桑尼亚全国协调机构纳入坦桑尼亚艾滋病委员会的体系，对我来说，坦桑尼亚全国协调机构是一个平行的机构，坦桑尼亚艾滋病委员会没有能力接管坦桑尼亚全国协调机构。”

一些坦桑尼亚全国协调机构委员会成员认为，坦桑尼亚艾滋病委员会对坦桑尼亚全国协调机构的管理非常糟糕。一位坦桑尼亚全国协调机构委员会成员说:“会议的准备非常糟糕，我们在会议的前一天才得到文件。”另一位成员在讨论全球基金会的某一轮申请时说道:“我们在全球基金会申请截止日期前 36 小时(在周末期间)，才收到坦桑尼亚全国协调机构委员会的申请书，当时就没有评议该申请书——双方信息严重不对称。”

总之，纵向一外部协调面临严峻挑战，特别是全球基金会和美国总统紧急计划，这两个项目并没有与国家优先选项保持足够的一致和协调。坦桑尼亚艾滋病委员会在横向一内部协调上的糟糕表现，也难以使这些项目与国家优先选项保持一致。

(四)与民间社会组织的横向一外部协调

关于第一个维度——民间团体与政府之间的关系——哈曼(Harman，2009:359)证实，坦桑尼亚艾滋病委员会一直“在与其传统的项目实施伙伴——民间社会组织——竞争资助资金”。一些学者(Hydén，2008；Mercer，2003；Shivji，2004)描述，政府与民间团体之间的关系总体上紧张，并认为，相对于坦桑尼亚政府，民间团体处于弱势。

关于第二个维度，在规划国家战略框架时，坦桑尼亚艾滋病委员会邀请了民间社会组织参与；然而，这些组织似乎不能代表民间社会组织网络。正如一位受访者所说:“有必要重新审查民间社会组织的成员资格，非政府组织是否参与坦桑尼亚艾滋病委员会的工作，都是随机的。”确实存在一些艾滋病项目网络，但是它们都不能代表任何有实力的全国性网络(访谈；Kelly and Birdsall，2008)。另一位受访者表示:“民间社会组织没有被很好地协调，如果协调过，它们应该有某种标准化的工作方式。”

此外，由于民间社会组织通过相互竞争从捐赠者那里获得资助资金，所以它们几乎没有合作的动机(Kelly and Birdsall，2008)。一位坦桑尼亚全国协调机构委员会成员进一步描述了申请全球基金会资助时的竞争场面："当要决定在这些民间社会组织中谁能成为代表时，它们在谁应该参与的问题上发生严重争执，会议结束时确定150名代表中选择一名。"总之，在坦桑尼亚，政府与民间社会组织之间的横向一外部协调是很糟糕的。

七、解释坦桑尼亚在协调上的政治妥协

本部分提出了一些理论建议，用以解释本文所反映的坦桑尼亚在协调上的政治妥协。这种协调上的政治妥协可以归结为协调实践中产生的两个矛盾：

1. 协调机构设置中的高形式化（在总理办公室下设立坦桑尼亚艾滋病委员会）→协调实践中的低规范化。

2. 捐赠者既支持多部门协调，又资助抗逆转录病毒治疗和卫生部门相关的服务项目，这种平行的结构加强了卫生部门的作用，削弱了多部门协调机构的地位。

为了说明这两个矛盾，我们借助班森（Benson，1982：147）的理论框架，该框架将"政策部门称作跨组织的政治经济体"，采用的是组织理论中的工具性一结构性视角。需要说明的是，班森关于协调的视角更为广阔，针对的是政策部门及其跨组织的政治经济体。

在本文的上一部分，我们找到了协调的模式及其挑战，证实了艾滋病项目政策部门的政治经济体对这些模式和挑战来说十分重要，我们发现适合将班森的建议应用于本文中。班森将政策部门定义为"一个组织簇或组织复合体，簇或复合体之间通过资源依赖相互连接在一起，如果在资源依赖的结构中出现了断裂，簇或复合体之间就会分离"（Benson，1982：148）。班森（Benson，1982）认为，政策部门应该包括下列要素：采用的政策范式、管理安排/工作分工、参与协调的各组织之间的跨组织依赖、不同组织的结构化利益以及结构形成的规则。在本文的讨论中，我们省略了结构形成的规则，因为它超出了本文的范围；我们还省略了管理安排，因为在应用克里斯滕森和莱格瑞德（Christensen and Lægreid，2008）的框架（通过该框架，我们更清晰地了解协调的各种类型）时，我们已经对其做了简要介绍。

不同组织的跨组织依赖和结构化利益"确定了权力的结构，这限制了政策范式和管理结构的可能变化范围"（Benson，1982：151）。因此，要打破相互依赖和当前的权力结构，常常需要重组（Benson，1982）。班森（Benson，1982）将权力结构中的利益划分为"需求组""支持组""管理组""供给组"和"协调组"（Benson，1982：154—160）。

当应用到坦桑尼亚时，这些利益小组是支持组、管理组和协调组。本文没有讨论需求组（即服务需求者）和供给组（即服务提供者），因为我们不是在讨论服务提供。支持组包括捐赠者，因为它们“为政策部门的各组织提供资源——资金资源和政治资源”（Benson，1982：155）。捐赠者们不认为他们能够发挥政治作用，但是在实际中，他们提供了这个国家艾滋病项目工作所需要的大部分资源，他们对优先选项的设置——确定适合资助的服务部门和服务类型——构成了政治上的优先选项和政治资源。

在捐赠者主导优先选项的情况下，很明显，参与艾滋病项目工作的各部委和各民间社会组织就成为管理组。坦桑尼亚艾滋病委员会和坦桑尼亚全国协调机构是协调组。国家艾滋病控制项目——在坦桑尼亚艾滋病委员会成立之前，曾经是协调组，主导着中央政府艾滋病项目工作组织之间的相互依赖——继续作为协调组，因为卫生部门主导着艾滋病项目工作。

捐赠者在认可以前的组织之间的相互依赖的同时，他们极力劝说坦桑尼亚政府，需要将当前的卫生部门方式转变为多部门方式。这一转变不仅需要政府各部委，而且需要民间社会组织更多地参与艾滋病项目工作。从卫生部门方式转变为多部门方式，建立了坦桑尼亚艾滋病委员会。通过建立一个更广泛的多部门协调机构，制定一套艾滋病项目多部门协调战略，这一转变原本打算重组政策部门。

根据班森（Benson，1982）的理论，当某一套政策模式占主导、组织间的相互依赖关系偏向一个或几个主导组织时，政府常常要重组其政策部门。然而，在很多情况下，重组过程并不能带来变化，只是“以新的形态简单地复制了这些单位的主导性”（Benson，1982：152）。这一情形似乎也发生在坦桑尼亚，当坦桑尼亚艾滋病委员会试图在艾滋病项目中推行多部门协调方式时，抗逆转录病毒治疗和相关服务项目同步增加，现存的政策范式和相互依赖关系得以复制。

当美国总统紧急计划和全球基金会大幅增加其资助，增强了卫生部门在艾滋病项目上的工作，此时，也就复制了现存的政策范式和相互依赖关系。这样，即使面临上述诸多挑战，由于政策部门的政治经济体更大，在协调方面，才可能出现这样的政治妥协。

八、结论

本文描述并讨论了坦桑尼亚在艾滋病项目中的全国性多部门协调。我们运用克里斯滕森和莱格瑞德（Christensen and Lægreid，2008）的理论框架，根据其四种协调类型，找出并确定了坦桑尼亚在艾滋病项目中多部门协调的模式和挑战。依据这四种协调类型,我们提出了可操作的评估框架,据此,我们进行了资料采集和结果呈现。

坦桑尼亚在艾滋病项目多部门协调中的模式和挑战,可以归结为有关协调的持续的政治妥协。两个矛盾表述了这种政治协调:(1)协调的高形式化,设立坦桑尼亚艾滋病委员会——总理办公室下的一个协调单位,但是在实践中由于低规范化,很少做出协调的努力;(2)捐赠者既支持以多部门方式重组艾滋病项目工作,又将其大多数资金投向卫生部门的抗逆转录病毒治疗服务,加强了卫生部门的作用。

随后我们运用班森(Benson,1982)的理论框架解释了这两个矛盾。班森(Benson,1982)建议,在分析人们所做的协调努力时,必须在产生这种协调努力的大背景下进行,即在政策部门及其跨组织的政治经济体中进行分析。从这个视角看,多部门协调的效果还很糟糕,这是因为,无论在坦桑尼亚艾滋病委员会和多部门方式引入之前还是之后,其在艾滋病项目工作上的政策范式始终未变,换言之,卫生部门协调的方式继续成为主导的政策范式。在坦桑尼亚,由卫生部门所代表的更庞大的艾滋病项目政治经济体,接受了绝大多数资助,在协调上,催生了这种政治妥协,使多部门协调处于弱势。

在全球健康项目优先选项设置和资助过程中,坦桑尼亚政府如何保证其国内问责制呢?在大约98%的资金由外部捐赠者提供的环境下,国内问责制问题变得极为重要。在横向一内部协调(在中央政府内部)方面的挑战,产生了两个国内问责制问题。第一,各部委实际上没有对民众负责,因为在艾滋病项目多部门工作中,他们没有完成自己那部分工作。第二,坦桑尼亚艾滋病委员会在中央政府中几乎没有政治权威,这使得它不能履行自己的职责——这个问题在其他非洲国家也有记录(Morah and Ihalainen,2009:186)。虽然哈曼(Harman,2009:360)认为非洲各国的国家艾滋病委员会"削弱了传统政府机构的地位和能力,最明显的是卫生部",但是随着护理与治疗的增加,似乎提高了卫生部在坦桑尼亚政府中的地位。

此外,斯里达尔(Sridhar,2009:1370)指出,协调努力可能"挤压发展中国家的政策空间,打破权力平衡,将权力移向'行动一致的捐赠者财团',这样在合作中就会产生内在矛盾"。这种矛盾也表现在坦桑尼亚在艾滋病项目的全国性多部门协调中,本文对此已进行过讨论。事实上,正如斯派塞等人(Spicer et al.,2010:10)指出的那样,在赞比亚和莫桑比克的全球健康项目中,坚持协调的策略与真实的实践之间确实存在矛盾。

通过本文的发现,我们增加了有关艾滋病项目协调、全球健康协调、援助协调等方面的文献。特别值得一提的是,本文应用了组织理论中的理论要素,在现有文献中是迄今仅见的。在研究全球健康、艾滋病项目、援助协调和其他问题时，学者和政策制定者们可以改造和使用这四种协调类型与操作框架。此外，本文将组织理论应用到一个新的经验领域，也对组织理论做出了贡献。

致谢

作者要感谢《国际行政科学评论》的匿名评委，他们的评语帮助提高了本文的质量。作者还要感谢挪威城市与地区研究所的贝丽特·奥森(Berit Aasen)，奥斯陆大学政治科学系的奥列·特恩奎斯特(Olle Törnquist)和汤姆·克里斯滕森(Tom Christensen)，卑而根大学的吉恩·弗罗伊斯塔德(Jan Froestad)以及 2009 年波茨坦欧洲政治研究联盟会议的参会代表，他们对本文的早期手稿作出了宝贵的评论。挪威研究理事会(the Research Council of Norway)为本研究提供了资助。无须赘言，文中如果存在错误，责任由我承担。

注释

本文是提交第 5 届欧洲政治研究联盟大会(the 5th General Conference of the European Consortium of Political Research)论文的修改版，该大会于 2009 年 9 月 10－12 日在德国波茨坦召开。

参考文献

Ainsworth M, Vaillancourt DA and Gaubatz JH (2005) *Committing to Results: Improving the Effectiveness of HIV/AIDS Assistance. An OED Evaluation of the World Bank's Assistance for HIV/AIDS Control*. Washington, DC: OED.

Benson JK (1982) A framework for policy analysis. In: Rogers DL and Whetten DA (eds) *Interorganizational Coordination: Theory, Research, and Implementation*. Iowa: Iowa University Press, 137–176.

Berlin K (2008) *Assessment of Progress on Implementation of Milestones from the Second Joint Bi-annual Review of HIV Response*. Final Report November 2008. Dar es Salaam: TACAIDS. Available at: www.tacaids.go.tz/documents/Progress%20Implementation%20Milestones%20final%20report.doc.

Biesma RG, Brugha R, Harmer A, Walsh A, Spicer N and Walt G (2009) The effects of global health initiatives on country health systems: A review of the evidence from HIV/AIDS control. *Health Policy and Planning* 24: 239–252.

Brugha R (2008) Global health initiatives and public health policy. In: Heggenhougen K and Quah SR (eds) *International Encyclopedia of Public Health*. San Diego, CA: Academic Press, 72–81.

Christensen T and Lægreid P (2008) The challenge of coordination in central government organizations: The Norwegian case. *Public Organization Review* 8: 97–116.

Dickinson C, Mundy J, Serlemitos E and Jones JW (2008) *A Synthesis of Institutional Arrangements of National AIDS Commissions in Africa*. London: HLSP.

Foster M, Do C, Lupa M and Mda VU (2008) *Tanzania Public Expenditure Review Multisectoral Review: HIV/AIDS. December 2007. Final Report February 2008*. Dar es Salaam: TACAIDS.

Gostin LO and Mok EA (2009) Grand challenges in global health governance. *British Medical Bulletin* 90: 7–18.

Government of Tanzania (GOT) (2001a) *National Policy on HIV/AIDS*. Dar es Salaam: Prime Minister's Office.

Government of Tanzania (GOT) (2001b) *Tanzania Commission for AIDS Act, Act of Parliament no 22*. Dodoma: Parliament of Tanzania.

Government of Tanzania (GOT) (2007) *Second Multisectoral Strategic Framework on HIV/AIDS*. Dar es Salaam: TACAIDS.

Gulick L (1937) Notes on the theory of organization. In: Gulick L and Urwick L (eds) *Papers on the Science of Administration*. New York: Institute of Public Administration, 3–45.

Harman S (2009) Fighting HIV and AIDS: Reconfiguring the state? *Review of African Political Economy* 121: 353–367.

Harrison G, Mulley S with Holtom D (2009) Tanzania: A genuine case of recipient leadership in the aid system? In: Whitfield L (ed.) *The Politics of Aid: African Strategies for Dealing with Donors*. Oxford: Oxford University Press, 271–298.

Hellevik SB (2009) 'Making the money work': Challenges towards coordination of HIV/AIDS programmes in Africa. In: MacLean S, Brown SA and Fourie P (eds) *Health for Some: The Political Economy of Global Health Governance*. Basingstoke: Palgrave Macmillan, 145–164.

Hellevik SB (2012) *Multisectoral Coordination of HIV/AIDS Programmes. A Study of Tanzania*. PhD thesis, University of Oslo, Norway.

Hydén G (2008) After the Paris Declaration: Taking on the issue of power. *Development Policy Review* 26(3): 259–274.

Kelly K and Birdsall K (2008) *Funding for Civil Society Responses to HIV/AIDS in Tanzania: Status, Problems, Possibilities*. Johannesburg: CADRE.

Mercer C (2003) Performing partnership: Civil society and the illusions of good governance in Tanzania. *Political Geography* 22: 741–763.

Morah ES and Ihalainen M (2009) National AIDS commissions in Africa: Performance and emerging challenges. *Development Policy Review* 27(2): 185–214.

Mulford CL and Rogers DL (1982) 2: Definitions and models. In: Rogers DL and Whetten DA (eds) *Interorganizational Coordination: Theory, Research, and Implementation*. Ames: Iowa State University Press, 9–31.

Mutembei K(2008) *Joint Annual Program Review 2008: The Structural, Policy and Legal Environment, Achievements and Challenges*. Dar es Salaam: TACAIDS.

Office of Inspector General of the Global Fund (OIG) (2009) *Audit Report on Global Fund Grants to Tanzania. Report No: TGF-OIG.09.001, issue date 10 June 2009*. Available at: www.theglobalfund.org/documents/oig/Tanzania_Country_Audit_Final_Report.pdf.

Oomman N, Rosenzweig S and Bernstein M (2010) *Are Decisions based on Performance?* Washington, DC: Center for Global Development.

Putzel J (2004) The global fight against AIDS: How adequate are the National Commissions? *Journal of International Development* 16: 1129–1140.

Sherry J, Mookherji S and Ryan L (2009) *The Five Year Evaluation of the Global Fund to Fight AIDS, Tuberculosis, and Malaria. Synthesis of Study Areas 1, 2 and 3*. Calverton: Macro International. Available at: www.theglobalfund.org/documents/terg/TERG_Synthesis_Report.pdf.

Shivji IG (2004) Reflections on NGOs in Tanzania: What we are, what we are not, and what we ought to be. *Development in Practice* 14(5): 689–695.

Spicer N, Aleshkina J, Biesma R, Brugha R, Cacerres C, Chilundo B, Chkhataraahvili K, Harmer A, Miege P, Murzalieva G, Ndubani P, Rukhadze N, Simignina T, Walsh A, Walt G and Zhang X (2010) National and subnational HIV/AIDS coordination: Are global health initiatives closing the gap between intent and practice? *Globalization and Health* 6(3).

Sridhar D (2009) Post-Accra: Is there space for country ownership in global health? *Third World Quarterly* 30(7): 1363–1377.

Sundewall J, Forsberg BC, Jönsson K, Chansa C and Tomson G (2009) The Paris Declaration in practice: Challenges of health sector aid coordination at the district level in Zambia. *Health Research Policy and Systems* 7(14).

TACAIDS (2010) *Public Expenditure Review 2007–2009 HIV and AIDS Tanzania Mainland. Final Report, June 2010*. Dar es Salaam: TACAIDS.

Tanzania Prime Minister's Office (nd) *Tanzania Commission for AIDS Operational Manual for Public Sector Fund, Tanzania Multisectoral AIDS Project*. Dar es Salaam: Prime Minister's Office.

UNAIDS/WHO (2004) *The Three Ones. Key Principles*. Geneva: UNAIDS/WHO.

UNAIDS (2010) *Report of the Global AIDS Epidemic*. Geneva: UNAIDS.

Walt G, Spicer N and Buse K (2009) Mapping the global health architecture. In: Buse K, Hein W and Drager N (eds) *Making Sense of Global Health Governance: A Policy Perspective*. Basingstoke: Palgrave Macmillan, 47–71.

Whitfield L and Fraser A (2009) Introduction: Aid and sovereignty. In: Whitfield L and Fraser A (eds) *The Politics of Aid: African Strategies for Dealing with Donors*. Oxford: Oxford University Press, 1–26.

WHO (Maximizing Positive Synergies Collaborative Group) (2009) An assessment of interactions between global health initiatives and country health systems. *Lancet* 373: 2137–2169.

World Bank (2011) Multi-country HIV/AIDS Program for Africa (MAP) Available at: http://web.worldbank.org/WBSITE/EXTERNAL/COUNTRIES/AFRICAEXT/EXTAFRHEANUTPOP/EXTAFRREGTOPHIVAIDS/0,contentMDK:20415735~menuPK:1001234~pagePK:34004173~piPK:34003707~theSitePK:717148,00.html.

The pattern and challenges to multisectoral HIV/AIDS coordination in Tanzania

Siri Bjerkreim Hellevik
Norwegian Institute for Urban and Regional Research (NIBR),
Norway

Abstract

Multisectoral coordination of HIV/AIDS work has been the leading governance strategy for most sub-Saharan African countries since the early 2000s, institutionalized with national multisectoral coordinating bodies within the central government. This article reveals how such efforts have been practiced in Tanzania. An assessment framework based on theoretical elements from organization theory and elements central to aid coordination/global health coordination policy and strategy literature serves as the basis for data collection and structures the presentation of findings. The article finds that the pattern and challenges to coordination in Tanzania can be summed up as a politics of coordination, with priorities determined by global health initiatives while the national AIDS commission lacks political authority. Together with other factors, such a situation presents severe challenges to multisectoral coordination.

Point for practitioners

Successful multisectoral coordination of HIV/AIDS/global health in aid-dependent countries requires careful consideration of labour divisions and coordination initiatives among involved actors, including the central government, bilateral/multilateral donors, and NGOs.

Ensuring horizontal-internal and vertical-internal as well as external coordination of a cross-sectoral issue requires the highest office of government to provide continuous political support to the coordinating bodies; otherwise, ministries will not give priority to cross-sectoral issues, resulting in failure. Moreover, understanding the larger political economy of the sector within which coordination takes place is pertinent to explain why multisectoral coordination faces severe challenges in Tanzania.

Keywords
coordination, global health initiatives, HIV/AIDS, multisectoral, Tanzania

审校辅助人员：卯晓梅　李德国